조선후기 불교동향사 연구

문현인문학총서 1

조선후기 불교동향사 연구

오경후

문현
MUN HYUN

들어가면서

조선의 불교는 탄압, 수탈과 착취로 규정되었고 인식되었다. 실록과 관찬사서 속의 왕과 신료의 말 한마디로 불교는 이단의 종교가 되었고, 승려는 천하에 쓸모없는 불한당이 되었다. 그리고 사찰은 나라경제를 좀먹는 소굴이었으며, 풍기문란의 온상이었다.

역사서술은 그대로 후학들에게 사실로 받아들여졌고, 조선의 불교는 그 자체가 내세울만한 것이 없는 것이 되어 버린 지 오래다. 조선불교사를 공부하는 학자들조차도 실록이 전하는 내용에 대해 의심하지 않았다. 때문에 빈곤한 시대의 승려의 사상이나 담장 밖과는 아무런 상관이 없는 절집 안의 풍경들만을 관심의 대상으로 삼았다.

이 책은 조선의 불교가 탄압받은 것을 부정하지 않았고, 수탈과 착취에 외면하지 않는다. 다만 장막에 가려져 있는 본질을 보고자 하였다. 시대상황 속에서 왕의 불교정책을 다시 살폈고, 조선후기 사회경제 속에서 부역에 동원된 승려들의 모습을 뒤따라갔다. 탄압과 수탈의 기준을 사찰의 수로 살피고자 하였다.

이 책은 크게 조선후기 불교정책과 불교계의 동향으로 구성되었다. 전란과 더불어 조선이 반환점을 돌기 시작한 선조와 조선후기 대표적인 불교탄압의 군주였던 현종의 불교정책을 통해 불교가 지닌 종교적 가치와 불교계의 기여를 살폈다. 종교적 가치와 불교의 국가사회적 기여는 탄압의 원인을 재검토하는 계기가 될 것으로 생각한다. 불교계의 동향은 크게 세부분으로 나누었다. 탄압에 대한 대응론과 승려의 부역동원, 그리고 사찰의 수적 증감이다.

백곡 처능(白谷處能)은 상소문에서 불교교리에 대한 비판이 지닌 모순을 질타했고, 승려에 대한 혹독한 부역노동을 완화시켜 줄 것을 호소하였다. 아울러 조선후기 불교의 수탈과 착취의 상징으로 인식되었던 승려의 부역노동은 남북한산성의 축조와 수호를 비롯하여 각종 잡역(雜役)을 살폈다. 가혹한 부역동원의 원인은 조선후기 사회경제에 있었다. 두 차례의 전란과 지속적인 자연재해는 인구와 식량 감소의 원인이 되었다. 국가재정은 자연히 부족했고 가중한 요역을 피해 도망간 백성들로 양역자원은 항상 부족했다. 더욱이 백성들의 부담을 덜어주고자 개선한 수취체제는 양역확보를 구조적으로 제한시키는 결과를 초래했다. 이 상황에서 승려는 질 좋은 노동력이자 부족한 양역을 보충해주는 나라의 중요한 구성원이었다.

사찰의 수적 증감은 수탈과 착취의 정도를 가늠하는 척도로 생각하였다. 그러나 변화는 없었다. 지역에 따른 다소의 증감의 수취는 보이지만, 수탈의 기준으로 삼을 수는 없었다.

이 책은 조선후기 불교사에 대한 학계의 지배적 견해에 반기를 들고자하는 의도는 없다. 조선후기 불교사가 수탈과 착취로 인식되고 평가되었다면, 그 원인을 일반사적 측면에서 객관적으로 살피고자 했다.

인문학에 대한 남다른 관심과 책 만드는 일에 소신을 갖고 있는 문현출판사의 한신규 사장님께 고마움을 전한다.

2015년 10월

저자

차례

광해군·인조 년간 승역의 실제 _ *267*

조선후기 楡岾寺의 법맥과 수행전통의 가치 _ *295*

조선후기 왕실의 불교신앙과 화계사의 불교사적 가치 _ *329*

宣祖의 불교정책과 성격

1 머리말

1572년 2월 8일 조식曺植은 사직상소에서 선조가 오래 전부터 이미 불도佛道를 좋아하니 그 마음을 학문에 전념할 것을 청한다. 이밖에 여러 유생들은 선조의 불교숭신에 혐의를 두고 정업원淨業院 혁파 등 미온적인 불교혁파를 지적하고 배척할 것을 주장하는 글을 지속적으로 올리기도 하였다. 선조는 "유생들이 참된 선비가 되어 치도治道를 융성하게 하고 풍속을 아름답게 한다면 유교가 쇠하고 이단이 성하게 될 걱정이 없을 것이다."라고[1] 지적하였다.

1 『선조실록』 8권, 선조7년 5월 19일조.

조선시대 역대 국왕의 불교인식이나 정책은 이율배반적 측면이 강하다. 이른바 외유내불外儒內佛 현상은 신료들의 불교배척이 있었는가 하면 왕실의 불교숭상이 이루어졌으며, 집권초기의 불교탄압이 호불책護佛策으로 전환되기도 하였다.

조선후기 불교사에서 선조의 불교정책은 개인적인 불교에 대한 우호적 인식이나 행적에 그치지 않고 조선후기 전 시기동안 전개된 불교정책과 불교계의 동향에 기초를 제공했고, 적지 않은 영향을 미쳤다는 점에서 일정한 가치를 지니고 있다. 불교와 승려에 대한 정책이 조선후기 역대 정권을 거치면서 체계적으로 마련되지도 않았고, 시행은 기대하기 어려워 선조 대 전란에 대응한 승군의 활동과 조선후기 곤란한 사회경제 극복과 관련한 다양한 임시책이 이후 역대 정권의 불교정책으로 고착화 된 것이다.

이제까지 진행된 선조의 불교정책에 관한 연구는 그의 단편적인 호불관護佛觀과 그에 기인한 친불교정책親佛教政策[2]을 중심으로 이루어졌고, 임진왜란 당시 의승군義僧軍의 활동을 규명하면서 부수적으로 전개되었다.[3] 이와 같은 연구경향은 조선시대사와 호국불교를 중심으로 한 한국불교사 연구에서 일정한 의미를 지니고 있지만, 당대의 불교정책만을 검토한 점이나 맹목적인 호불인식護佛認識이라는 점에서 호불과 배불이라는 이분법적 기초가 지닌 한계를 충분히 소화해내지 못하고 있다. 이 시기 불교사

---

2 유영숙, 「선조대의 불교정책」, 『황실학논총』 제3호, 한국황실학회, 1998.
유영숙은 선조의 친불교정책과 대신들과의 논의, 犯法승려의 처벌문제 등을 다루었고, 전란 당시 승군의 활약과 조정의 보상 등을 단편적으로 검토했다.

3 임진왜란 당시 활약한 의승군의 활동이나 호국사상에 관한 여러 편의 논문을 엮은 대표적인 연구성과는 다음과 같다.
김덕수편, 『임진왜란과 불교의승군』, 육군본부 군종감실, 1992.

연구가 일반사적 범주에서 진행되고 그것이 객관적 입체적 성과를 얻을 수 있다고 한다면 기존의 연구방법과 인식은 불교사를 특수사로 인식하게 될 위험이 충분하다. 더욱이 전란 당시 의승군의 활약은 한국불교의 특징인 호국불교만을 여전히 강조하여 상대적 간극을 확장시킬 뿐이다. 이와 같은 인식만을 고집한다면 이 시기 불교가 내세울 수 있는 것은 전쟁에서 활약한 사실 외에 또 무엇이 있는가.

본 연구는 첫째, 조선후기 불교정책과 그 시행, 승려에 대한 통제와 처우 등 불교계의 동향이 임진왜란을 기점으로 선조의 불교정책에서 비롯되었음을 규명하고자 한다. 이것은 선조 대 불교정책의 배경이라든가 그 유형을 분석했을 때 보다 분명히 드러난다. 둘째, 선조 대 이후 정치적 혼란과 암울한 사회경제적 환경은 선조대의 불교정책이 그대로 고착화되어가는 배경이기도 하다. 이것은 전란 당시 승려들의 희생으로 사회적 위치가 격상되었다는 착각을 불러일으키기도 하였다. 셋째, 조선후기 각종 승역僧役이 수탈과 착취의 대상으로만 인식되었던 기존의 시각을 재검토할 필요가 있다. 이른바 대동법이나 균역법과 같은 수취체제의 시행은 승역의 강화내지는 완화와 긴밀한 연관성을 지니고 있다. 때문에 조선후기 사회경제사적 시각에서 불교계의 승역僧役은 불교탄압 일변도로만 볼 수 없다.

요컨대 본 연구는 조선후기 불교사 이해의 출발로 불교정책을 통해 조선후기 불교사의 성격을 파악하는 기초가 될 것으로 기대한다.

2 불교정책佛敎政策의 배경背景

선조 대 발발한 임진왜란으로 승려들은 의승군이나 군량미 운송 등 여러 방면으로 전란에 참여하였다. 선조대의 불교계 동원과 그 정책이 조선후기 불교정책의 기조가 된 것은 크게 두 가지 요인으로 정리할 수 있다. 첫째, 의승군으로 참여하여 활약한 것이다. 승려들이 의승군으로 참여한 것은 선조가 청허 휴정에게 명한 바도 있었지만, 자발적 참여로 이루어졌다.

> 전교하였다. 이곳 병사의 수효가 점차 줄어들고 있으니 다시 조처하도록 하라. 비변사에서 회답하여 아뢰었다. 즉시 감사・병사와 함께 의논하였습니다. 각 고을의 雜類軍이 지금 막 모여들었고 지난 3~4월의 下番軍士에게도 통지하여 나오게 하였습니다. 각 사찰의 승군들도 5~6백 명이 있고, 수령들도 牙兵 2백 여 명을 가지고 있으니 元軍 4천 명 외에 이 숫자도 수천 명은 됩니다.[4]

전란이 발발하자 조선 조정은 관군의 연전연패와 도망 등으로 군사력이 부족하여 선조가 머무르고 있던 평양마저도 위기를 겪고 있었다. 이에 비변사에서는 잡류군과 이미 동원되었던 인력까지도 다시 동원시켰으며 승군뿐만 아니라 대장을 수행하여 본진에 있던 아병牙兵까지도 호위하게끔 하였다. 특히 "우리 병력이 고단하고 약하기 때문에 중국 군사의

4 『선조실록』 26권, 선조 25년 5월 23일조

힘을 빌리려고, 했지만 지금까지 오지 않고 있습니다."라고 한 좌의정 윤두수의 언급은 급박한 당시의 상황을 극명하게 묘사하고 있다. 급기야 선조 27년 3월 비변사에서는 부족한 병력을 충당하기 위해 각종 잡역을 면제해 줄 것을 아뢴다. 예컨대 "이제 공천公賤 · 사천私賤 · 승려 · 속인 · 품관 · 서얼 · 잡류를 따질 것 없이 기운이 있는 사람이면 누구든 자진해서 응모하게 하여 먼저 잡역을 면제시켜 주고 훈련을 시킨 다음 그 기예가 성취되는 대로 혹 금군禁軍을 재수하기도 하고 천인 신분과 신역身役을 면제시키는 일을 하되 모두 사목事目대로 시행한다면 권유하고 독촉하지 않아도 그것을 기대하고 붙좇는 사람들이 나날이 늘어날 것입니다."[5]라고 요청한 것이다.

> a : 尹承勳이 아뢰었다. "영규는 스스로 승군을 모집한 것이 아니라 감사가 선발하여 통솔하게 하였던 것입니다. 호령이 엄하고 분명하며 곧바로 전진할 뿐 퇴각하지 않고 한 마음으로 싸웠습니다…[6]

> b : 임금이 행궁의 동헌에 나아가 湖城監 李柱를 引見하였다. 柱가 또 아뢰었다. "어떤 승려가 충청도에서 의병을 일으키면서 '한 그릇의 밥도 다 나라의 은혜이다.'라고 하고는 그 무리들을 불러 모아 지팡이를 들고 왜적을 쳤다고 합니다." 申點이 아뢰었다. "靈圭라는 승려가 삼백여 명의 군사를 불러 모으고서 '우리들이 일어난 것은 조정의 명령이 있었기 때문이 아니다. 만약 죽음을 두려워하는 마음을 가

5 『선조실록』 49권, 선조 27년 3월 23일조.
6 『선조실록』 30권, 선조 25년 9월 12일조.

진 사람이 있으면 나의 군대에 들어 오지마라'고 하자 승려들이 다투어 스스로 앞장서서 모여들어 거의 800명이나 되었었는데, 조헌과 함께 합하여 청주를 함락시켰으니 그 사람이 바로 이 승려라고 합니다.[7]

인용문은 전란초기 청주성淸州城을 수복하고 조헌과 함께 금산전투에서 왜군의 호남침공을 저지하고 전사한 영규에 관한 기록이다. a는 선유사宣諭使 윤승훈이 의승군은 자발적으로 봉기한 것이 아닌 감사監司가 선발하여 통솔하였다고 한다. 사관史官 역시 영규를 "목사牧使 허욱許頊이 수하로 불러와서 아병牙兵을 만들었고, 본도의 순찰사에게 말하여 도내의 승군을 선발, 영규를 장수로 삼아 청주의 왜적을 토벌하였다."고 하였다. 그러나 b의 호성감 이주나 신점은 영규가 조정의 명령이 아닌 자발적 의지로 의승군을 조직한 것으로 인식하였다. 이들뿐만 아니라 비변사 역시 "승려 영규가 의義를 분발하여 스스로 승려들을 많이 모아 성 밑으로 진격하였는데 제일 먼저 돌입하여 마침내는 청주성을 공략하였습니다."[8]라고 하여 영규의 자발적 의승군 조직을 시사하고 있다.

의승군의 조직여부에 대해 실록조차도 상반된 차이를 보이고 있지만, 전란 당시의 실제적인 정황상 의승군의 자발적 조직과 적극적 활동이 설득력이 있는 것으로 해석할 수 있다. 이러한 사실은 의병의 봉기에서도 찾아 볼 수 있다. 실록은 의병의 봉기에 대해 "삼도三道의 병사兵使들은 모두 인심을 잃었기 때문에 왜란이 일어난 뒤 병량을 독촉했지만 사람들은

7 『선조실록』 29권, 선조 25년 8월 26일조
8 『선조실록』 30권, 선조 25년 9월 11일조

모두 질시하여 왜적을 만나면 모두 피신했다. 마침내 도내의 거족으로 명망있는 사람과 유생 등이 조정의 명령을 받들어 의義를 부르짖고 일어났다."[9]고 하였다. 그러나 『선조수정실록宣祖修正實錄』에서는 모든 의병들이 조정의 명령을 받고 일어난 것 같이 기술하고 있으나 관군도 조정의 명령에 잘 따르지 않고 있는 상황에서 의병장이나 의병들이 조정의 명령에 의하여 봉기했다고 보기에는 무리가 있다. 조정에서는 근왕병의 소모령召募令이나 지방관의 징발령이 있었으나 이미 관의 권위가 땅에 떨어져 백성들은 이에 응하려 하지 않았고, 전라도에서는 군대를 동원하여 북상하다가 왕이 서천西遷하였다는 소식을 공주에서 듣고 군대를 해산시키기까지 했던 것이다.[10] 당시 비변사에서 군사 징발 시 잡역면제와 천인신분과 신역을 면제해주는 배경으로 "군사를 징발할 때 사람마다 모두 염증을 일으켜 회피하고 곳곳마다 소요가 일어나는 것은 다만 민심에 순응하지 못하였기 때문입니다."라고[11] 아뢴 사실에서도 어렵지 않게 당시의 정황을 살필 수 있는 것이다.

요컨대 전란 당시 자발적으로 조직된 승군은 산성축조나 방어에 동원되기도 하였는데, 이후 남북한산성 축조와 방비를 비롯한 조선의 군비강화와 각종 토목공사에 정기적으로 동원되었다.

둘째, 승려가 지닌 군사력과 노동력이 지닌 가치다.

> 난리가 일어난 이래 廟堂의 여러 신하들이 한결같이 위축되어 더

9 『선조수정실록』 26권, 선조 25년 6월 1일조
10 송정현, 『한국사』 29, 조선중기의 외침과 그 대응, 국사편찬위원회, 2003, 37~39쪽.
11 『선조실록』 49권, 선조 27년 3월 23일조

러는 강화를 맺어 견제할 생각을 해야 한다고 핑계대기도 하고, 더러는 훈련을 시켜 훗날을 도모하자고 구실을 대기도 하면서 구차스럽게 우물쭈물 하는 사이에 어느덧 6년의 세월이 흘렀다. 그렇건만 어느 누구하나 원칙에 의거하여 적을 물리쳐야 한다는 진취적인 계획을 올린 자는 없었다. 유정이 올린 글은 그 말이 조리가 있고, 이치가 올바르기 때문에 당시의 폐단을 적중시켰으니 고기만 먹는 사람들이 어찌 부끄럽지 않겠는가. 이런 까닭에 특별히 기록하는 것이니 이는 그가 승려라고 해서 그 말까지 무시해서는 안 되기 때문이다.[12]

인용문은 사신史臣이 거론한 승려 유정惟政에 대한 평가다. 전란 당시 승려들의 군사적 활동은 적극적이었다. 중흥사重興寺의 승려 행사行思는 평양성에 잠입하여 적의 동태를 파악했고[13] 의엄義嚴과 쌍익雙翼 역시 군량軍糧을 모은 공로로 각각 선종판사禪宗判事와 5위衛의 제6품 관직인 사과司果를 제수 받았다.[14] 사관史官은 유정이 승려임에도 불구하고 동반東班의 관직을 제수 받아 그 관작이 너무 외람되게 시행되었다고 하였지만, 전란 당시 그의 공헌을 높이 평가하였다. 유정은 1594년 4월부터 1597년 3월 사이 적장 가등청정加藤清正과 4차례의 협상회담에 참여하였으며, 1605년 4월에는 포로로 잡혀갔던 조선인 3,000여 명을 데리고 귀국하였다. 더욱이 1595년에는 장편의 상소문을 올려 전쟁에 대비하여 국력을 충실히 하는 방책을 건의하기도 하였다. 예컨대 「을미년상소언사乙未年上疏言事」에서는

12 『선조실록』 87권 선조 30년 4월 13일조.
13 『선조실록』 27권 선조 25년 6월 28일조.
14 『선조실록』 38권, 선조 26년 5월 15일조.

수령의 선임選任, 강상江上의 방비, 산성에 요새설치를 건의하는 등 위기극복을 위한 자신의 생각을 쏟아내기도 하였다.[15]

요컨대 전란 당시 승려들은 적과의 직접적인 항전뿐만 아니라 군사적 측면에서 다양한 활동을 통해 전세를 변화시키는데 진력했다. 이와 같은 승려의 적극적 호국의지는 불교와 승려에게 부정적 인식을 지니고 있었던 사관史官조차도 높이 평가하였다. 당시 승려들의 이러한 면모는 전란 이후 17세기 이후부터 진행된 암울한 사회경제상황을 극복하기 위한 다양한 정책을 시행하는데도 여전히 유용하였다.

3 선조대宣祖代 불교정책佛敎政策의 유형類型

1) 전란戰亂 중의 승역僧役

전란이 발발한 이후 조선은 군사적인 측면뿐만 아니라 정치와 사회경제 등 총체적인 위기를 겪고 있었다. 병력이나 군량미와 같은 군수물자의 부족, 더욱이 방어시설 구축의 필요성 등이 전란 초기부터 적극적으로 대두되어 시행되었다. 전란이 일어난 1592년 9월 윤두수는 휴정休靜에게 통지하여 군대를 모으게 하자고 건의하였고,[16] 선조는 승군을 절반쯤 덜어 군량을 운송하게 할 것을 명하였다.[17]

15 惟政, 「乙未上疏言事」, 『松雲大師奮忠紓難錄』(『韓國佛敎全書』 제8책, 97쪽c~98b쪽.
16 『선조실록』 30권, 선조 25년 9월 12일조.
17 『선조실록』 33권, 선조 25년 12월 27일조.

… 또한 산성에 요새를 험하게 설치하여 왜적을 방비하는 것은 祖宗朝의 시대에 원대한 장래를 염려한 생각이었습니다. 그러나 저축하는 재물은 많지 않고 방비할 도구가 없으면 장차 저 산성을 어떻게 쓰게 하시렵니까. 재물을 저축하는 계책으로는 屯田法을 쓰는 것보다 더 요긴한 것이 없으며, 둔전을 하는 계책으로는 반드시 군사를 주관하는 사람으로 하여금 또한 한편으로는 농사를 경작하면서 또 한편으로는 산성을 수호하여 지키도록 하는 것입니다. 만약 그렇지 않으면 많은 백성들을 괴롭히고 많은 사람들만 동원시켜서 도리어 백성들로 하여금 生業을 잃게 하여 탄식하게 되어 민심만 혼란하다는 소리를 듣게 될 것입니다.…[18]

인용문은 유정이 1595년 상소를 올려 국사國事를 말한 내용이다. 그는 1594년 선조에게 올린 상소문에서도 경계지역에 유민들을 타이르고 모아서 둔전屯田을 일으켜 군량을 준비하고, 산성을 쌓아 험준하게 보완할 것을 아뢰기도 하였다.[19] 을미상소에서는 좀 더 세분화된 계책을 제시하였다. 첫째, 산성축조와 수호, 둘째, 둔전의 경작, 셋째, 승병의 처리문제 등이다. 유정은 상소문에서 산성에 요새를 설치하고 산성을 수호하는 일은 나라를 방비하는데 급선무라고 하였다.

18 惟政, 「乙未上疏言事」, 『松雲大師奮忠紓難錄』(『韓國佛教全書』 제8책, 98b쪽.
19 惟政, 「甲午九月馳進京師上疏言討賊保民事疏」, 『松雲大師奮忠紓難錄』(『韓國佛教全書』 제8책, 92a쪽.
20 『선조실록』 44권, 선조26년 11월 7일조
21 『선조실록』 48권, 선조27년 2월 27일조
22 『선조실록』 44권, 선조26년 11월 7일조

선조대 축조 및 수호산성

道	築造 및 守護山城
경상도	陜川(축조) : 三嘉山城 · 冶爐山城 · 金山山城[20]
	陜川(축조) : 岳堅山城 · 李崇山城 · 龍起山城[21]
	高靈山城, 安陰 등처의 산성축조[22]
전라도	南原(수호) :蛟龍山城 · 錦城山城 · 笠巖山城 · 建達山城 · 修仁山城[23]
	和順(축조) : 同福山城 · 瓮城山城[24]
	智異山(축조) : 龜城山城[25]
경기도	驪州(축조) : 婆娑山城[26]
	龍津(수호) : 月溪山城[27]

표는 전란 이후 지속적으로 요새지에 산성을 축조하고 방비하는 논의와 함께 실제 작업이 시행된 산성들이다. 이들 산성의 축조와 시행은 전란 초기인 선조 26년(1593)부터 28년(1595)까지 3년에 걸쳐 집중적으로 나타나고 있다. 더욱이 산성축조와 함께 방비를 위한 승영사찰僧營寺刹의 창건도 본격적으로 시행되는데, 선조 27년에는 장성의 입암산성笠巖山城을 축조하고 사찰을 지어 영구한 계책으로 삼고자 현감 이귀李貴가 승려 법견法堅을 불러 그 일을 주관하게 하였다.[28] 이와 같이 선조대의 산성축조와 수호는 이후 조선후기 전시기에 걸쳐 남북한산성의 축조와 방비 형태로 지속되었고, 승려의 동원 역시 비정기적으로 상황에 따라 시행되던

23 『선조실록』 44권, 선조26년 11월 7일조.
24 『선조실록』 44권, 선조26년 11월 7일조.
25 『선조실록』 48권, 선조27년 2월 27일조.
26 『선조실록』 61권, 선조28년 3월 1일조.
27 『선조실록』 64권, 선조28년 6월 12일조.
28 『선조실록』 48권, 선조27년 2월 27일조.

것이 점차 제도화되어 갔다.

둘째, 둔전의 경작이다. 둔전은 변경이나 군사요지에 설치해 군량에 충당한 토지를 말한다. 전란 당시 조선은 식량난과 군량미 부족으로 심각한 문제에 직면하고 있었다. 명나라 원군이 들어온 뒤에는 훈련된 병력의 부족보다도 군량미의 부족이 더 무겁고 큰 문제로 대두되었다. 명나라는 병력만을 보낸 것이 아니라 무기 등 군수 물자와 군량미도 함께 보내왔다. 그런데 군량미는 명군에 의해 그들의 진영까지 운반되지 않고 압록강을 건너 의주까지만 전달되었다. 그러므로 명군의 급식을 위한 조선 측의 군량미 조달은 적기에 공급되기가 어려웠다. 군량미의 수송은 육로와 해로 두 길을 택하였다. 명군이 내원한 이래 선조 27년(1594) 8월 일단 본국으로 철수하기까지의 기간은 주로 육로로 수송하였다. 이를 위해 싸움에 나갈 수 없는 사람이나 부녀자 및 각처의 의병이나 의승군을 동원하였다.[29] 선조 26년 선조는 평양의 사찰에 남아있는 승려들도 남김 없이 뽑아 그들로 하여금 군량을 수송하도록 승정원에 전교하였다.[30]

둔전 경작의 필요성은 산성축조와 방어에 수반한 군량조달을 위한 것이었다. 선조 26년 심충겸沈忠謙의 계사啓辭는 둔전경작의 중요성이 잘 드러나고 있다. 그는 우선 각도各道의 목장에 있는 비옥한 땅을 경작케 하고, 병兵・수사水使의 군사에게 시세에 따라 편리한 대로 근방의 농지에 경작하도록 건의하였고, 또한 승려를 모집하여 병작竝作하게 하는 일도 시행하도록 아뢰었고, 선조 역시 다방면으로 시급히 조치하여 시기를 잃지 않게 하라고 독려하였다.[31] 유정 또한 산성방비를 위한 재물축적은 둔

29 『선조실록』 33권, 선조25년 12월 27일조.
30 『선조실록』 34권, 선조26년 1월 1일조.

전을 경작하는 것이 가장 요긴한 것이라고 역설하였다. 예컨대 둔전을 경작시키는 일이 유민流民들을 제대로 살게 하는 초석이며, 부족한 군량미를 보충하는데 중요한 역할을 할 수 있을 것이라고 선조에게 아뢰었다.

> 비변사에서 아뢰었다. …또한 僧將 惟政은 지금 宜寧에 주둔하고 있는데 이미 그 근처에 보리를 조금 심어서 군량에 대비하고 있으며, 또 경상우도 摠攝僧 信悅은 각 사찰의 位田에 보리종자를 뿌렸으며, 伽倻山 海印寺에서 화살을 만든다 합니다. 또 듣건대 신열이 이끄는 僧軍은 모두 壯丁으로 耕種한 여가에 火砲를 敎習한다 합니다. 각처의 제장들은 이에 생각도 미치지 못하는데 이 승군들만은 이러하니 매우 가상합니다.…[32]

선조 27년 유정은 주둔지 근처에 보리를 심어 부족한 군량을 보충하고자 했으며, 신열信悅 역시 경상우도慶尙右道의 각 사찰에 보리종자를 심어 식량난을 해소하고자 하였다. 아울러 유정의 상소와 같이 둔전 경작과 함께 병기를 계속 준비하여 화살을 만들거나 화포를 교습하여 산성을 수호케 한 것이다.

> 의엄이 씨를 뿌려놓은 屯田의 곡식을 有司가 거두어 가 고민하고 있다 하였으니 비록 곡절을 알 수는 없으나, 대개 파사성은 관가로부

---

31 『선조실록』 46권, 선조26년 12월 16일조.
32 『선조실록』 48권, 선조27년 2월 20일조.

터 애당초 한 되, 한 말의 도움도 없었는데 승려들이 스스로 자기들이 양식을 싸가지고 와서 저처럼 부역을 하고 있으니 심히 가긍하다. 그 둔전에 소출된 것은 推尋하지 말고 의엄에게 주어 役軍들의 양식을 돕도록 비변사에 말하라.[33]

인용문은 선조 27년 선조가 파사성婆娑城 적간단자摘奸單子로 정원政院에 전교傳敎한 내용가운데 일부분이다. 의엄이 경작한 둔전의 수확물을 관리가 거두어 가서 산성축조와 수호에 차질을 주고 있다는 내용이다. 이에 대한 선조의 지적은 주목할 만하다. 전란으로 인한 인구감소와 경작지의 황폐화로 대규모 식량난이 진행되고 있는 가운데 승려들은 전란참여와 각종 부역과정에서 조정으로부터 내려주는 수혜의 대상에서 제외되었다. 공적에 대한 대가로 선과첩禪科牒을 지급하기는 했지만, 그것이 실제적으로 승려들의 처우를 향상시켜준 것은 아니었다. 말 그대로 관가의 어떤 도움도 없이 자급자족하면서 부역에 동원되었던 것이다. 때문에 유정은 을미상소에서 다음과 같이 승려들의 처우문제를 건의하고 있다.

다른 사람을 편안하게 하면 옳은 백성이 된다라고 하였습니다. 무릇 백성들에 있어서도 오히려 그러한데 하물며 각 사찰에 의지할 곳 없이 수행으로 운집한 승려들은 어떻겠습니까. 지금 또한 백가지 방법으로 사나운 침해를 당하여 그들로 하여금 편안히 살 수 없게 하고 있으니, 그러므로 신 사명은 바라옵건대 저들도 또한 백성이오니 특

33 『선조실록』 67권, 선조28년 9월 19일조.

별히 편안히 운집할 방법을 세워서 장정들은 병법을 익혀 왜적을 토벌하게 하고 늙고 병든 사람들은 保人에 적을 두게 하고 軍需를 돕게 하여, 저들로 하여금 아울러 긴급한 변이 있을 때에는 함께 힘을 쓰도록 하고 자기가 맡은 이외에 여러 가지 일을 침해당하지 않도록 하신다면 국가를 위해 크게 다행한 일일까 합니다.[34]

유정은 이미 조선의 신민臣民에서 제외된 채 겨우 명맥을 유지하고 살아가고 있는 승려들이 받는 사회적 차별대우를 지적한 것이다. 전란 발발이후 자발적으로 승군을 조직하여 전란에 참여했지만, 조선이 감당해야 하는 사회적 경제적 위기가 극심할수록 승려들의 삶은 더욱 곤궁해질 수밖에 없었던 것이다. 때문에 승려들은 정군正軍을 경제적으로 돕도록 편성한 보인保人에 적을 두게 할 것이며, 자기가 맡은 일 외에는 더 이상 수탈과 착취를 금해달라는 간곡한 부탁이었다. 그러나 유정의 이러한 상소는 반영되지 못해 승려들의 각종 부역 동원은 다양화되고 가중되었다. 선조 26년에는 얼어 죽은 채 노천에 널려있는 시체를 매장하기도 하고[35] 전란으로 복구되지 못한 조지서造紙署를 대신해 표문表文이나 자문咨文에 쓸 종이를 만들기도 하였다.[36] 또한 종묘宗廟를 중건하는데 동원되었는데, 당시 비변사에서는 승려들을 모집하여 공사를 시키면 백성들을 크게 수고롭게 하지 않고도 일을 쉽게 완성할 수 있을 것이라고 하였다.[37] 이밖에 실록수직이나[38] 벽돌 굽는 일에 동원되기도 하였다.[39]

---

34 惟政, 「乙未上疏言事」, 『松雲大師奮忠紓難錄』(『韓國佛教全書』제8책) 98b쪽.
35 『선조실록』 43권, 선조26년 10월 2일조.
36 『선조실록』 78권, 선조29년 8월 13일조.
37 『선조실록』 185권, 선조38년 3월 12일조.

2) 승정제 시행

선조대 불교정책 가운데 주목할 만한 것은 총섭제摠攝制 시행과 선과첩禪科牒을 지급했다는 사실이다. 이전 시대부터 시행된 승정제의 일부분이어서 새로운 것은 아니었지만, 불교 탄압 속에서 승과제도가 폐지된 상황에서 부활된 것은 정부차원에서 실제적 의미를 지니고 있다.

> 비변사가 아뢰기를 "각 고을에서 군병을 뽑을 때 色吏가 농간을 부려 대부분 사실로써 하지 않는 것이 이미 고질적인 폐해가 되었습니다. 그러나 이 僧軍은 戰陣에 도움이 없지 않아 공을 세운 자가 연달았습니다. 그러니 지금 首級을 베어 바친 자에게 禪科를 주겠다는 내용으로 休靜에게 通諭하여 그로 하여금 승군을 모으게 하소서. 휴정이 보낸 승려 雙彦이 말하기를 '만약 禪宗·教宗의 判事 두 사람을 시급히 差出하여 승군을 거느리게 한다면 형세가 퍽 수월할 것이다. 尙珠와 雙印이 현재 香山에 있으니 그들을 任使하라.'고 하였습니다. 이 두 승려에게 該司에서 差帖을 만들어 주어 급히 승군을 거느리고 내려가게 하는 것이 어떻겠습니까?"하니, 상이 따랐다.[40]

인용문은 전란 발발 이후 승군조직의 목적으로 전공戰功이 있는 승려와 승군을 통솔할 선교양종禪教兩宗 판사判事의 필요성을 언급한 내용이다. 예

---

38 『선조실록』 97권, 선조31년 2월 3일조.
39 『선조실록』 186권, 선조38년 4월 13일조.
40 『선조실록』 40권, 선조26년 7월 20일조.

컨대 선종과 교종에서 판사 한 사람씩을 임명하여 16명의 판사가 승군을 통솔하는 것이었다. 이 양종판사제는 비변사의 요청으로 선조가 윤허했지만, 양종의 부활을 우려한 신료들의 반대로 8월 7일 그 명칭이 '총섭摠攝'으로 바뀐다. 예컨대 '판사'라는 이름이 마치 선종과 교종을 설립하는 것 같아 후환이 없지 않을 듯하여 명칭만으로 승군조직의 성공을 권면하고자 한다면 총섭이란 호칭도 무방할 것이라고[41] 한 것이다.

이른바 고려와 조선시대까지 지속된 승과僧科의 시행과 승직제僧職制는 부침을 거듭하였다. 고려시대에 설치되어 영향력을 행사해 온 승록사僧祿司가 1424년(세종 6) 유신들의 상소문과 논쟁 끝에 혁파되고 선교양종도소禪敎兩宗都所 체제로 개편된다. 그 운영의 책임자는 판사判事가 맡았는데, 판사는 3품에서 1품까지의 아문衙門의 장관이므로 양종도회소는 3품 아문衙門의 격을 갖는다고 할 수 있다. 승과와 주지 추천의 역할을 맡았으며 각종 불교의식을 관장하였지만, 연산군 때 철폐되었다가 명종 조 일시 부활 후 1566년(명종 21) 문정왕후文定王后 사망 후 명종의 전교에 따라 공식적으로 완전히 혁파되었다. 그러나 임진왜란을 계기로 관官의 행정제도에 편입되어 여러 가지 역할을 수행하였다. 이로써 명종 21년 양종兩宗·승과僧科·승직僧職의 제도가 한꺼번에 폐지되면서 산중승단山中僧團으로 돌아갔던 조선의 불교세력을 다시 국가의 행정체제 안으로 포함시키는 도총섭제도가 시작되었다.[42]

41 『선조실록』 41권, 선조26년 8월 7일조.
42 전영근, 「조선시대 僧官制와 僧人人事관련 文書」, 『고문서연구』제30호, 고문서학회, 2007, 4~11쪽.

대체로 都總攝이란 바로 先朝의 난리 초기에 묘당이 품지하여 僧將에게 내려준 칭호입니다. 그 뒤에 폐지하기도 하고 그대로 두기도 하면서 만일 승려에게 役事를 시킬 일이 있을 경우 總攝을 정하여 역사하는 諸僧을 관장하도록 해서 지금까지 시행하고 있음은 누군들 모르겠습니까.[43]

총섭제도는 선조 이후에는 남북한산성의 수축과 의승번전의 봉납奉納, 부역의 징발 등 국가의 필요에 의하여 지속되고 확대되어 갔다. 또한 인조대 사고史庫설치와 함께 수호사찰의 주지를 총섭으로 임명하였으며, 왕실의 원당 등으로 사세를 키운 사찰의 주지에게도 총섭으로 임명하는 첩과 함께 인신이 발급되기도 하였다. 결국 총섭제는 조선후기 국방문제뿐만 아니라 부역에 따른 부족한 노동력 확보와 사회경제 문제를 해결하는데 활용되었다. 정부에서는 총섭제의 운영을 통해 불교교단의 효율적 통제와 함께 당면한 현안을 해결하는 수단으로 활용한 것이다.

한편 조선정부가 총섭제와 함께 승려를 유용한 노동력으로 확보하고자 한 근본적인 대책은 승려들에게 선과의 합격증을 지급하는 것이었다.

우리나라 군사들은 말할 수 없이 피로하여졌으며, 또 그 수효가 만명도 채 되지 못하니 매우 한심하다. 각 도에 승려의 수효가 상당히 많지만, 모두가 세속을 떠나서 구름처럼 떠도는 무리들이라서 국가에서 사역시킬 수 없게 되었으니, 그들을 사역시킬 수 없을 바에야 한

43 『광해군일기』 22권, 광해군 1년 11월 26일조.

장의 임명장을 주어 적의 수급 하나라도 얻는 것이 낫지 않겠는가. 이렇게 한다면 승려들은 다투어 분발하여 싸우게 될 것이고 승려들이 매일 같이 몰려들 것이다. 이렇게 하면 의병들에게 빈 관직을 줌으로써 나라의 법을 문란하게 하는 폐단도 없을 것이고, 또 재물을 소비하여 군사를 먹여야 할 걱정도 없어질 것이다. 이는 異端을 숭상해서 禪科를 다시 회복시키려는 것이 아니라, 임시방편으로 적을 토벌하려는 술책일 뿐이다. 지난날에도 비변사와 상의하여 어떤 승려든지 적의 머리 한 급을 바치는 자에게는 즉시 선과의 합격증을 주기로 하였는데, 그 뒤에 臺諫들의 논란이 있어 임금의 체면상 잔소리를 많이 하는 것이 부당한 듯하여 대간의 의견을 따랐던 것이다. 지금 다시 생각해 보니 이 조항은 진실로 적을 토벌하는 일에 유익한 방법이므로 그만둘 수 없다. 이 일을 두고 내가 이단을 숭배하는 것이라고 한다면 듣는 자들은 코웃음을 칠 것이다. 내 생각에는 전후에 걸쳐 적의 수급을 참획한 승려에게는 각각 선과의 합격증을 주되 즉시 휴정에게 내려 보내 그로 하여금 나누어 주게 할 것이니, 이러한 뜻을 여러 도의 승려들에게 시급히 下諭하는 것이 어떻겠는가.[44]

인용문은 선조가 승정원에 전교한 내용이다. 일본과의 전쟁이 진행되는 상황에서 병력의 부족은 국가의 안위와 직결되는 문제였다. 승려에게 선과첩을 지급하는 일은 부족한 군사를 보충하고, 승군僧軍의 사기를 진작시키는 효과를 거두는 것이었다. 크고 작은 공으로 선과첩禪科牒을 받은

44 『선조실록』 39권, 선조26년 6월 29일조.

승려 역시 인용문에서 언급한 관직제수의 의미뿐만 아니라 이제까지 조선의 신민臣民에서 제외된 채 살아가야했던 소외감을 정신적으로나마 위안을 받았을 것이다. 여하튼 조정의 선과첩 발급은 승병동원의 의도와 승려에 대한 표면적인 처우개선에서 효과를 거둔 것은 사실이다.

4 선조대宣祖代 불교정책佛教政策의 영향影響

조선후기가 시작되는 선조대의 불교정책은 임진왜란이라는 위기극복의 과정 속에서 본격화되었다. 불교가 탄압받고 소외되는 상황 속에서 전란의 발생은 불교계가 이중고를 겪는 시기이기도 했다. 승군僧軍의 자발적 전쟁 참여뿐만 아니라 산성과 같은 방어시설 구축과 식량난을 해소하기 위한 둔전경영 등 자구책 마련을 위한 노고가 지속되었다. 이것은 군사와 식량이 부족한 상황에서 승군의 적극적인 대응에 대한 왕과 신료들의 긍정적 평가와는 다른 모습이었다. 승려의 노고에 대한 실제적인 처우개선책도 없었고, 사회적 지위 역시 향상되지 못했다. 인식만이 변할 뿐이었다. 선과첩 지급이 있었지만, 말 그대로 '빈 관직'제수에 불과한 미봉책에 그친 것이었다. 그러나 선조의 불교정책이 승려에 대한 억압이나 불교계 탄압의 의도로 진행된 것만은 아니었다. 여전히 무위도식의 무리로 인식하여 백성들을 보호하는 차원에서 승려인구의 노동력을 이용하고자 한 신료들과는 달리 승려와 불교계를 염려하는 측면도 적지 않게 나타나고 있다.

만약 나라 안에서 부처님 법을 배운 승려의 무리들로 하여금 모두 병기를 만들어 칼 쓰기를 배우고 활쏘기를 배워서 變을 기다리는 장소에서 종사하게 한다면 끓는 가마솥에 물이나 백탄의 화로일지라도 회피하는 바가 없을 것이라. 이것을 보면 저기 몸을 보전하고 처자들을 보양하기만 하려는 병사에 비유하면 용맹하고 강하기가 백배나 될 것이라. 그러하오니 진실로 위급한 일이 있을 때는 족히 믿고 쓸 수 있겠지만, 아마도 알 수 없는 것은 이 법을 한 번 실행하면 관음보살이 어느 곳에 있을지 심히 걱정됨이로다.[45]

인용문은 유정이 1595년 상소에서 승려들에게 산성수호를 위해 둔전을 경작하고 병법을 익히게 할 것을 왕께 건의하자 그에 대한 선조의 답변이다. 예컨대 승려들에게 병법을 익혀 상비군으로 적의 침입에 맞선다면 용맹하게 싸우겠지만, 이 제도를 상설한다면 불교 본래의 정신이나 자비사상은 보존되기 어렵다는 의미다. 국가의 안위와 함께 불교와 당시 불교계에 대해 염려하고 있음을 알 수 있는 대목이다. 사실 선조는 전란 이전부터 불교숭신의 징후로 신료들과 마찰을 빚기도 했다. 홍문관 부제학 노수신 등 신료들이 정업원淨業院 철폐를 건의하자 "선왕先王의 후궁들이 거처하던 곳으로 선조先朝 때에도 없애지 않았던 곳으로 지금 없애는 것이 마음이 편하지 않다"고[46] 하였다. 이후 계속되는 성균관 유생들의 상소문에 대해서도 "선비로서 이 세상에 태어났으면 얼마나 소중한 일인가. 그런데 하필이면 정업원을 없애는 것에만 구구하게

45 惟政, 「乙未上疏言事」, 『松雲大師奮忠紓難錄』(『韓國佛教全書』 제8책) 98c쪽.
46 『선조실록』 2권, 선조1년 7월 12일조.

관심을 두고 이렇게까지 번거롭게 글을 올리는가"라고[47] 하여 강하게 질책하기도 하였다.

이러한 선조의 불교정책은 이후 그 탄압이 가장 극심했던 현종의 불교정책에서도 드러난다. 현종대의 불교정책이 부정적 인식과 함께 탄압일변도로 진행된 것은 예학禮學의 성립과 강화가 주요 원인이었다. 두 차례의 예송논쟁은 왜란과 호란을 거치면서 긍정적으로 인식되었던 불교에 대한 탄압이 강도 높게 진행되었다. 현종은 인수원仁壽院·자수원慈壽院을 철폐하였고[48] 예조에 명하여 자수원에 모셔져 있던 열성列聖의 위판位板을 깨끗한 장소에 묻도록 하였다.[49]

현종은 이밖에 출가자를 환속시키고, 토목공사 등에 승려를 동원하기도 하였다. 부왕인 효종을 영릉寧陵에 모시고 신륵사를 그 원당願堂으로 삼아 명복을 빌었으며[50] 대승사와 옥천사를 자신의 매부를 위해 원당을 설립하도록 했다. 즉위 초 강도 높은 불교탄압책과는 다른 면모를 보인 것이다.

한편 선조대 시행된 승려의 산성방어와 각종 잡역을 중심으로 한 대부분의 불교정책은 이후 조선후기 불교정책의 전형이 되었다. 그것은 조선후기 지배층의 불교계에 대한 부정적 인식과 함께 조선후기가 지닌 사회경제적 동향이라는 두 가지 요인이 작용한 결과이다. 이 가운데 조선후기 사회경제적 동향은 불교계에 대한 수탈과 착취라는 조선후기 불교사 연구의 기본적 인식구조를 재검토하는데 중요한 요소로 작용한다. 예컨

47 『선조실록』 8권, 선조7년 5월 19일조
48 『현종개수실록』 5권, 현종 2년 2월 12일(임진), 국사편찬위원회, 37책, 217쪽.
49 『현종개수실록』 20권, 현종10년 1월 4일(무술), 국사편찬위원회, 37책, 642쪽.
50 『驪州鳳尾山報恩寺重修事蹟記詞』, 『朝鮮寺刹史料』 上, 79~82쪽』

대 두 차례의 전란과 17세기 대규모 자연재해는 생산구조의 파괴와 국가 재정의 궁핍을 야기시켰다. 정부는 양역제 유지를 위해 호구戶口색출을 강력하게 추진하였고, 승려들을 국역國役에 적극적으로 동원하였다. 적어도 선조와 광해군 대에는 승려의 국역동원에 그 대가를 지불하기도 했지만, 일반 백성이 혹독한 군역軍役의 부담을 피해 승려가 되는 현상이 증가하면서 피역지류避役之類로 인식되어 부족한 양역을 보충하기 위해 승역이 본격화되었다.

> 兩湖에 대동법을 실시한 뒤로 烟軍을 징발해 쓰지 못하기 때문에 公私의 土木이나 堤堰 축조 役事를 승려들에게 많이 맡기니 僧役이 이전보다 배나 무거워 탄식하고 원망하는 폐단이 있게 되었습니다.[51]

백성들이 현물과 노역으로 부담하고 있던 진상進上·공물貢物·요역徭役 등을 전결미로 대신 수취하는 대동법의 시행 이후에는 백성들의 부담이 완화되는 대신 승려가 동원된 역役은 광범위했다. 산성축조나 방비, 지역紙役뿐만 아니라 산릉역, 제언공사, 심지어 시신매장과 식량난 해소를 위한 도토리 수습까지 광범위하게 진행되었다. 정조 14년 장계를 올린 원춘도原春道 관찰사觀察使 윤사국尹師國은 승려들이 종이감의 배정, 길잡이를 세우는 것, 견여肩輿를 메는 군정, 돌을 다듬고 나무를 조각하는 등 갖가지 부역이 과중하여 그 폐단을 조정에서 없앴지만, 여전히 부담은 남아 있다고[52] 지적하였다.

---

51 『비변사등록』 제27책 현종 9년 11월 6일조.
52 『정조실록』 제31권, 정조 14년 8월 23일조.

사찰이 쇠락하고 승려가 감소하는 현상은 균역법 실시 이후 더욱 심해졌다. 균역법은 과중한 양역良役의 폐단에 따른 양정良丁감소 방지와 국가재정 확보가 그 목적이었다. 균역법의 실시로 양정良丁의 부담은 역役을 대신하여 바치던 군포軍布를 2필에서 1필로 줄이고, 그 부족액은 함경도와 평안도를 제외한 전국의 전결田結에 부과하여 1결당 미米 2두씩, 혹은 5전씩을 부과했다. 일반 백성들이 그동안 부담해야 했던 군포를 경감시킨 일은 민생안정에 획기적인 사건이었지만, 남북한산성을 수호해야하는 의승들이 방번전으로 22냥을 납부해야 하는 부담은 환속자還俗者가 속출하는 직접적인 요인이 되었다. 번전 납부의 부담을 덜기 위해 환속을 선택할 수밖에 없었고, 번전 납부의 부담은 감소는커녕 남아있는 출가승에게 전가될 수밖에 없었다.

승려들의 환속과 유산流散, 피역避役은 다시 백성들이 승려의 신역을 대신해야하는 악순환이 계속될 지경이었다. 승려들의 이 과중한 부담은 지방관들로 하여금 그 시정을 요구하는 상소문으로 이어졌고, 급기야 정조 9년 승려들이 납부해야 하는 번전番錢을 반감시키는 정책이 시행되었다.

이와 같이 조선후기 불교정책은 기존의 연구 성과와 같이 불교계와 승려들에 대한 맹목적인 탄압만이 진행되었던 것은 아니었다. 임진왜란이 발발했지만, 인적 물적 자원이 부족한 상황에서 승려들의 전투력과 노동력은 열악한 전력戰力을 보충하는데 효과적으로 작용하였다. 특히 둔전경작과 같은 자구책 마련은 불교를 탄압의 대상으로 인식했던 조정과 유생들의 부정적 인식을 호의적으로 전환시키기에 충분한 것이었다. 그러나 이러한 긍정적 인식과는 달리 승려에 대한 실제적 대우는 달라진 것이 없었다. 여전히 탄압과 착취는 계속되었다. 이제까지의 조선시대 불교사 연구는 이 부분에 대해 불교에 대한 탄압이 이념에 기초한 결과라고 규정짓고 있다. 이와 같은 인식은 조선후기 불교사를 조선전기 주자성리학에 기초한 불교탄압의 연속선상에서 이해한 결과라고 생각한다. 물론 조선의 이데올로기가 변한 것은 아니었다. 그러나 임진왜란으로부터 시작되는 조선후기 사회경제적 상황은 불교계에 대한 대우를 단순히 탄압일변도로 규정지을 수 없다. 전란으로 인한 인구와 경작지의 감소, 자연재해로 인한 계속된 흉년 등 사회경제적 위기와 그 해결은 주자성리학에 우선한 것이었다. 그러므로 조선후기 불교정책의 본질은 표면적으로는 불교탄압으로 인식될 소지가 있었지만, 본질적 측면에서는 위기를 수습하고 극복하는데 효과적으로 활용되었다. 왜란·호란과 같은 외침에 대한 대응과 방비, 이후 사회경제적 현안을 마련하고 시행하는데 불교계와 승려들은 적지 않은 기여를 한 것이다.

결국 조선후기 불교사에 대한 이해는 불교옹호론적 입장보다는 조선후기 정치·경제·사회적 동향 속에서 객관적 검토를 통해 이해되어야 한다.

5 맺음말

선조대의 불교정책은 전란을 계기로 수립되고 시행되었다. 승려가 전투 병력으로 참여하고, 산성을 수호하고 둔전을 경작하는 등 불교계의 다양하고 적극적인 활동은 선조 이후 조선후기 불교정책의 근간이 되었다. 1595년 선조는 승병의 산성축조와 수호, 둔전의 경작, 승병의 처리문제 등으로 상소를 올린 유정惟政의 건의에 따라 시행하였다. 또한 이 시기 총섭제 시행과 승과첩 지급은 불교계를 국가의 행정체제 안으로 포함시켜 통제 관리하는 계기가 되었다. 원래 승장僧將에게 주었던 호칭이었지만, 이후에는 산성의 수축과 방어, 부역징발과 그 관리를 맡았다. 이 총섭제의 운영은 불교교단의 효율적 통제와 함께 사회경제와 관련된 현안을 해결하는 수단으로 활용하였다. 선과첩 지급 역시 부족한 군사를 보충하고, 승군의 사기를 진작시키는 효과를 거두었다.

한편 조선후기 승역의 가중은 불교계에 대한 수탈과 착취보다는 암울한 시대상황과 관련하여 살펴 볼 필요가 있다. 17세기 이후 자연재해로 인한 생산구조 파괴와 국가재정 부족은 수취체제 개선의 계기가 되었다. 이에 따라 승역의 국역 동원이나 잡역에 대한 부담이 증가하기도 하고 감소되는 현상이 지속되었다. 대동법과 균역법의 시행은 승역의 증감을 단적으로 설명하는 사례다. 결국 조선후기 불교계의 승역에 대한 가중이 수탈과 착취로 인식되는 것이 일면 타당하지만, 두 차례에 걸친 전란 이후 사회경제적 동향을 염두해 둔다면 불교계 탄압의 차원에서만 인식되기에는 많은 한계를 지니고 있다.

조선후기 불교사 연구가 본격화된 것은 10여 년 전이었다. 조선전기 불교정책이나 불교계 동향과 다른 임진왜란 이후 시대적 특성 속에서 불교계의 동향이나 정체성을 모색하는 성과들이 발표되었다. 그러나 대부분 개별적 사례 중심이어서 조선후기 불교사가 지닌 본질이나 성격을 규명하는 시도는 이루어지지 않았다. 시대적 상황과 불교계에서 나타난 다양한 동향의 이해를 기초로 하기 때문에 쉬운 일은 아닐 것이다.

본 연구는 조선후기 불교정책과 그 성격을 검토하고자 했다. 이제까지 탄압과 수탈일변도로 인식했던 조선후기 불교사를 시대적 상황과 결부시켜 재검토함으로써 기존의 부정적 인식을 전환시키는 계기로 삼고자 한 것이 그 배경이다.

현종대의 불교정책과 불교계의 동향

1 머리말

『현종실록』의 현종 애책문哀册文에 의하면 현종은 "이단異端을 배척하였고, 유학의 교화를 크게 천명하기 위해 사찰을 헐어버리고 학교를 지었다"고 하였다. 두 차례의 전란을 거친 이후 현종의 불교정책은 조선후기를 거치는 동안 가장 혹독하였다. 우선 이 시기는 실천철학으로서의 예학禮學을 성립시키고 발전시켰는데, 불교탄압정책의 일차적인 배경이기도 하다. 더욱이 현종대를 중심으로 한 17세기 조선의 사회경제적 상황은 가장 암울한 시기였다. 임란과 호란직후 조선은 토지가 황폐화되었고, 인구는 감소되었다. 아울러 장기간의 자연재해로 인한 기근과 전염병은 사회경제적 상황을 극단적으로 악화시키기에 이르렀다. 혹독한 시기에 진행된 승려들의 부역동원은 불교말살과 직결된 것이었다.

현종대의 불교정책에 관한 연구 성과는 불교탄압에 관한 사정을 단편적으로 알려주고 있을 뿐 구체적인 연구는 전무한 실정이다. 이 시기가 불교탄압이 지속되었다는 사실이 가장 큰 이유이며, 호교론護敎論적 측면에서는 현종의 불교정책이 탄압일변도로 유지되었다는 인식하에 백곡白谷 처능處能(1617~1680)이 불교 억압의 부당성을 주장하는 「간폐석교소諫廢釋敎疏」를 소개하는 정도다.[1] 그러나 조선시대의 불교가 맹목적인 탄압일변도로 지속되었고, 불교와 승려들은 억압을 받은 채 겨우 명맥을 유지하고 있었다는 단선적인 인식은 재검토의 여지가 있다. 특히 양란 이후인 조선후기는 불교계뿐만 아니라 일반 백성들조차도 온전한 생활을 영위하기 힘들 정도로 어려운 시기를 살고 있었다. 예컨대 불교가 억압받고 승려들의 생활이 온전하지 못했을 정도로 암울한 시기가 지속되고 있었지만, 그것은 조선후기가 맞이하고 있었던 총체적인 난국의 영향이기도 하였다.

이 글은 조선후기가 불교탄압이 진행된 시기였음을 전제로 하겠지만, 호교론적 인식과 평가를 지양하고, 조선시대가 맹목적인 불교탄압의 시대였다는 부정적 인식 역시 재검토하고자 한다. 이른바 객관적인 측면에서 현종대 불교정책의 여러 면모를 살피고자 한다. 예학禮學이 성립되고 더욱 강화되어가는 과정에서 불교에 대한 부정적 인식과 억압은 심화되었지만, 사회경제적 곤란은 승역僧役의 강화와 함께 승려들을 배려하는 면모 역시 어렵지 않게 살필 수 있다. 더욱이 원당철폐와 같은 왕실의 기

---

1 김영태, 「이조대의 불가상소」, 『불교학보』 10, 동국대 불교문화연구원, 1975.
김용조, 「백곡 처능의 간폐석교소에 관한 연구」, 『한국불교학』 4, 한국불교학회, 1979.
김기영, 「백곡의 간폐석교소」, 『조선시대호불론』, 한국불교연구원, 2003.

복불사에서는 왕의 이면을 관찰할 수 있다. 때문에 이 글은 학계에 아직 소개되지 않은 조선후기 불교정책에 관한 연구의 단초를 제공할 것이고, 이 시기 불교사에 대한 객관적이고 균형 있는 연구시각을 마련하는데 적지 않은 도움을 줄 것으로 기대한다.

2 현종대顯宗代 불교억압佛教抑壓의 배경背景

현종대의 불교정책은 조선후기 불교사의 큰 틀에서 살폈을 때 두 가지 이율배반적인 모습을 드러내고 있다. 첫째, 조선후기 불교계는 전란 당시 승군僧軍의 활동으로 그 동안의 부정적 인식을 우호적으로 변모시켰고, 탄압의 정도를 완화시켰다. 그러나 전란 이후 조정과 사회의 긍정적 인식은 결과적으로 공허한 것이었고, 실질적으로 변한 것은 거의 없었다. 둘째, 국역승國役僧에 대한 배려다. 전란 이후 국가재건을 위한 지속된 국역國役 부담은 백성들에게 그 대가를 지불하는 대신 승려들에게는 자비부담이 원칙이었다. 그러나 한편으로는 역승役僧에 대한 배려 역시 적지 않게 작용하여 맹목적인 탄압으로 인식되기에는 한계가 있다. 요컨대 이 시기는 불교정책에 있어 원칙의 이행과 함께 사회경제적 상황에 따른 변화의 모습도 적지 않게 보이고 있다.

현종대의 불교정책이 부정적 인식과 함께 탄압일변도로 진행된 것은 예학禮學의 성립과 강화가 주요원인이었다. 예학의 성립은 17세기의 조선 주자학이 이룩한 가장 중요한 성과였다. 14·5세기의 주자학은 정치적으로 불교이념을 유교이념으로 전환시키는데 급급하였고, 사회적으로도 불교윤리를 유교윤리로 바꾸는데 주력하였다. 16세기는 재지지주 출신의 사림士林세력이 정계에 등장하면서 주자학朱子學의 외연과 그 이해수준이 사상적·철학적 측면에까지 높아지게 되었다.[2] 이와 같은 기반 위에서 주자학을 기초로 한 유교이념은 정쟁政爭의 기반이 되었고, 급기야 17세기에는 국왕중심·가부장중심을 합리화하는 가치관의 현실적 행용인 예론禮論이 발달하게 되었다. 유교적 문치주의文治主義의 극치인 예치주의禮治主義가 강화된 것이다. 따라서 17세기에 이르면 예에 대한 학문적 연구가 활발해져서 예학이 발달하고 많은 예서禮書들이 쏟아져 나왔다.[3] 전기에는 오례五禮 중심의 실용적인 고례古禮가 행해지고 있었지만, 왕조례王朝禮 중심의 오례체계五禮體系에서부터 서서히 사대부중심士大夫中心의 사례체계四禮體系로 전환되고 있었다. 특히 17세기에는 왕조례王朝禮의 특수성을 강조하는 왕자례부동사서王者禮不同士庶의 견해와 사대부례士大夫禮의 일반화一般化를 주장하는 천하동례天下同禮의 견해가 대립되는 현상을 보이게 된다. 전자가 왕권王權을 강화하려는 반면 후자는 신권臣權을 강화하려는 의도가 강하였다. 왕의 예와 일반의 선비나 서민의 예와의 관계를 둘러싸고 구체적으로 상복을 입는 기간의 장단長短이 문제가 되어 나타난 사건이 예송禮訟이었다.

현종대의 제1차 예송은 1659년 효종이 죽자 계모인 자의대비慈懿大妃 조씨趙氏가 1년 복을 입을 것인가 3년 복을 입을 것인가 하는 문제였다. 서인 송시열宋時烈과 송준길宋俊吉이 『경국대전經國大典』과 『국조오례의國朝五禮儀』를 내세워 1년을, 남인 윤휴尹鑴·윤선도尹善道·허목許穆 등이 고례古禮인

2 이성무, 「17세기의 예론과 당쟁」, 『조선후기 당쟁의 종합적 검토』, 한국정신문화연구원, 1992. pp.9~10.
3 황원구, 「이조예학의 형성과정」, 『동아세아사연구』, 일조각, 1976.

『의례儀禮』에 근거를 두고 3년을 주장하였지만 결국 서인이 승리하였다. 이 1차 예송은 전국에 흩어져 있는 유림儒林들의 여론에 의하여 정국政局의 추이가 결정되는 당쟁黨爭의 시대가 도래했음을 의미한 것이다. 아울러 그 여론은 지방별 사우관계師友關係의 연결을 바탕으로 분기分岐되고 대립對立되는 양상을 띠게 되었다. 요컨대 17세기는 서인들에 의하여 주자학적인 극도의 명분론名分論이 대두되었다.

제2차 예송은 1674년 효종의 왕비이자 현종의 모후 인선왕후仁宣王后 장씨張氏가 승하하자 역시 1차 예송 때 예의 적용이 문제가 되었던 조대비가 상복을 1년 입을 것인가 9개월 입을 것인가가 문제가 되었다. 이때는 남인의 1년 설이 승리하여 인조반정 이래 반세기 동안 유지되어 오던 서인 우세 속의 서인·남인의 연립정권이 무너지고 남인이 전권을 행사하게 되었다.

서인西人이 국제國制를 논거로 내세운 것이나 남인南人이 고례古禮인 『의례儀禮』를 기준으로 한 것은 우연한 일이 아니라, 그들의 학문적 차이와 정치노선의 차이에서 비롯되어 예론의 차이로 나타났던 것이다. 예송은 예치禮治의 시대에 있어서 붕당정치의 이데올로기 투쟁의 형태로 나타난 것으로 예송에서의 패배가 곧 정권의 실각으로 이어진 것이다. 붕당간의 갈등은 보다 고도의 도학정치道學政治를 발달시켰으며, 이것은 왕권을 압도할 정도였다. 국왕에게 고도의 도학정치를 논리가 현실정치에서의 승패를 좌우하기에 이르렀다. 결국 17세기는 주자학의 실천철학으로서의 예학이 발전하였고, 전란 이후 국내외의 안정세가 유지되는 가운데 송시열 일파가 정치를 전단하게 되었다. 그것은 그동안 긍정적으로 인식되고 있었던 불교에 대한 탄압이 강도 높게 재개될 징조였다. 이들은 왕권을 무력화시켰고, 권력의 강화로 왕실의 불교 비호를 비판하였다.

우참찬 송준길이 고향에서 올라오자 상이 인견하고 慰諭하기를 매우 지극히 하였다. (송준길이)또 두 尼院을 훼철한 일을 하례하고 아뢰기를 朱子가 僧寺를 헐어 書堂을 짓는 일을 일거양득이라 하였습니다. 尼院 한 곳은 바로 北學의 옛터입니다. 尼院을 헐은 材瓦를 가지고 그대로 북학을 설립하면 좋겠습니다하니 상이 따랐다. 그 뒤에 예조가 아뢰기를 북학은 신설하는 셈이니 學官의 차출 이외 典僕劃給, 儒生供饋 등의 일을 미리 적절하게 처리하여야 바야흐로 거행할 수 있습니다. 각 해당 관사로 하여금 품처케 하소서하였다. 그 후에 일에 구애된 점이 많았기 때문에 끝내 행해지지 못하였다.[4]

현종이 즉위 2년 후인 1661년 논의를 거쳐 자수원을 철폐하자 송준길이 그 자리에 유학의 교육기관인 북학北學설립을 건의하였다. 비록 북학 설립은 절차와 경비 등의 문제로 이루어지지 못했지만, 현종대 불교탄압의 상징적 의미로 해석할 수 있다. 송시열 역시 왕이 인수원仁壽院·자수원慈壽院과 봉은奉恩·봉선사奉先寺 철폐에 이어 성 밖의 사찰까지도 철폐할 것을 건의하였다.

송시열이 또 아뢰기를 놀고먹는 백성 가운데 僧尼가 가장 심한 자들입니다. 그런데 이전에 성상께서 성안의 절을 철거하셨으니 이는 참으로 예전에 없던 탁월한 조처였습니다. 그러나 성 밖에 아직도 남아 있는 것이 있으니 또한 마땅히 금지해야 하겠습니다하니 상이 이

4 『현종개수실록』 5권, 현종 2년 2월 12일(임진), 국사편찬위원회, 37책 p.217.

르기를 의논하는 자들이 혹 소란이 일어날까 염려했기 때문에 과단 성 있게 금지하지 못했다하였다.[5]

비록 승려들의 반발의 우려 때문에 철폐는 하지 못했지만, 철저한 예학론자인 송시열의 의도는 전란 이후 예학의 발전과 유교입국의 재건을 위해 불교와 같은 이단은 척결되어야 하는 입장이었다. 현종은 이밖에 예조에 명하여 자수원에 모셔져 있는 열성列聖의 위판位板을 깨끗한 장소에 묻도록 하였다.[6] 요컨대 현종대의 불교정책은 왕 자신의 배불의식排佛意識과 함께 두 차례의 예론禮論에 의거한 논쟁이 있었을 정도로 예학을 실천철학으로 정착 발전시켜나갔다. 때문에 불교는 일차적인 탄압의 대상이 된 것이다. 아울러 전란 이후 재건의 과정에서 드러난 천재지변과 전염병 등으로 인한 노동력 감소는 결과적으로 승려를 '행민倖民'으로 인식하여 적극적으로 환속시키고자 하였다.

한편 17세기의 조선은 천재지변과 전염병으로 인한 기근과 인구감소가 지속적으로 진행되었다. 두 차례에 걸친 전란 이후 토목공사와 군영軍營증설을 위한 노동력 확보는 중요한 문제였다. 아울러 부족한 국가재정 보충은 조선정부가 우선적으로 해결해야 할 문제였다. 전란 이후 이와 같은 당면 문제의 해결은 도성내외의 사찰철폐와 승려의 환속 등을 모색하게 되었고, 토목공사를 담당해야 할 부족한 노동력은 무보수의 승려를 동원하기에 이르렀다. 때문에 각종 국역에 동원되어야 했던 승려들의 삶은 일반백성들보다 더 참혹한 경우도 있었다.

5 『현종개수실록』 20권, 현종10년 1월 4일(무술), 국사편찬위원회 37책, p.642.
6 『현종실록』 4권, 현종2년 1월 5일(을묘), 국사편찬위원회, 36책, p.289.

결국 현종대는 주자성리학의 실천철학화의 상징인 예학禮學의 확립과 발전으로 불교에 대한 비판과 탄압은 재연되고 있었다. 아울러 전란 이후 부족한 국가재정과 노동력 확보를 위한 정책 등으로 피폐한 불교계가 더욱 위축될 수밖에 없었다.

 3 불교억압정책佛敎抑壓政策의 실상實狀

1) 원당철폐願堂撤廢

현종은 즉위 초부터 원당願堂 철폐나 출가자出家者의 환속還俗 등 대규모의 불교탄압정책을 단행하였다. 우선 원당 철폐는 인수원과 자수원 훼철과 동시에 진행되었는데, 이미 선왕인 효종 대부터 송시열宋時烈이 건의하던 문제였다. 원당은 특정의 인물이 어떤 사원에 대해 창건創建·중수重修·시납施納 등을 통해 거의 독점적인 발원이나 운영에 참여하는 사원을 의미하며, 그 종류를 왕실원당王室願堂, 관인官人의 원당願堂, 국사國師·왕사王師의 원당願堂으로 구분하고 있다.[7] 조선시대에는 원당건립이 거의 왕실로 한정되어 있었지만, 유교이념의 구현과 불교탄압이 노골화된 후부터는 그 철폐가 빈번하게 대두되었다. 세종대 성균관成均館 생원生員 신처중申處中 등 101인의 상서上書에 의하면 원당은 "필경에는 국왕의 존엄한 몸으로 친히 부처의 몸에 거둥해서 제자의 예로 공손하게 거행하여 무부무군無父

7 韓基汶, 『高麗時代 寺院의 運營基盤과 願堂의 存在樣相』, 慶北大學校 博士學位論文, 1994, pp.108~188.

無君의 교敎를 제창하며 불충불효不忠不孝의 풍속을 이루니, 인심은 허물어지고 천리天理도 멸망되었으니, 강충降衷의 성품이 어디 있으며, 수도하는 가르침은 들을 수 없게 되었으니, 그것이 풍속을 상하게 하고 국가와 조정을 그르치게 한다."고[8] 지적하였다.

> 李慶億이 아뢰기를 원당도 똑같이 정파하였으면 좋겠습니다하니 상이 난색을 보여 태화가 아뢰기를 이 新化 초기에 사방이 눈을 닦고 기다리고 있는데 원당이래야 그것은 기껏 한 궁가의 紙地를 받아들이는 곳 아니겠습니까. 바라건대 諸臣들의 請願을 쾌히 따르소서하니, 상이 이르기를 여러 宮家들 願堂은 모두 정파해도 되지만 明禮宮 원당만은 경솔하게 정파해서 안 된다하였다. 태화가 아뢰기를 명례궁 원당 외에는 그 모두를 혁파한다는 것을 이번에 거행할 조항 속에다 넣으소서하니 상이 윤허하였다.[9]

인용문은 현종 원년 왕이 대신大臣과 비국備局의 제신들을 인견引見하는 자리에서 궁가宮家의 절수折受를 폐지하고, 종전의 직전제職田制를 부활하면 어떠냐는 의견을 내놓았고, 유계兪棨가 면세전과 원당의 폐단에 대해 왕의 답변을 기다리고 있었다. 이에 왕은 "경솔하게 처리할 수 없다."하여 난색을 표했지만, 정태화의 거듭되는 건의에 혁파를 명한 것이다. 그러나 왕은 명례궁 원당만을 제외하고 혁파할 것을 명한 것은 주목할 만한 대목이다. 이것은 적어도 왕실의 기복불사祇福佛事를 염두한 대목이다. 결국

8 『세종실록』 23권, 세종6년 3월 12일(무자), 국사편찬위원회, 2책, p.586.
9 『현종실록』 2권, 현종원년 4월 3일(정해), 국사편찬위원회, 36책, p.243.

현종은 동년 4월 18일 "'지금으로부터 절수하고자 하는 것은 금지하는 것이 옳겠다."라고[10] 미온적인 태도를 보여 공조좌랑工曹佐郎 이상李翔으로부터 지적을 받기도 하였다. 이상의 지적대로 이것은 혁파의 명이 있었지만, 절수원당에 대해서 그대로 두어 혁파할 수 없음을 의미한 것이다.

> 작년에 비국이 경상 감사 洪處厚가 조사하여 아뢴 내용에 의하여 도내 각 읍의 사찰로서 여러 궁가 또는 각 아문에 소속되어 있는 것들을 모두 정파하고 다시 그 읍에다 소속시켜 紙地 등의 役을 제공하도록 할 것에 대한 복계를 하고 이미 윤허까지 받아 자세한 내용을 공문으로 알린 바 있습니다. 그런데 지금 내수사 공문을 보니 상주 大乘寺, 담양 玉泉寺는 東平尉·興平尉의 원당이라 하여 혹은 雜役으로 귀찮게 말라고 하고 혹은 이제 비로소 원당으로 받아 재가까지 났다고 하는데 각처의 사찰에 있어 한 쪽에서는 정파하고 한 쪽에서는 복설한다면 국가 체제로 보아 그러한 이치가 어디 있겠습니까[11]

이밖에도 현종의 원당철폐정책은 소극적이었다. 예컨대 이조에서 아뢴 바에 의하면 대승사와 옥천사의 원당을 혁파하고 본 읍에 소속시켜 지역紙役 등을 본 읍에서 징수토록 하였지만, 내수사가 본 읍에 압력을 넣어 잡역을 면제시켜주는 등 정파停罷와 복설復設이 형평을 잃고 권력에 의해 멋대로 자행되고 있다는 것이다. 그러나 왕은 이 역시 이미 묘사한 것처럼 미온적으로 대처하였다.

---

10 『현종개수실록』 2권, 현종원년 4월 18일(임인), 국사편찬위원회, 37책, p.154.
11 『현종실록』 2권, 현종원년 4월 3일(정해), 국사편찬위원회, 36책, p.243.

이와 같이 현종은 표면적으로는 원당철폐와 같은 불교탄압정책을 시행하였지만, 부왕父王인 효종을 영릉寧陵에 모시고 신륵사神勒寺를 영릉의 원당願堂으로 삼아 명복을 빌었으며[12] 대승사와 옥천사를 부왕의 부마 즉 자신의 매부를 위해 원당을 설립하도록 하였다. 특히 현종은 일찍 죽은 두 딸 명선明善·명혜공주明惠公主를 위해 경기도 광주에 봉국사奉國寺를 신창新創하고 원당을 설립하여 명복을 빌기도 하였다.[13] 이밖에 현종은 왕실을 위해 남해南海 보리암菩提庵, 소현세자의 아들인 경안군慶安君을 위해 고양高陽의 명적암明寂庵을 원당으로 지정하였다.[14]

2) 출가자出家者의 환속還俗

현종의 불교정책 가운데 출가자를 환속시키는 일은 예학禮學을 강화시키고, 전란 이후 무너진 국가의 기강과 사회경제를 회복하는 이중적 배경과 실제적 효과를 지니고 있었다.

> 이단의 교는 매우 허망하다. 절을 헐고 환속시키는 일은 비록 갑자기 거행할 수는 없지만 이러한 무리들이 멋대로 머리를 깎고 승려가 되도록 버려두어서 되겠는가. 이것을 다스리지 않으면 민정은 날로 줄어들고 승니는 날로 증가할 것이니 이보다 더 한심한 일은 없을 것

12 「驪州鳳尾山報恩寺重修事蹟記詞」, 『朝鮮寺刹史料』 上, pp.79~82.
13 白 谷, 「奉國寺新創記」, 『朝鮮佛敎通史』 上, p.512.
「숙종실록』 23권, 숙종17년 4월 2일(정사), 국사편찬위원회, 39책, p.243.
14 박병선, 『조선후기 원당연구』, 영남대학교 박사학위논문, 2001, p.17.

이다. 京外의 양민으로 머리를 깎고 승려가 된 자는 모두 환속시키고, 만약 명령을 따르지 않는 자가 있으면 관리나 환속 대상자를 막론하고 모두 특별히 죄를 준다는 뜻을 분명히 알려 거행하도록 하라[15]

현종은 원년 12월 출가자에 대한 환속을 명하기에 이른다. 사비寺婢가 출가하여 신역身役을 면제시켜달라고 한 것이 직접적인 계기가 되었지만, 보다 근본적인 배경은 현종 2년 부제학副提學 유계兪棨가 올린 차자箚子의 내용을 통해서 알 수 있다. 유계는 "승려를 강제로 환속시키면 반란의 우려가 있음을 전제로 먼저 양민良民의 역役을 너그럽게 할 것과 입산入山 금지禁止의 영을 거듭 밝히고 있으며, 사람들의 역役이 고르게 된 뒤에 영을 내리면 이교異敎를 영구히 혁파할 수 있을 것"이라고 하였다.[16] 이것은 출가자를 환속시키는 것이 표면적으로는 불교정책이지만, 실질적으로는 현종대 직면한 사회경제적 위기와 직접적이고도 긴밀한 연관성을 지니고 있다.

조선은 왜란과 호란을 거듭하면서 생산구조가 파괴되고 국가재정은 궁핍하여 위기의식이 팽배하였다. 특히 국가재정은 왕조의 체제와 질서를 유지하기 힘들 정도로 심각한 상태였다. 전국의 전결田結은 임란 전 170만8천결에서 광해군 3년에는 54만2천결로 감소되었다.[17] 특히 현종대와 숙종 대는 자연재해가 극심하기까지 하였다. 현종 3년 영·호남의 심한 기근과 동왕 11~12년에 발생한 경신대기근庚申大饑饉은 사상유례가

15 『현종실록』 3권, 현종원년 12월 29일(경자), 국사편찬위원회, 36책, p.288.
16 『현종실록』 4권, 현종2년 1월 4일(갑인), 국사편찬위원회, 36책, p.289.
17 『增補文獻備考』 권148, 田賦考 8.

없는 자연재해였고, 전염병까지 돌아 100만 명 이상의 인명피해가 발생하였다. 이러한 상황에서 정부는 국가재건과 재정확보를 위해 부족한 양역을 보충하고자 진력하였다. 인조 3년에는 호패법號牌法을 시행하여 남녀의 수를 103만 명에서 226만 명으로 증가시켰으며, 현종 대와 숙종 대는 양역제良役制 유지를 위해 호구색출을 강력하게 추진하기도 하였다. 현종 대의 호구정책은 인조·효종 대와는 질적으로 달라 사목事目의 규정을 이전보다 훨씬 더 강화시켜 호적에 탈루된 자들을 전가사변율全家徙邊律로 다스린다고 하였다. 또한 현종 4년에는 호적 누락자는 고역인 수군에 충정하고, 군역을 피하거나 끼니를 얻기 위해 서울에 위장 입적해 있는 良戶도 철저히 색출해 내도록 하였다.[18] 그 결과 이전에 비해 많은 호구수를 올린 해였지만, 이 시기에 국가는 농경지구 복구, 생산인구의 확보 등에 진력하는 한편, 기아에 허덕이는 백성들의 부담을 조금이라도 덜어주기 위해 전세의 정액화, 공물의 전결세화, 군역변통, 의무 노역제의 폐지와 고역제雇役制 채택 등 부역체계에 일대 변화조치를 취하였다. 이와 같은 제도개혁은 결과적으로 자연재해의 극복차원에서 이루어졌다.

한편 왜란 이후에는 대동법大同法을 실시하여 백성들의 부담을 덜어주고자 하였다. 광해군 즉위년 경기도에서 처음 실시된 대동법은 군역軍役의 문란, 방납防納의 폐단과 같은 가혹한 수취체제를 개선하여 재정위기를 극복하고 동요하는 농촌사회를 안정시키고자 한 대책이었다.

18 이규태, 「자연재해·전란의 피해와 농업의 복구」, 『한국사』 30, 국사편찬위원회, 1998, p.369.

1년에 두 번 米를 거두는 것 외에는 백성들에게 한 되라도 더 거두는 것을 허락하지 마소서. 오직 山陵과 詔使의 일에는 이러한 제한에 구애받지 말고 예전같이 시행하도록 하소서[19]

대동법 시행결과 백성들이 현물과 노역으로 그동안 부담하고 있었던 진상進上·공물貢物·요역徭役 등을 전결미로 대신 수취하였다. 때문에 백성들은 다른 역役을 부담하거나 대동미大同米를 봄과 가을 외에 납부하지 않아도 되었으며, 역역力役과 잡공雜貢 납부 시에는 역가役價를 받았다. 그러나 대동법 시행에도 불구하고 산릉역과 사신을 접대하는 조사역詔使役, 지역紙役 등에 대해서는 예외규정을 두어 이전의 요역徭役이 분정分定되었다. 비록 방납을 방지하고 균역均役을 실현하여 민생을 안정시키고자 하였지만, 불시에 발생하는 역으로 그 수요를 예측할 수 없는 경우에는 부득이한 예외규정을 두었다. 대동법 시행은 백성들의 부담을 덜어주었지만, 대동법의 예외규정은 백성들이 부담해야하는 역이 광범위하고 그로 인한 고통 또한 심화되는 결정적 계기가 된 것이다. 이른바 산릉山陵과 조사詔使 등의 국역國役뿐만 아니라 각종 읍역邑役도 대동법 제정 때부터 대동세에 포함되지 않고 있었다.

三道大同廳에서 아뢰기를 대동의 역은 본디 백성의 고달픔을 구제하기 위한 것이었습니다. ⋯·민간에서는 처음의 대동으로 하면 다시 다른 역이 없을 것이라고 들었는데, 지금 대동 이외의 여러 가지

19 『광해군일기』 4권, 광해군 즉위년 5월 7일(임진), 국사편찬위원회, 31책, p.308.

역이 이처럼 복잡스러우니 백성이 불편하게 여기는 것은 당연합니다.[20]

인용문은 인조 2년 삼도대동청이 대동사목大同事目의 시행과 방납의 폐단에 대해 건의한 내용으로, 대동법이 백성들의 고통을 덜어주기 위해 시행된 것은 사실이지만 제정 당시부터 여러 가지 잡역雜役이 적지 않게 분정分定되어 폐단을 낳고 있었던 것이다. 이 때문에 현종 2년 유계는 양민의 역을 덜어 주고 고르게 하면 백성들이 출가하지 않고 불교가 영구히 혁파될 것이라고 하였다. 그러나 여전히 백성들이 부역을 피해 승려가 되려하는 경우가 늘어나고 양인 장정은 줄어들고 군사정원을 채우기 어렵게 되었다.[21]

이와 같이 현종 대는 대동법의 시행 이후 대규모 토목공사土木工事나 지역紙役 등 승려들의 국역부담이 대폭 증가하고 백성들의 부담이 감소되었지만, 제정 당시부터 백성들에게 여러 가지 잡역이 적지 않게 분정되어 폐단을 낳게 되었으며, 이것은 자연스럽게 출가로 이어졌던 것이다.

賊僧 戒習과 맹인 陳承建 등을 伏誅하였다. 계습은 영중추부사 李景奭의 외손자이고 洪重普의 조카인데 출가하여 승려가 되었다고 사칭하면서 경기지방을 오가며 어리석은 백성들을 꾀이기를 내가 너희들의 부역을 면제시켜줄 수 있다고 하였는데 자못 믿었다.[22]

20 『인조실록』 5권 인조2년 3월 8일(임술), 국사편찬위원회, 33책, p.593.
21 『현종실록』 17권 현종10년 12월 22일(신사), 국사편찬위원회, 36책, p.656.
22 『현종개수실록』 18권 현종8년 12월 10일(경진), 국사편찬위원회, 37책, p.591.

인용문은 현종 8년 승려 계습이 백성들에게 가혹한 부역의 부담을 면제시켜 주겠다고 혹세무민하여 복주된 사실을 묘사하고 있다. 이후 조정에서는 지속적으로 사찰의 혁파와 출가금지를 강조했지만, 전란 이후의 암울한 사회경제상황은 백성들로 하여금 출가를 더욱 부추겼다. 이밖에도 현종대는 왕실과 사대부가 사사로이 승려를 일꾼으로 징발하기도 하였다. 예컨대 현종 5년 낭선군朗善君 이우李俁는 강가에 자신의 집을 지을 때 금천과 과천의 사찰을 돌아다니며 승려들을 위협하여 일꾼으로 징발한 것이다. 비록 추고推考만 당한 것으로 마무리되었지만[23] 이러한 일은 당시 흔히 볼 수 있었다.

 4 현종대顯宗代 사회경제적社會經濟的 동향動向 불교계佛敎界

1) 승역시행僧役施行

전란 이후 승려가 담당해야 했던 잡역은 산성축조와 방어, 지역紙役뿐만 아니라 여러 분야에 걸쳐 진행되었다. 특히 전란과 자연재해로 인한 국가재정의 부족과 백성들의 부담을 덜어주기 위한 조치는 승려의 각종 잡역과 직결되었다. 전란 이후 조선왕조실록에 수록된 잡역의 종류는 다음과 같다.[24]

---

23 『현종실록』 9권 현종5년 12월 25일(임오), 국사편찬위원회, 36책, p.444.

24 오경후, 「조선후기 승역의 유형과 폐단」, 『국사관논총』 107, 국사편찬위원회, p.81 <표 4>에서 재인용.

양란 이후 각종 승역

분야	유형
자연재해	시신매장 · 도토리 수습
토목공사	堤堰공사 · 벌목과 운송 · 석재운송 · 벽돌 굽는 일
군사	군량운송 · 산성 및 돈대축조 · 둔전경작 · 봉군
국가재정	은 채취
왕실	어진수호 · 문소전위판수호 · 노산군묘수호 · 산릉역

왜란과 호란 이후 조선은 국방을 위한 산성방어와 수비, 전란과 자연재해로 폐허화된 국토를 재건하기 위해 대규모 토목공사와 사회경제적 회복을 위한 다양한 노력을 전개하였다. 현종 대 역시 예외는 아니어서 승속僧俗을 막론하고 다양한 국역國役이 진행되었고, 그로 인한 폐단 또한 심했다. 『현종실록』은 현종 대 시행되었던 다양한 승역僧役을 수록하고 있다. 산성축조와 방어를 비롯하여 제방공사, 산릉역을 담당하였으며 심지어 자연재해로 희생당한 시체를 매장하는 일까지 담당하였다.

> 산성 안의 여덟 사찰에 머물고 있는 승려의 수가 400명 정도인데 승려에게도 먹을 것이 부족하여 늘 군량으로 대여해 주곤 하였습니다. 그런데 한 사찰에 미곡 백여 석을 유치해두면 군량이 소비되지 않을 것이고 외부에서 왕래하는 승려들 역시 편리할 것입니다. 金佐明이 재임 시에 사찰마다 곡물을 모으게 하였는데, 많은 곳은 80석, 적은 곳은 수십 석이었습니다. 지금 곡물을 더 모아두려 하는데 空名帖과 告身帖으로 곡식을 모으는 규례를 써서 모은다면 8백여 석은 모을 수 있을 것입니다. 승려의 通政帖 3백 장, 嘉善帖 50장과 老職의 동정첩 · 가선첩 각 50장을 해조로 하여금 만들어 주게 하소서[25]

인용문은 현종 13년 수어사守禦使 이완李浣이 왕에게 아뢴 역승役僧의 식량공급과 군량미 비축에 대한 글이다. 남한산성의 축조는 인조 2년 이괄李适의 난과 후금後金의 조선에 대한 압력이 점차 가중되자 팔도의 승군을 모집하여 그 해 7월에 공사를 시작하여 인조 4년 11월에 완성되었다. 남한산성은 북한산성과 함께 축조된 이후 "외방 사찰에 있는 승도僧徒의 다소多少를 조사하여 남한·북한산성에 각각 의승 350명씩을 정하고 그 액수를 정하여 차례로 번을 서게 하였다"[26] 그 구성은 평안도와 함경도를 제외한 전국에 할당된 의승군과 산성내외 사원의 원거승原居僧으로 이루어졌으며, 이들은 남한산성 10개 사원과 북한산성 11개 사원에 배치되어 1년에 2개월씩 6회에 걸쳐 윤번으로 복무하였다. 이와 같은 의승입번제義僧立番制는 시행초기부터 지방의 각 사찰이나 승려들에게 적지 않은 부담이 되고 있었다.

현종 대에도 남한산성 8개의 사찰에 약 400명의 승군僧軍이 있었지만, 식량수급이 가장 큰 문제였다. 전란 이후 국토의 황폐화와 자연재해로 인한 식량부족이 현종 대에 가장 극심했다. 급기야 조정에서는 군량미 비축을 위해 공명첩과 고신첩으로 군량미 800석을 모을 계획을 세웠던 것이다.

> 올해에 기근과 여역으로 사망한 자가 여기저기 쌓였습니다. 수레에 실어 내갔으나 멀리 묻을 수가 없어 도성 사방 십리 내에 풀무덤

---

25 『현종실록』 20권 현종13년 9월 29일(신축), 국사편찬위원회, 37책, p.26.
26 『숙종실록』 권55, 숙종40년 9월 25일(계해), 국사편찬위원회, 40책, p.542.
『비변사등록』 67책, 숙종40년 9월 27일(을축)

이 널려 있습니다. 해골에 주인이 없고 끌어다 묻을 사람도 없습니다. 먼 곳으로 파서 옮기지 않을 수 없습니다. 이러한 일을 僧人 중에 혹 담당하기를 자원하는 자가 있다면 불과 승인 2백여 명의 열흘치 일거리라 합니다. 이장할 만한 일가붙이가 있는 자는 표를 세우게 하고, 그 이외에 주인이 없는 시체에 대해서는 경기 지방의 승인 2백 명을 뽑아 모두 파 옮기게 하소서[27]

인용문은 현종 12년 좌의정 정치화鄭致和가 대규모 기근과 국역에 시달리다 희생당한 시신을 매장하는 일로 왕께 아뢴 내용이다. 즉 지난 날 거적에 싸서 임시로 도성 주변에 장사지낸 주인 없는 시신을 이장할 것을 건의하였다. 추위와 기근으로 죽은 시체들이었다. 그의 건의로 훈련대장 유혁연이 승군 200명을 동원하여 동·서·남 교외의 세 곳에 수습하여 매장하였다. 이때 매장한 임자 없는 시체는 모두 3,968구였지만, 구덩이가 함몰되어 수습하지 못한 해골이 얼마나 되는지 알 수 없는 형편이라고[28] 하였다. 사실 현종 12년 한 해 동안 전체 기민수는 680,993명, 동사 및 아사자 58,415명, 전염병 사망자 34,326명으로 집계되었지만, 실제로는 이보다 훨씬 많은 100만 명에 달했다고 한다.[29]

山陵都監이 기축년 大喪 때의 구례대로 僧軍 1천 명과 烟軍 3천 명을 각지에서 조발하여 쓰되, 연군에게는 우선 江都와 병조·호조

27 『현종개수실록』 24권 현종12년 9월 12일(경신), 국사편찬위원회, 38책, p.78.
28 『현종개수실록』 24권 현종12년 9월 30일(무인), 국사편찬위원회, 38책, p.80.
29 이태진, 「자연재해·전란의 피해와 농업의 복구」, 『한국사』 30, 국사편찬위원회, 1998, p.329.

그리고 太僕・常平 등 각 아문의 쌀과 베를 품삯으로 주고, 추수 후에 베는 山郡에서, 쌀은 海邑에서 받아들여 상환하도록 할 것을 청하였다가, 다시 병조・호조에 저축된 것만을 쓸 것을 청하였는데, 그대로 따랐다.[30]

인용문은 현종 즉위년인 1659년, 효종이 승하하자 인조의 대상大喪 때의 법식대로 승군과 연군을 징발하여 산릉역山陵役에 동원했다는 내용이다. 현종 대 승려가 산릉역에 동원된 것은 이후 동왕 15년 효종의 왕비이자 현종의 모후 인선왕후仁宣王后 장씨張氏가 승하했을 때다. 당시 조정에서는 "제도諸道의 승군僧軍을 동원하여 각자 한 달의 식량을 준비해 가지고 산릉의 역사에 나가게 하라고 명하였다."[31] 그러나 부역승군에 대한 조정의 배려는 없었다. 1659년 산릉역 당시 백성들로 구성된 연군에게는 병조와 호조 등 각 아문의 쌀과 베를 품삯으로 주었지만, 승군에게 이와 같은 품삯을 지급했다는 기록은 보이지 않는다. 이와 같은 사실을 뒷받침해주는 기사가 눈에 띈다.

내가 이곳에 오면서 일을 많이 벌여 폐해가 많으리라 생각하는데 부역에 동원된 백성의 수는 얼마나 되는가하니, 김시진이 대답하기를 토목 공사는 僧軍을 조달하여 쓰고 농민은 부리지 않았습니다만 가건물에 있어서는 각 읍에 나누어 배정하였습니다. 그런데 각 읍에서 모두 백성의 토지 결수에 따라 의무로 내보냈으니 어떻게 그 숫자를

30 『현종실록』 1권 현종즉위년 5월 17일(정축), 국사편찬위원회, 36책, p.209.
31 『현종실록』 22권 현종15년 3월 3일(정묘), 국사편찬위원회, 37책, p.61.

다 알 수 있겠습니까하니 상이 이르기를 僧軍의 수는 얼마나 되는가 하니 대답하기를 못 되어도 수천 명은 될 것입니다.[32]

현종 6년 4월 21일 왕은 안질과 습창을 치료하고자 온양의 온천에 당도하였다. 왕은 충청감사 김시진金始振을 불러 왕의 행차에 따른 백성들의 노고와 함께 그 동원수를 물었다. 김시진은 백성들은 동원하지 않았고, 승군 수천 명만을 동원하였다고 하였다. 즉위년과 2년을 중심으로 현종대는 유례없는 흉년과 기근이 연속적으로 닥쳤다. 진휼청이 다시 설치되고, 흉황이 심해도 전세田稅감면은 되도록 유지하였다. 왕이 백성들의 부역을 걱정하는 것은 지속적이고도 혹독한 자연재해로 인한 희생이 컸기 때문이었다. 그러나 승군에 대한 처우는 가혹하였다. 일찍이 즉위년 9월 2일 산릉공사山陵工事에 부역 나온 승군僧軍들이 초막을 불태우고 도망가 버린 사건이 발생하였다.[33] 이에 대해 왕이 엄중히 다스리라고 명하였다. 그러나 총호사摠護使는 "어제 많은 승군들이 와서 추위와 괴로움을 호소하였습니다. 다시 부역하도록 이미 타일렀으니 우선 며칠 두고 보았다가 끝까지 나타나지 않는 자는 가려내어 다스리소서"라고 하였다. 추위와 굶주림의 고통 때문에 견디다 못해 초막을 불태우고 도망쳤던 것이다.

閔維重이 아뢰기를 영남은 潮水가 멀리 올라가지 않기 때문에 제방을 쌓은 곳이 적습니다. 그러나 호남의 형세는 신이 본 바로는 1~2백 석 혹은 3~4백 석이 생산되는 개간한 땅을 많이 갖고 있습니다.

---

32 『현종실록』 10권 현종6년 4월 21일(정축), 국사편찬위원회, 36책, p.461.
33 『현종실록』 1권 현종즉위년 9월 2일(경신), 국사편찬위원회, 36책, p.225.

혹은 僧軍 및 煙軍을 써서 제방을 쌓기도 하는데, 10년이 못 되어 모두 좋은 밭이 됩니다. 이와 같이 하면 군량이 넉넉하고 바다의 방비도 굳건하게 될 것입니다.[34]

현종대는 자연재해와 전염병 등으로 인한 식량수급문제가 선결과제였다. 인용문은 병조판서 민유중이 승군과 백성을 동원하여 제방을 쌓아 개간하기를 아뢴 글이다. 전란 이후 경작지의 황폐화로 곡창지대인 전라도는 평시 경작면적 44만결 가운데 6만결만 경작되었으므로 국가재정에 심각한 손실을 주었다. 때문에 황폐화된 농지 개간은 백성들의 안정뿐만 아니라 부족한 국가재정을 보충하기 위해서도 중요한 일이었다. 당시 승군이 조수간만의 차가 큰 전라도의 해안지역뿐만 아니라 팔도의 해택海澤이나 산야山野의 제언공사에 대규모로 동원된 것은 쉽게 짐작할 수 있는 문제다.

2) 승역僧役의 처우處遇 변화變化

현종대의 불교정책과 승려에 대한 사회적 인식은 조선후기 전 시기를 통틀어 가장 혹독한 탄압이었고, 부정적이었다. 예학禮學이 성립되고 더욱 강화되어가는 과정에서 그것은 당연한 것이었다. 승려의 환속뿐만 아니라 국역을 담당하는 승려들의 열악한 환경은 급기야 도망을 가고 소란을

34 『현종실록』 21권 현종14년 12월 18일(계축), 국사편찬위원회, 37책, p.54.

일으키는 결과를 가져왔다. 그런데 이러한 현상은 대체로 현종 10년(1669)을 기점으로 변화의 양상이 나타난다. 탄압과 노동력 착취에서 배려의 상황으로 변한 것이다.

沈之溟이 아뢰기를 병자년에 僧軍의 힘이 가장 도움이 되었습니다. 승려들이 원하는 것은 단지 金貫子·玉貫子의 벼슬자리를 얻으려는 것뿐이니 그들 중에 文字를 아는 자를 뽑아 僧將으로 임명하여 큰 사찰에 들어가 거주하게 하면 반드시 유익한 점이 있을 것입니다. 신이 지난해 北門과 西門을 건립할 때 民丁 3일 일한 것이 승군 하루 일한 것에도 미치지 못했는데, 대개 승려들은 부역할 때 죽을 힘을 다하기 때문입니다. 하니, 상이 이르기를 승려들을 한층 더 보살펴 주는 것이 좋겠고 하였다.[35]

광주부윤 심지명이 왕에게 전란 당시 승군의 적극적인 대응을 지적했을 뿐만 아니라 승려가 산성수호나 국역을 담당한다면 백성들의 노동력에 비해 그 효용성이 탁월할 것이라고 아뢰었다. 이른바 승려의 처우를 개선하고 향상시켜주어 그들을 효율적으로 통치할 수 있는 기반을 마련하자는 의도가 담겨있다. 맹목적인 탄압과 착취에 비한다면 훨씬 합리적인 모습니다. 이에 대해 현종 역시 즉위 초의 불교탄압정책과는 달리 승려에 대한 우호적인 태도를 보이고 있다. 예컨대 지난날의 가혹한 탄압을 철회하고 보살펴주겠다는 의도를 보인 것이다.

---

35 『현종실록』 17권 현종10년 6월 20일(신사), 국사편찬위원회, 36책, p.633.

執義 申命圭, 掌令 朴贊, 持平 李宇鼎이 아뢰기를 백성의 요역 가운데 白綿紙 등이 가장 무거운데, 각 읍에서는 모두 僧寺에 책임 지워 마련케 하고 있습니다. 승려들의 능력도 한계가 있으니 일방적으로 침탈하는 것은 옳지 못합니다. 전라 감영이 전례에 따라 바치는 종이도 적지 않은데 근래에 또 새로운 규례를 만들어 일 년에 올리는 것이 큰 절은 80여 권, 작은 절은 60여 권이 되므로 승려들이 도피하여 여러 사찰이 텅 비었습니다. 이런데도 혁파하지 않는다면 그 해가 장차 백성에게 미칠 것입니다. 본도 감사로 하여금 각 사찰에서 이중으로 올리는 폐단을 속히 없애게 하소서 하니 상이 모두 따랐다.[36]

종이생산과 납부는 조선후기 불교계에서 부담해야 했던 가장 대표적인 국역國役 가운데 하나였다. 백성들의 부담 역시 적지 않아 지역紙役을 피해 출가하는 경우가 생겨나기도 하였다. 광해군 즉위년 경기도에서 처음 실시된 대동법은 가혹한 수취체제를 개선하여 재정위기를 극복하고 동요하는 농촌사회를 안정시키고자 한 대책이었다. 요컨대 백성들이 현물과 노역으로 부담하고 있던 진상進上, 공물貢物, 요역徭役 등을 전결미로 대신 수취하였다. 때문에 백성들은 다른 역을 부담하거나 대동미를 봄과 가을 외에 납부하지 않아도 되었으며, 역역力役과 잡공雜貢 납부 시에는 역가役價를 받았다.[37] 그러나 예외조항이 있었다. 산릉역山陵役과 사신을 접대하는 조사역詔使役, 지역紙役 등에 대해서는 예외규정을 두어 이전의 요역이 그대로 분정分定되었다. 불시에 발생하는 역役으로 그 수요를 예측할

36 『현종실록』 18권 현종11년 10월 7일(신묘), 국사편찬위원회, 36책, p.676.
37 오경후, 「조선후기 승역의 유형과 폐단」, 『국사관논총』 107, 국사편찬위원회, p.69.

수 없는 경우에는 부득이한 예외규정을 두었다. 대동법 시행은 백성들의 부담을 덜어주었지만, 대동법의 예외 규정은 백성들뿐만 아니라 승려들이 부담해야하는 역役이 광범위하고 그로인한 고통 또한 심화되는 결정적 계기가 된 것이다. 현종 9년에는 "대동법 실시이후 백성들을 징발해 쓰지 못하기 때문에 공사公私의 토목土木이나 제언堤堰축조 역사役事를 승려들에게 많이 맡기니 승역僧役이 이전보다 배나 무거워 탄식하고 원망하는 폐단이 있었다"고[38] 지적하였다.

한편 대동법이 전국적으로 실시되면서 공물은 대동미로 대체되었지만, 종이와 같은 공물은 물납物納만으로 징수하는 예외 품목이 되었다. 종이가 점차 부족했기 때문이다. 이전까지 공물貢物로 충당되던 지역紙役이 대동미로 흡수되었고, 대표적인 저산지楮産地인 삼남지방의 저전楮田이 농경지로 변하여 품귀현상이 계속되었기 때문이다. 아울러 병자호란 이후에는 청清으로부터 방물지方物紙 요구에 응해야하는 상황이었고, 방물지로 인한 국외의 종이수요가 증가하였다. 대체로 연행사신에는 연례적인 절사節使와 비연례적인 별사別使가 있었고 사행使行에 따라 방물지의 수량도 일정하지 않았다. 대체로 별사가 없을 경우에도 삼절사방물지三節使方物紙로 백면지白綿紙 6,000권, 세폐방물지로 대호지大好紙 2,000권과 소호지小好紙 3,000권을 합하여 총 11,000권을 매년 청清에 보냈다.[39] 따라서 매년 10,000권 정도의 방물지를 마련해야 했는데, 대부분 사찰에 분정되었다.[40]

38 『비변사등록』제27책 현종 9년 11월 6일조

39 『萬機要覽』 財用編 歲幣方物條.

40 金紋敬, 『邑誌로 본 朝鮮後期 寺刹製紙의 實狀－三南地方을 中心으로』, 동국대학교 석사학위논문, 2002, p.7

사찰은 승려들의 제지기술과 함께 종이를 생산할 수 있는 자연적 여건이 잘 갖추어져 있었다. 조선시대의 사찰은 대부분 산간지역에 위치해 있었던 지리적 여건으로 제지원료인 저楮가 생육하기에 적합한 환경이었으며, 물이 풍부하고 건조하기에 적당한 기후조건을 갖추고 있었다. 특히 삼남지방은 저의 생육과 공급 등 제지製紙여건이 알맞아 종이생산과 납부가 활발하게 이루어졌다. 때문에 영남 70주州의 사찰이 공사간公私間의 비용을 충당할 정도였다고[41] 한다. 삼남지방의 사찰이 담당한 지물생산과 납부방식은 다양하게 전개되었다. 우선 납부처는 여러 곳의 중앙 및 지방관청에 해당되었다. 중앙납부처는 성균관成均館, 교서관校書館, 예조禮曹, 병조兵曹, 군기시軍器侍뿐만 아니라 대전大殿과 중궁전中宮殿 등에도 납부하였다. 지방의 경우는 병영兵營과 공방工房 등에도 납부되었으며, 서원에도 축문지祝文紙의 용도로 납부하기도 하였다. 특히 전라도 승평부昇平府의 대광사는 지물납부처가 중앙 7곳과 소속관청 3곳이나 되었으며, 납부하는 지물의 양도 184권卷 33첩貼이나 되었다.[42]

이와 같은 현상은 현종대도 예외는 아니어서 큰절에는 80권, 작은 절은 60권 정도의 종이를 매년마다 납부해야하기 때문에 승려들이 도망하여 유서 깊은 사찰이 텅비어 버렸다고 하였다. 더욱이 감영이 부담해야 할 몫 역시 사찰이 부담해야하기 때문에 이중고를 면치 못하고 있었던 것이다. 이에 대해 현종은 감사를 시켜 각 사찰에서 종이를 이중으로 바치는 폐단을 없애라고 하였다.

이밖에 현종 10년 이후에는 불교 신행의 면모까지 엿보인다.

---

41 「孤雲寺善政碑閣記」, 『佛敎』 新第22호, 1940, p. 35(오경후, 앞의 글, p.77에서 재인용)
42 「昇平志」권1(『邑誌』全羅道①, 아세아문화사, p.461.)

> 長湍 유생 鄭鐸이 內間에서 대행 왕대비를 위하여 佛家에서 말하는 이른바 水陸齋라는 것을 松都의 華藏寺에서 설행한다는 소식을 듣고 한 장의 疏를 올려 잘못인 것을 극구 말하였다. 이에 三司·政院이 번갈아 글을 올려 그만둘 것을 청하였으나, 상이 윤허하지 않다가 연이어 사흘을 아뢰자 비로소 그 청이 받아들여졌다. 그리하여 政院이 파발마를 놓아 달려가서 停罷의 명령을 전달하게 할 것을 청했는데, 막상 갔을 때는 수륙재가 이미 행해진 뒤였었다.[43]

인용문은 현종이 죽은 어머니 인선왕후仁宣王后 장씨張氏를 위해 화장사華藏寺에서 수륙재를 올린 내용이다. 유생 정탁과 삼사, 정원이 반대하는 글을 올렸지만 윤허하지 않다가 가까스로 정파停罷하라는 명을 내린 것이다. 현종이 즉위 초에 보여주었던 원당철폐, 출가자의 환속과 같은 불교탄압의 모습과는 매우 상반된 면모다. 배불의 군주가 불교사상이나 신앙과 관련하여 긍정적인 태도를 보인다는 것은 일정한 의미를 지니고 있다. 예컨대 개인적인 신불信佛의 면모는 아닌 것이다.

조선시대는 불교가 하나의 이단異端이며 그 화복설禍福說은 개인으로나 국가적으로도 무익한 것으로 여겨서 불교를 숭신하지는 않은 것이 일반적이었다. 그러나 불교는 오랜 역사를 통하여 절멸되지 않았고, 선왕들도 불사佛事를 설행하여 왔고 사대부들도 그들의 부모를 위한 재사를 마련하여 기재忌齋를 설행하는 형편으로, 불사를 건치建置한다는 것이 바로 호불好佛의 표상이 아니고 수륙재水陸齋, 기재忌齋를 설행한다고 해서 곧 숭불을

43 『현종개수실록』 28권 현종15년 6월 3일(병신), 국사편찬위원회, 38책, p.182.

의미하는 것이 아니므로, 이 같은 전통을 일조에 혁거하거나 전적으로 전멸시킬 수 없었던 것이다.[44]

5 맺음말

조선시대 불교사 연구는 호불護佛과 척불斥佛의 사이를 오가면서 시작되었다. 이 진부한 인식은 이 분야의 연구가 고대와 고려불교 연구의 부수적 차원에서 벗어나 어느 정도 세분화되고 다양해진 지금조차도 연구의 기준이자 출발점이라고 할 수 있다. 이 극단의 논리는 결론적으로 조선시대 불교를 탄압과 소외의 역사로 규정지어버렸으며, 연구의 외연을 넓히는 작업은 고사하고 불교사론佛敎史論조차도 만들어내지 못하였다. 간혹 보이는 이 시대 불교사가 지닌 능동성이나 이채로움은 연구 논고에서 한두 문단만을 차지하는 단순한 예외일 뿐 정밀분석을 필요치 않았다. 선입견과 편견이 연구시각의 다양성뿐만 아니라 진실조차도 묻어버릴 위험성은 지니고 있지 않은지 생각할 시점이다.

현종대의 불교정책은 탄압의 연속이었다. 전란 이후 붕괴된 주자학 부할의 기치아래 실천철학으로서의 예학禮學을 강화시키고 발전시켜야 했기 때문이다. 그것은 왕실의 불교비호를 비판하고 불교계의 위축을 의미한다. 현종 원년에는 원당願堂을 철폐하고 출가자의 환속을 명하였다. 더욱이 즉위 2년 후에는 인수원과 자수원, 그리고 봉은사와 봉선사까지 철

44 한우근, 『유교정치와 불교』, 일조각, 1993, p.91.

폐하기에 이른다. 가혹한 대불교정책은 여기에서 그치지 않고 전란 이후 진행된 대규모 승역僧役에서도 드러났다. 전란 이후 국가재건을 위한 국역國役의 중심에는 승려가 있었는데, 이들의 처우는 열악했다. 대동법 실시 이후 부역에 동원된 일반 백성들은 역가役價를 지급받았지만, 승려들은 대가를 기대할 수 없었으며 의식衣食을 스스로 해결해야 할 처지였다. 광범위하고 혹독한 승역으로 인한 승려들의 반란은 당연한 것이었다. 이와 같은 현종이 단행한 대불교시책은 이시기 불교정책이 탄압일변도 진행되었음을 인식시키기에 충분한 것이다. 그러나 조선왕조실록조차도 현종대 불교정책과 불교인식을 부정적으로만 바라보는 것에 대해 경계하고 있는 것도 사실이다.

현종은 집권 초 니원尼院을 철폐하고 북학北學 설립의 건의까지 대두되었지만, 원당 철폐에 대해서는 미온적인 태도를 보였다. 비록 신료들이 풍속을 상하게 하고 국가와 조정을 그르친다고 하여 혁파의 명을 내리지만, 신륵사와 대승사, 옥천사, 봉국사에 원당을 설립하여 두 딸과 매부의 명복을 빌기도 하였다. 현종의 대불교인식과 정책은 즉위 10년을 기점으로 변한다. 왜란과 호란 당시 승군의 활약과 희생, 전란 이후 부역참여를 긍정적으로 평가한 것이다. 예컨대 사찰에서 담당한 종이생산과 납부에 따른 이중고를 없애게끔 명한 것이다. 더욱이 전란 이후 계속되는 가뭄과 기근 속에서 대가없는 지난한 부역 담당은 해당관리뿐만 아니라 왕조차도 그 해소책을 모색할 정도였다. 현종은 여기에 그치지 않고 즉위 15년에는 모후母后 인선왕후 장씨가 죽었을 때는 화장사華藏寺에서 수륙재水陸齋를 거행하기까지 한다.

대체로 불교는 신라 때에 비롯되어 고려 때에 성하였고, 우리 조선

조에 와서도 다 제거하지 못하였는데, 이때 와서 시원하게 물리쳤으니 수천 년 동안 없었던 쾌거였다.[45]

현종실록의 현종행장에는 불교가 우리나라에 전래된 이후 그 폐해를 완전히 제거하지 못했는데, 현종이 즉위 초부터 예학禮學 발전의 기치 아래 배불정책을 시행하여 수천 년 동안 그 명맥을 유지해 왔던 불교의 폐단을 물리쳤다고 기술하고 있다. 그러나 조선후기 가장 혹독한 불교탄압정책을 단행했던 배불군주인 현종조차도, 고려후기 주자성리학 전래와 조선건국 이후부터 역대 왕이 보여주었던 실질적인 대불교인식의 태도와 결코 다르지 않았음을 인식할 필요가 있다.

45 「현종대왕행장」, 『현종실록』, 국사편찬위원회, 37책, p.81.

조선후기 불교정책과 白谷의 대응론

1 머리말

<간폐석교소諫廢釋敎疏>는 현종대의 승려 백곡白谷 처능處能(1617~1680)이 불교탄압을 중지해달라고 호소한 상소문이다. 백곡 처능은 12세에 출가하여 15세 때에는 선조의 부마 동양위東陽尉 신익성申翊聖(1588~1644)으로부터 경사자집經史子集을 널리 배워 유학儒學과 문사文詞에 조예를 갖게 되었다.[1] 이때 정두경鄭斗卿(1597~1673)·김좌명金左命(1616~16171)·이식李植(1584~1647) 등 당대의 유학자들과 폭넓게 교유하기도 하였다. 그 후 부휴浮休 선수善修(1543~1615)의 후손인 벽암碧巖 각성覺性(1575~1660)의 문하에서 20여 년간

1 崔錫鼎, 「白谷禪師塔銘」, 『明谷集』 卷21 碑銘.

수행에 전념하였으며, 남한승통南漢僧統을 제수받기도 하였다.[2] 그는 병자호란을 겪었고, 불교계의 가혹한 수탈상 역시 목격하였다. 이른바 현종이 단행한 혹독한 불교탄압의 중심에 자리 잡고 있었다.

<간폐석교소>는 백곡의 생애에서 진행된 불교탄압정책과 암울한 불교계의 현실에 대한 생생한 증언이자 탄압의 부당성을 지적하고 그 개선책을 요구하는 상징성 있는 글이다. 약 8,000여 자로 구성된 이 상소는 『조선왕조실록』에는 찾아 볼 수 없고 백곡의 문집에[3] 남아 전해지고 있다.

상소문은 임란과 호란 이후 조선 불교계의 상황을 가장 직접적이고도 적나라하게 살펴 볼 수 있는 자료이지만, 현재 그 연구는 일천한 상황이다.[4] 이유는 조선시대 불교가 쇠퇴한 사실이라든지, 상소문 자체가 맹목적으로 불교계의 입장만을 대변하고 있다는 인식에서 비롯된 것으로 생각된다. 실제로 연구 성과는 당시 불교계의 상황을 탄압과 수탈 일변도로 인식하고 상소문의 내용을 그대로 대변하고 있는 실정이다. 아울러 전란 이후 조선의 상황 속에서 상소문의 작성 배경을 도출하고자 했지만, 시대상황에 대한 정확한 이해가 다소 부족하다. 유교와 불교, 혹은 그 교류에 대한 백곡의 인식이 불교가 유교보다 우월한 것이었다고 이해

2 申晸, 「白谷處能師碑銘」, 『汾厓遺稿』 卷10 碑銘.

3 白谷 處能, 「諫廢釋敎疏」, 『大覺登階集』 卷2(『韓國佛敎全書』 8, 동국대학교출판부, 1986.

4 일찍이 김영태의 해제가 나온 이후(김영태, 이조대의 불가상소」, 『불교학보』 10, 동국대 불교문화연구소, 1973, 323~346쪽.) 한편의 논문이 소개되었고(김용조, 「백곡 처능의 간폐석교소」에 관한 연구」, 『한국불교학』 4, 한국불교학회, 1979.) 번역이 시도되었다.(김기영 역주, 『현정론・간폐석교소』, 한국불교연구원, 2003.) 최근에는 석사논문(남희수, 『백곡 처능의 활동과 호불상소』, 동국대 석사학위논문, 2005)과 한편의 논고가 발표되었다.(차차석, 「백곡 처능의 『간폐석교소』와 탈유교주의」, 제2회 광해군추선기념 학술세미나 『광해군과 조선시대중후기 불교계』 발표요지문, 2009.)

하고 있는 것도 한계다. 가해자와 피해자라는 상대적 인식의 결과인 것이다. 이와 같은 단순 비교는 상소문이 지닌 구체성과 현실성을 현저히 떨어뜨리는 원인을 제공하고 있다.[5]

한편 불교적 보편주의, 즉 유교 중심주의에서 벗어나고자 했던 백곡 처능의 사상과 그 배경을 고찰하기도 하였다. 백곡이 유교적 가치의 독단을 지적하고, 유교적 가치관에서 벗어나 독자적 세계관을 인정받고자 노력했다는 점에서 탈유교주의 논리를 적용하여 상소문을 해석하고자 했다는[6] 것이다. 이와 같은 인식은 백곡이 살았던 시대상황과 불교정책의 본질, 그리고 상소문에 대한 면밀한 분석이 온전히 이루어지지 못한 결과로 생각된다.

이 글은 조선후기 불교계의 입장을 대변하고 있는 <간폐석교소>를 분석하여 그 성격과 불교사적 의미를 검토하는 것이 목적이다. 우선 조선후기 가장 혹독했던 현종대 불교정책의 본질을 파악하고, 암울한 불교계의 시대상황 속에서 <간폐석교소>가 지닌 대응론을 살필 것이다. 백곡의 불교탄압에 대한 대응론은 불교교리에 기초하지 않은 실제적 성격을 강하게 반영하고 있다. 아울러 백곡은 <간폐석교소>를 통해 조선후기 불교계의 암울한 상황을 여과 없이 소개하고 있다. 상소문의 성격상 당연한 것이기는 하지만, 불교계의 참상을 알려 그 개선책을 요구하고 있는 것이다.

<간폐석교소>에 기초한 이와 같은 작업은 조선전기 대표적인 불교변

---

5 김용조, 「백곡 처능의 「간폐석교소」에 관한 연구」, 『한국불교학』 4, 한국불교학회, 1979.
6 차차석, 「백곡 처능의 『간폐석교소』와 탈유교주의」, 제2회 광해군추선기념 학술세미나 『광해군과 조선시대중후기 불교계』 발표요지문, 2009.

론서이기도 한 함허당 기화의 『현정론』이나 『유석질의론』과의 비교를 통해 상소가 지닌 질적 측면이라든가 구체성을 가늠할 것이다. 또한 맹목적인 자기변론이나 호교론적인 측면을 지양하고 상소가 지닌 객관적 의미를 검토하고자 한다.

2 현종대顯宗代 불교정책佛敎政策

백곡 처능이 <간폐석교소>를 지은 현종 대는 조선내부의 상황이 전반적으로 혼란스러운 상태였다. 임란과 호란 이후 토지가 황폐화되었고 인구는 감소하였다. 장기간의 자연재해 역시 대규모 기근과 전염병의 원인이 되었다. 또한 실천철학으로서의 예학禮學이 성립되어 발전하기도 했다. 현종대의 이 모든 혼란과 변화는 불교계에 부정적인 영향을 미쳤다.

願堂革罷(현종 원년 4월 3일)[7]

僧尼還俗(현종 원년 12월 19일)[8]

慈壽院·仁壽院 撤廢(현종 2년 1월 5일)[9]

慈壽院에 모셔진 列聖位牌 埋安(현종 2년 1월 5일)[10]

현종은 즉위 직후부터 원당願堂을 철폐하고, 승니僧尼를 환속시키는 정

7 『현종실록』 2권, 현종원년 4월 3일(정해), 국사편찬위원회, 36책, 243쪽.
8 『현종실록』 3권, 현종원년 12월 19일(경자), 국사편찬위원회, 36책, 288쪽.
9 『현종실록』 4권, 현종 2년 1월 5일(을묘), 국사편찬위원회, 36책, 289쪽.
10 『현종실록』 4권, 현종 2년 1월 5일(을묘), 국사편찬위원회, 36책, 289쪽.

책을 단행하였다.[11] 왕실원당의 철폐는 효종孝宗 때부터 송시열宋時烈이 건의했던 문제로 유교이념의 구현을 목표로 했던 조정과 유학자들의 입장에서는 당연한 일이었다. 그러나 현종의 원당혁파에 대한 실제적 입장은 소극적이었다. 즉위 원년 신료들의 원당 철폐 주장에 대해 난색을 표하기도 하고, 여러 궁가들의 원당은 다 철폐해도 되지만, 덕종의 장자 월산대군月山大君의 사저인 명례궁明禮宮 원당願堂만은 경솔하게 혁파해서는 안된다고[12] 하였다.

> 작년에 비국이 경상감사 洪處厚가 조사하여 아뢴 내용에 의하여 도내 각 읍의 사찰로서 여러 궁가 또는 각 아문에 소속되어 있는 것들을 모두 정파하고 다시 그 읍에다 소속시켜 紙地 등의 役을 제공하도록 할 것에 대한 복계를 하고 이미 윤허까지 받아 자세한 내용을 공문으로 알린 바 있습니다. 그런데 지금 내수사 공문을 보니 상주 대승사, 담양 옥천사는 東平尉·興平尉의 원당이라 하여 혹은 雜役으로 귀찮게 말라고 하고 혹은 이제 비로소 원당으로 받아 재가까지 났다고 하는데 각처의 사찰에 있어 한쪽에서는 정파하고 한쪽에서는 복설한다면 국가 체제로 보아 그러한 이치가 어디 있겠습니까.[13]

현종은 궁가의 원당 혁파에 대한 윤허까지 한 상황에서 왕실원당을 유지시키고자 하였다. 예컨대 신륵사를 효종이 안장된 영릉寧陵의 원당으로

---

11 오경후, 「현종대의 불교정책과 불교계의 동향」, 『한국선학』 17호, 2007.
12 『현종실록』 2권, 현종 원년 4월 3일(정해), 국사편찬위원회, 36책, 243쪽.
13 『현종실록』 2권, 현종 원년 4월 3일(정해), 국사편찬위원회, 36책, 243쪽.

삼아 명복을 빌었으며, 대승사와 옥천사를 자신의 매부를 위해 원당을 설립하도록 한 것이다. 뿐만 아니라 일찍 죽은 두 딸 명선明善·명혜공주明惠公主를 위해 경기도 광주에 봉국사奉國寺를 창건하고 원당을 설립하여 명복을 빌기도 하였다.[14] 이밖에도 현종은 왕실을 위해 남해 보리암菩提庵이나, 고양의 명적암明寂庵을 원당으로 지정하였다.[15]

즉위 원년 현종은 "경외京外의 양민으로 머리를 깎고 승려가 된 자는 모두 환속시키고, 만약 명령을 따르지 않는 자가 있으면 관리나 환속 대상자를 막론하고 모두 특별히 죄를 준다는 뜻을 분명히 알려 거행하도록 하라"고[16] 하였다. 승려가 날로 증가하면 민정民丁이 줄어든다는 것이 이유다. 허망한 이단의 교가 번성해서는 안 되고, 예학을 강화시키는 것이 불교탄압의 이념적 명분이었지만, 실제적 원인은 당시 조선의 사회경제적 처지에 있었다. 전란이후 조선은 생산구조가 파괴되고 국가재정은 궁핍하였다. 우선 전결田結은 크게 감소되었고, 극심한 자연재해에 시달려야 했다. 현종 3년 영·호남의 심한 기근과 동왕 11~12년에 발생한 경신대기근庚申大饑饉은 사상 유래 없는 자연재해에서 비롯되었고, 전염병까지 돌아 100만 명 이상의 인명피해가 발생하였다. 조정은 급기야 국가재건과 재정확보를 위해 부족한 양역을 확보하고자 하였다.

인조대의 호패법號牌法 시행과 현종대와 숙종대의 양역제良役制 유지를 위해 호구색출을 강력하게 추진하기도 하였다. 또한 대동법을 실시하여 백성들의 부담을 덜어주고자 하였다. 백성들이 현물과 노역으로 그동안

14 白谷 處能, 「奉國寺新創記」, 『朝鮮佛教通史』 上, 512쪽.
15 박병선, 『조선후기 원당연구』, 영남대 박사학위논문, 2001, 17쪽.
16 『현종실록』 3권, 현종원년 12월 19일(경자), 국사편찬위원회, 36책, 288쪽.

부담하고 있었던 진상進上・공물貢物・요역徭役 등을 전결미로 대신 수취하였다. 그러나 산릉역山陵役과 사신을 접대하는 조사역詔使役이나 지역紙役은 예외규정을 두어 요역이 분정分定되었다. 때문에 백성들이 부담해야 할 역이 광범위하고 그로 인한 고통 또한 심화되는 계기가 되었다.[17] 이와 같은 상황에서 현종 2년 부제학副提學 유계兪棨가 올린 차자箚子의 내용은 주목할 만하다. "양민良民의 역役을 너그럽게 할 것과 입산금지入山禁止의 영을 거듭 밝히고 있으며, 사람들의 역役이 고르게 된 뒤에 영을 내리면 이교異教를 영구히 혁파革罷할 수 있을 것"이라고[18] 하였다. 이념적 차원의 불교탄압보다는 현실적 측면에서의 불교축소를 우선적으로 염두해 두고 있는 것이다. 요컨대 출가자의 환속을 통해 직면한 사회경제적 위기를 극복하고자 했던 것이다.

> 상이 이르기를, 도성 안의 두 尼院은 모두 혁파하고 여승의 나이 40세 이하인 자는 모두 환속시켜 시집가는 것을 허락하고, 늙어서 돌아갈 데 없는 자는 모두 도성 밖의 尼院으로 내치되, 나이가 비록 40세가 넘었더라도 환속하려고 하는 자는 들어줄 것이며, 또 慈壽院에 봉안된 列聖位版은 지난해 奉恩寺의 예에 의하여 禮官으로 하여금 埋安하게 할 것을 속히 거행하라. 그리고 두 尼院의 女僧으로서 환속할 자가 몇 명이며 도성 밖으로 방출될 자가 몇 명인가도 아울러 일일이 아뢰어 알리는 것이 좋겠다."하였다.[19]

17 오경후, 「조선후기 승역의 유형과 폐단」, 『국사관논총』 107, 국사편찬위원회, 2005, 66~72쪽.
18 『현종실록』 4권, 현종 2년 1월 4일(갑인), 국사편찬위원회, 36책, 289쪽.
19 『顯宗改修實錄』 5권, 현종 2년 1월 5일(을묘), 국사편찬위원회, 37책 212쪽.

현종은 즉위 2년 도성안의 인수원과 자수원을 혁파할 것을 명하고, 여승을 환속시키고자 하였다. 더욱이 자수원에 봉안되어 있던 열성위패를 이전 봉은사의 사례와 같이 땅에 묻을 것을 명했던 것이다. 현종의 불교탄압 가운데 가장 극단적인 조치였다. 현종은 두 니원尼院을 혁파하여, 자수원의 재목과 기와를 성균관에 내리어 학사學舍를 수리하는 데에 쓰게 하였고, 인수원의 자재는 옮겨다가 질병가疾病家를 짓도록 하였다.[20] 질병가는 궁인宮人 가운데에 질병이 든 자를 거처하게 했던 집이다.

「현종애책문」은 현종이 "이단을 배척하였고, 유학의 교화를 크게 천명하기 위해 사찰을 헐어버리고 학교를 지었다."고[21] 하였다. 유학을 중히 여겼으며, 송시열이나 송준길 역시 선비로서 우대하였고, 송시열과는 조정의 대소사를 논의하기도 하였다. 특히 예학의 강화와 예송禮訟은 현종의 유학숭상과 그 영향을 단적으로 보여주는 사례이기도 하다. 17세기 예학의 성립은 주자학이 이룩한 가장 중요한 성과이기도 하였다. 당시는 국왕중심·가부장중심을 합리화하는 가치관의 현실적 행용인 예론禮論이 발달하였다. 학문적 연구가 활발하고 많은 예서禮書들이 나오기도 했다. 왕의 예와 일반의 선비나 서민의 예와의 관계를 둘러싸고 구체적으로 상복을 입는 기간의 장단長短이 문제가 되어 나타난 사건이 두 차례에 걸쳐 일어난 예송이었다. 이와 같은 현종의 유학숭상은 불교에 대한 부정과 이단인식이 강해 탄압정책을 시행하였다. 그러나 즉위 10년을 기점으로 불교에 대한 탄압과 승려에 대한 수탈은 다소 완화되어갔다. 예컨대 현종 10년 6월에는 광주부윤 심지명이 "민정 3일 일한 것이 승군僧軍 하루

---

20 『현종개수실록』 11권, 현종 5년 윤6월 14일(갑술), 국사편찬위원회 37책, 390쪽.
21 『현종실록』「顯宗大王哀冊文」 국사편찬위원회, 37책 94쪽.

일한 것에도 미치지 못했는데, 대개 승려들이 부역할 때 죽을 힘을 다하기 때문입니다."라고 하자 현종은 "승려들을 한층 더 보살펴 주는 것이 좋겠다."고[22] 하였다.

> 執義 申命圭, 掌令 朴贄, 持平 李宇鼎이 아뢰기를 백성의 요역 가운데 白綿紙 등이 가장 무거운데, 각 읍에서는 모두 僧寺에 책임 지워 마련케 하고 있습니다. 승려들의 능력도 한계가 있으니 일방적으로 침탈하는 것은 옳지 못합니다. 전라 감영이 전례에 따라 바치는 종이도 적지 않은데 근래에 또 새로운 규례를 만들어 일 년에 올리는 것이 큰절은 800권, 작은 절은 60여 권이 되므로 승려들이 도피하여 여러 사찰이 텅 비었습니다. 이런데도 혁파하지 않는다면 그 害가 장차 백성에게 미칠 것입니다. 본도 감사로 하여금 각 사찰에서 이중으로 올리는 폐단을 속히 없애게 하소서 하니 상이 모두 따랐다.[23]

현종은 승려들의 처우를 염려했던 다음 해 승려의 지역紙役이 과중하여 혁파해달라는 요구를 허락하였다. 조선후기 승려들의 종이생산과 납부는 대표적인 수탈이었다. 특히 대동법이 전국적으로 실시되면서 공물은 대동미로 대체되었지만, 종이와 같은 공물은 물납物納만으로 징수하는 예외품목이 되었다. 그러나 삼남지방의 저전楮田이 농경지로 변하여 품귀현상이 계속되었고, 청淸의 방물지 요구로 국외의 종이수요가 증가하였다. 이와 같은 상황에서 삼남지방을 중심으로 한 전국의 사찰은 중앙과 지방에

22 『현종실록』 17권 현종10년 6월 20일(신사), 국사편찬위원회, 36책, 633쪽.
23 『현종실록』 18권 현종11년 10월 7일(신묘), 국사편찬위원회, 36책, 676쪽.

종이를 납부하기 위해 많은 고초를 겪어야 했다. 현종 9년에도 "대동법 실시 이후 백성들을 징발해 쓰지 못하기 때문에 공사公私의 토목土木이나 제언堤堰축조 역사役事를 승려들에게 맡기니 승역이 이전보다 무거워 탄식하고 원망하는 폐단이 있었다."고 빈번히 지적할 정도였다.[24] 현종도 역시 승려들의 고통을 알고 있었다.

한편 현종은 어머니 인선왕후仁宣王后 장씨張氏를 위해 화장사華藏寺에서 수륙재水陸齋를 올렸다. 유생 정탁鄭鐸과 삼사三司에서 반대하는 글을 올렸지만, 윤허하지 않다가 가까스로 정파停罷하라는 명령을 내렸다.[25] 즉위 초 원당 철폐, 출가자의 환속 조치를 시행했던 모습과는 매우 상반된 모습이었다.

3 〈간폐석교소〉의 실제적 대응론

현종대 백곡 처능이 <간폐석교소>를 작성한 직접적인 배경은 불교의 탄압과 수탈을 지적하고 그 시정을 요구하는 것이었다. 상소문의 지적은 다음과 같다.

> 신은 실로 우둔하여 전하께서 무엇을 생각하시는지 엿보지 못하겠습니다. 전하께서는 ① 부처가 저 西方에 나서 중국으로 들어왔으니 그 지역이 다르다 해서 그렇게 하시는 것입니까. 아니면 ② 三代 뒤

24 『비변사등록』 제27책, 현종 9년 11월 6일조

25 『현종개수실록』 28권, 현종15년 6월 3일(병신), 국사편찬위원회, 38책, 182쪽.

에 나서 上古의 법이 아니니 시대가 다르다 해서 그렇게 하시는 것입니까. 또는 ③ 因果를 거짓으로 말하고 應報를 잘못 드러내며 輪廻로서 속인다 하여 그렇게 하시는 것입니까. 또 ④ 밭도 갈지 않고 베도 짜지 않으며 놀고먹으면서 재물만 소모한다 하여 그렇게 하시는 것입니까. 아니면 ⑤ 망령되게 머리를 깍고 늘 법의 그물에 걸리어 正教를 손상시킨다 하여 그렇게 하시는 것입니까. 또는 ⑥ 불제자임을 빙자하여 徭役을 기피하고 偏伍에 빠진다 하여 그렇게 하시는 것입니까.[26]

백곡은 왕이 불교를 탄압한 이유를 6가지의 이유 때문인 것으로 이해하였다. 불교가 첫째, 이방역異邦域에서 생겨났고, 둘째, 삼대三代의 법法이 아니며, 셋째, 허황된 인과응보설로 윤회를 속여 말하고, 넷째, 놀고먹으며 재산을 허비하고, 다섯째, 매번 법망에 걸려 정교를 손상시키며, 여섯째, 요역을 기피하여 편오偏伍에 유실이 있다는 것이다.

그런데 이 6가지의 불교비판론은 이미 중국은 물론 조선전기 불교계에서도 제기했던 일반론이기도 하다. 조선전기 득통得通 기화己和(1376~1433)는 『현정론』과 『유석질의론』을 찬술하여 조정과 유학자의 불교탄압에 대응하여 불교존립의 정당성을 주장하였다. 그러므로 기화의 대응론을 분석하면 조선전기 불교비판론을 살필 수 있다. 당시 불교비판은 대개 화이관념華夷觀念에 의한 정통의식을 기반으로 사회윤리와 화복론에 대한 비판으로 구분할 수 있다. 유학자들은 불교의 교리와 승려를 무부무

26 백곡 처능, 「諫廢釋敎疏」, 『大覺登階集』 卷2(『韓國佛教全書』 8, 동국대학교출판부, 1986, 336쪽 a.

군無父無君의 도道와 비생산적인 유수지민遊手之民으로 규정하였다. 인과론과 결부된 화복론 역시 국가경제의 위축을 증가시키는 것으로 이해하여 원천적으로 부정했던 것이다.[27] 이에 대해 기화는 승려의 무위도식을 지적한 것에 대해 "승려가 세간世間에 처함은 도를 닦아서 임금과 신하의 바탕이 되고 국가를 도와 널리 인간천상人間天上의 복전福田이 되게 하는 것"이라고[28] 대응하였다.

> 도가 있는 곳은 사람들이 들어가는 곳이다. 오제삼황은 도를 간직하였기 때문에 사람들의 귀의할 처소가 되어 중국에서 왕 노릇을 한 것이다. 부처님이 인도에 나서 法輪王이 되신 것도 그와 같은 것이다.[29]

> 중국에서는 인도를 가리켜 서방이라 말하나 인도에서는 중국을 가리켜 동방이라 하는 것과 같다. … 진실로 부처님을 오랑캐라 하여 그 도를 따르지 않겠다면 舜임금은 동쪽 오랑캐에서 났고, 문왕은 서쪽 오랑캐에서 났다.[30]

기화는 유가儒家의 직분론職分論에 비견되는 승가의 사회적 역할과 의무를 피력한데 이어 삼황오제와 석가는 비록 태어난 시기와 장소가 다르다고는 하지만, 추구하는 도가 같기 때문에 사람들의 의지처가 되었음을

---

27 오경후, 『조선초기 함허당 기화의 유불조화론연구』, 동국대학교 석사학위논문, 1995, 85쪽.
28 득통 기화, 「유석질의론」(『한국불교전서』 7, 동국대출판부, 255a쪽)
29 득통 기화, 「현정론」(『한국불교전서』 7, 동국대출판부, 223b쪽)
30 득통 기화, 앞의 글, 223b쪽.

강조하였다. 아울러 유학자들의 중화中華와 이국夷國에 대한 구분을 그릇에 비유하여 "그 크기나 모양에 상관없이 그릇은 각각의 중심을 이루고 있다."고[31] 하여 중화가 천하라면 유학자들이 지적하는 이국夷國도 천하라고 하여 도의 보편성과 상대성을 전제하였다. 또한 유가에서도 화복설은 긍정하지만, 삼세三世를 언급하지 않은 것을 한계로 지적하였다. 기화는 "만일 정신이 일생一生으로 그친다고 한다면 이것은 단견斷見으로서 생생生生의 이치에 매昧한 것"[32]이라고 하였다. 이어서 인간이 항상 인간이 되고 축생은 항상 축생이 된다고 하면 이는 상견常見으로 음양陰陽이 변이變易하는 이치를 모르는 자라고 하였다. 결국 기화는 음양陰陽이 합하면 생을 받고 음양이 흩어지면 죽음으로 나가지만, 고유한 진명眞明은 몸을 따라 나지 않으며 뒤바뀌지도 않는다. 비록 천변만화千變萬化를 하지만 담연히 홀로 존재한다고[33] 하여 유학자들이 주장하는 혼백魂魄의 정기는 사라지지만, 담연히 존재하는 진명眞明 즉 정신은 멸하지 않음을 주장하였다.

이와 같이 조선전기 기화의 대응론을 통해 본 유학자의 불교비판론은 17세기 백곡의 상소문에서도 동일한 면모를 엿볼 수 있다. 사실 이방역異邦域·수시대殊時代·무윤회誣輪回·모재백耗財帛·상정교傷正敎·실편오失編伍와 같은 불교비판의 기조는 중국에서부터 주장되어 왔고, 조선전기 정도전을 비롯한 배불론자들에게 수용되었다. 이에 대한 백곡의 대응론 역시 조선 전기부터 후기에 이르기까지 호불護佛의 기초이론으로 적용되었음을 의미한다.[34]

---

31 득통 기화, 『유석질의론』 권상, 256c쪽.
32 득통 기화, 『유석질의론』 권하.
33 득통 기화, 「현정론」(『한국불교전서』 7) 221b쪽.
34 차차석, 「백곡 처능의 『간폐석교소』와 탈유교주의」, 『광해군과 조선시대 중후기 불교계』 제2

삼가 들리는 소식에 의하면 임금님의 뜻을 받들건대 僧尼를 모두 몰아내어 尼는 속세로 이미 돌려보내고, 또 僧도 없애기로 의논이 되었다 하였는데…[35]

지금 두 원을 폐지하여 여승들을 모두 내쫓고, 두 절을 모두 버려서 노비들을 모두 없애어 우뚝한 절들은 은나라 폐허의 비참한 광경을 띠었고, 청청한 승려들은 포로가 된 초나라 사람들의 슬픔을 머금었으며, 그려진 형상과 새겨진 얼굴은 골목 아낙들의 마음을 상하게 하고, 방정한 법복과 둥근 머리는 마을 아이들의 눈물을 닦게 합니다.[36]

우리나라에 이르러서도 그 제도를 본받아 모든 聖位를 내외의 원당에 모신지 수 백 년이 되었습니다. 그러므로 이것이 옳다거나 그르다거나 할 사건이 아니요, 공경하고 존중해야 할 의식입니다. 그런데 지금 갑자기 그것을 沙土에 묻어버려 제단이 이미 무너지고 제사가 여기서 끊어졌으니…[37]

회 광해군추선기념학술세미나자료집, 2009. 차차석이 기술한 대부분의 내용이 조선시대 불교비판의 일반론이다.

35 백곡 처능, 「諫廢釋敎疏」, 『大覺登階集』 卷2(『韓國佛敎全書』 8, 동국대학교출판부, 1986) 336a쪽.

36 백곡 처능, 「諫廢釋敎疏」, 『大覺登階集』 卷2(『韓國佛敎全書』 8, 동국대학교출판부, 1986) 341c쪽.

37 백곡 처능, 「諫廢釋敎疏」, 『大覺登階集』 卷2(『韓國佛敎全書』 8, 동국대학교출판부, 1986) 342a쪽.

백곡은 <간폐석교소>를 통해 현종 즉위 초 시행되었던 불교탄압정책의 실상을 거론하였다. 예컨대 승니의 환속이나 선후先后의 내원당內願堂 자수원과 인수원, 능침사찰陵寢寺刹이었던 봉선사와 봉은사 철폐를 지적하였다. 또한 사찰에 모셨던 열성조列聖祖의 위패를 땅에 묻은 사실을 소개하였다. 이와 같은 내용은 현종실록의 내용과 동일한 것으로 백곡은 불교탄압의 일반론과 함께 현종대 배불정책에 대해 그 부당성을 주장하였다. 상소문의 내용을 기초로 나타난 그 대응론을 살펴보자.

우선 백곡은 유학적 지식과 사상으로 불교탄압을 지적하고 그 부당성을 비판하였다는 점이다.

> 선사는 열일곱 여덟 살 때 속리산을 떠나 서울로 가서 名卿學士의 문을 두드려서 詩文으로 예물을 삼았다. … 그때 우리 外王姑되는 樂斎 申公은 조정에 있기를 좋아하지 않고 淮上에 숨어 살았었다. 선사는 경전을 갖고 스님들과 함께 그를 따랐는데, 公의 막내아들 春召公과 함께 조석으로 그 좌우에서 붓과 벼루의 심부름으로 4년 동안 지내면서도 게으르지 않았다. 그리하여 공은 선사에게 경서와 사기・논어・맹자 등 우리 유교의 글과 한편으로는 韓愈・蘇東坡 등의 글을 가르쳤다. 선사는 오랫동안 그것을 밤낮으로 읽고 외운 끝에 드디어 터져 나오니 그 문장은 滂沛하고 浩漾하여 마치 산골짜기 물을 터놓은 것 같았다.[38]

38 金錫冑, 「白谷集序」, 『大覺登階集』 卷1(『韓國佛教全書』 8, 동국대학교출판부, 1986) 307a쪽.

백곡의 유학에 관한 해박한 식견은 신익성(1588~1644)의 문하에서 오랫동안 경사자집經史子集을 수학하였고, 당대의 학자들과 교유한 결과였다. 스승 신익성은 선조의 부마로 정숙옹주貞淑翁主와 혼인하여 동양위東陽尉에 봉해진 인물이다. 그는 문장으로 유명했을 뿐만 아니라 글씨에도 뛰어나 청허당 휴정대사의 비문을 쓰기도 했다. 그는 "평생 산인山人 납자衲子와 즐겁게 교유했다."고 술회할 정도로 승려들과 가까이 지냈고, "세속을 떠나지 않았지만, 선禪을 좋아한다."고 할 만큼 불교와 가까웠다.[39] 그는 백곡과도 무생無生이야기를 나누기도 하였다.[40] 백곡 역시 신익성의 제문祭文에서 "걸림이 없는 마음과 끝이 없는 슬픔을 안고 있기보다는 차라리 같이 죽어 애끓는 흐느낌과 원통함이 없는 것이 낫겠습니다."라고[41] 스승의 죽음을 원통해 했다. 이밖에 백곡은 이식李植(1584~1647) · 이경석李景奭(1595~1671) · 이명한李明漢(1595~1645) 등 당대의 학자들과 폭넓게 교유하였는데, 동명東溟 정두경鄭斗卿은 백곡을 '기재奇才'라고 찬탄하기도 하였다.[42] 여하튼 백곡은 이 친불교적인 성향의 스승을 만나 유학사상을 익히고 영향을 받았다.

39 김상현, 「신익성이 만난 고승 성정(性淨)스님」, 『불교와문화』 74호, 대한불교진흥원, 2006. 10.
40 백곡 처능, 「敬呈東淮先生」, 『大覺登階集』 卷1(『韓國佛敎全書』 8, 동국대학교출판부, 1986) 320c쪽.
41 백곡 처능, 「祭呈東淮先生」, 『大覺登階集』 卷2(『韓國佛敎全書』 8, 동국대학교출판부, 1986) 334a~b쪽.
42 申 晸, 「白谷處能師碑銘幷序」, 『汾厓遺稿』 卷十 碑銘.

인용서목引用書目

論語 (2)	書經 (5)	詩經 (4)	春秋傳 (1)	周書異記 (1)	中庸 (1)	周易 (2)	左史 (1)	禮記 (3)	莊子 (1)	癸辛雜識 (1)
漢書 (1)	石室論 (1)	唐史 (1)	通鑑 (1)	春秋 (1)	左傳 (1)	詩傳 (2)	書傳 (1)	尙書 (1)	周書 (1)	

표는 백곡이 상소문을 작성하는 과정에서 인용했던 경사자집經史子集의 서목書目이다. 이 가운데 경經은 상소문 전반부의 6가지 불교비판론과 자신의 대응론을 전개하면서 주로 인용하였고, 현종대 불교정책과 승려의 수탈상 등을 기술했던 후반부에는 역사서의 인용이 두드러지고 있음을 살필 수 있다. 그런데 불교 억압에 대한 반론을 제기하고 개진하면서 불교경전이나 승려의 견해를 언급한 흔적은 찾아볼 수 없고 오직 경사자집을 기초로 하고 있다. 예컨대 전대前代에 불법佛法을 숭봉한 임금과 불법을 호지護持한 신하와 불교를 폐지하고 물리친 임금과 헐뜯은 신하를 중국 역사를 사례로 설명하고 있다.

> 이상의 몇몇 임금과 신하들은 더욱 심하게 부처를 배격하였지만, 그로써 治平에 도움이 있었다는 말은 듣지 못했습니다. 그리고 전대 군왕들의 행동은 스스로가 저지른 것이 아닙니다. 모든 市虎의 傳言으로 말미암아 베틀에 앉아있던 어머니가 북을 던지게 된 것입니다.[43]

43 백곡 처능, 「諫廢釋敎疏」, 『大覺登階集』 卷2(『韓國佛敎全書』 8, 동국대학교출판부, 1986) 339a쪽.

백곡은 위魏 무제武帝·주周 무제武帝·당唐 무종武宗·주周 세종世宗과 최호崔浩·장빈張賓·조귀진趙歸眞 등과 같은 인물들이 불교를 억압했지만, 치평에 영향을 미치지는 못했으며, 불교탄압 역시 주위와 아랫사람들의 아첨과 거짓 전언傳言에서 비롯되었다고 하였다. 아울러 "부처가 없을 때는 나라가 잘 다스려져 태평했는데, 승려가 있은 뒤로 년조年祚가 짧아졌고 운수가 촉박했다."는 비판에 대해서도 다음과 같이 주장하였다.

> 사람을 해쳐서 많이 죽이기는 누가 夏의 傑만 하겠으며, 義를 없애고 善을 손상하기는 누가 殷나라의 紂만 하겠으며, 권세를 탐하고 공을 좋아하기는 누가 秦의 始皇만 하겠습니까.[44]

백곡은 불교를 신봉했다고해서 치평治平에 부정적인 영향을 미쳤다거나 연대가 짧아졌다는 당시의 반불교적 정서를 수용하지 않았다. 이러한 백곡의 입장은 조선전기 불교계의 대응과는 다른 면모를 보여주고 있다. 예컨대 기화는 "석가가 깨달음을 통해 부모를 편안케 했다고[45] 하여 불교적 입장에서 대응론과 우월론을 제시하였다. 조선전기와는 달리 유학적 입장에서 배불론의 부당성을 전개한 백곡의 입장은 불교탄압이 유교사상의 차원이나 중국 역사의 사례에서도 그 이치가 맞지 않음을 설득하려는 의도를 지니고 있었던 것이다. 이른바 상식적 차원에서 불교비판의 정당성과 부당성을 찾고자 한 것이다. 이것은 유학자들의 입장이나 간소

---

44 백곡 처능, 「諫廢釋敎疏」, 『大覺登階集』 卷2(『韓國佛敎全書』 8, 동국대학교출판부, 1986) 339c쪽.

45 득통 기화, 「현정론」(『한국불교전서』 7, 동국대출판부) 218c쪽.

諫疏를 읽어줄 상대방을 배려하는 것은 아니었고[46] 당시 유교정서와 타협하거나 현실사회의 변화가 간소 작성을 가능하게 했던 것은 더더욱 아니다.

이와 같이 백곡의 대응은 유교에서 전통적으로 제시한 6가지의 불교비판론을 소개하였고, 이후에는 중국과 우리나라의 역사적 사실을 기초로 군주君主와 유자儒者의 불법 숭봉崇奉과 훼불毁佛, 무불설無佛說, 불교유해론에 대한 자신의 입장을 피력했다.

> 전하께서 邦域이 다르다고 해서 불교를 폐하려 하십니까. 만일 그렇다면 공자의 수레는 노나라에만 그치고 陳나라와 蔡나라까지 돌지 않았을 것이요, 현인인 맹자의 혀는 鄒나라에만 간직되고, 齊나라와 梁나라에서 놀리지 않았을 것입니다. …그러므로 공자는 九夷에서 살고자하였고, 중국 사람들은 우리나라에 태어나기를 원했습니다. 하물며 배와 수레가 서로 통하고 비와 이슬을 같이 받으며 오랑캐와 중국이 경계를 서로 맞대고 안팎의 성인이 다르지 않을 경우는 두말할 나위가 없지 않겠습니까.[47]

유불논쟁에서 이방역異邦域의 문제는 중국의 우월감과 문화의 우수성을 강조하여 변방민족은 그 품성이 사악하고, 풍속 역시 반인륜적이라고 인식하였다. 불교 역시 이민족의 종교라 하여 오랑캐의 도道로 규정하였

46 김기영, 『현정론 · 간폐석교소』, 한국불교연구원, 2003, 137쪽.

47 백곡 처능, 「諫廢釋敎疏」, 『大覺登階集』 卷2(『韓國佛敎全書』 8, 동국대학교출판부, 1986) 336b쪽.

다. 이에 대해 백곡은 유교의 성인 공자와 맹자를 등장시켜 대응하고 있다. 그는 시대가 다르다고 불교를 폐하고자 한 비판론에 대해서도 은殷나라 말년의 기자箕子·비간比干·미자微子나 주대周代의 십철十哲이 나왔는데도 나라가 망하고 쇠했다고 해서 그들을 본받을 수 없다면 이치에 맞지 않다고 하였다. 아울러 『논어』나 『좌사』를 통해 "모두 때는 다르나 일은 같으며, 시대는 다르나 이치는 하나라고 한 것이니 시대가 다르다고 해서 불교를 폐할 수 없음"을[48] 주장한 것이다.

> 세 사람(歐陽脩·宋祈·司馬光)의 史書는 저 春秋를 본받아 지었다고 합니다. 그러나 春秋는 사사로운 감정이 조금도 없는데, 이들 세 사람의 사서는 서로 치우치게 미워함이 있어서 부처의 實은 내쳐서 숨기고 그 虛는 끌어와 불교를 깎아 내렸으니 이것이 어찌 다 董狐의 올바른 붓이라 하겠습니까. 그 때문에 불교의 주장이 史家의 글에 제대로 실리지 않았던 것입니다.[49]

인용문은 불교비판에 대한 대응론이자 백곡의 역사인식을 살펴 볼 수 있는 대목이다. 예컨대 백곡은 구양수와 송기가 『당사』를 찬술할 때 "구양수는 치우치게 혜정惠淨 등의 사적은 깎아버리고 오직 일행一行의 대연大衍의 저작만을 남겼으며, 송기는 현장 등의 전기는 깎아 버리고 홀로 도홍道弘의 지리학설만을 드러냈습니다."라고 비판하였다. 그는 사마광 역

48 백곡 처능, 「諫廢釋敎疏」, 『大覺登階集』 卷2(『韓國佛敎全書』 8, 동국대학교출판부, 1986) 336c쪽.

49 백곡 처능, 「諫廢釋敎疏」, 『大覺登階集』 卷2(『韓國佛敎全書』 8, 동국대학교출판부, 1986) 339c쪽.

시 "『통감』을 지을 때 태종기太宗紀에 실린 부혁傅奕이 주술을 시험한 것 따위는 드날려 적고, 현완玄琬이 도를 이야기한 것과 같은 것은 억눌려 싣지 않았습니다."라고 하였다. 요컨대 『춘추』의 편찬기초인 '술이부작述而不作'의 정신을 왜곡한 것으로 평가한 것이다.

백곡의 역사에 대한 깊은 이해와 인식은 중국사뿐만 아니라 우리 역사에도 예외는 아니었다.

> 삼국의 왕과 신하들은 누구나 다 빨리 내달아 불교의 가르침을 그대로 따랐고, 기뻐 뛰면서 부처를 받들어 섬겼으며, 심지어 수염과 머리를 깎고 손가락과 몸을 태울 때에는 나라가 오래 가고 집이 복되는 데에 도움이 되기를 기약했습니다. 그래서 신라는 992년을 지냈고, 고구려는 705년을 지냈으며, 백제는 618년을 지냈습니다. 그러나 그 시대에 불교가 治道에 유해했다는 말은 듣지 못했습니다.[50]

불교수용 이후 삼국의 왕과 신료들이 불교를 신봉했지만, 치도治道에 해로움을 끼치지 않았으며, 고려와 조선 역시 숭불崇佛이 치도에 유해하다는 말을 듣지 못했다고 하였다. 그러나 이러한 역사이해와 인식은 사실史實과는 다소 차이가 있어 불교옹호론의 성격 역시 지니고 있음을 살필 수 있다.

요컨대 백곡의 <간폐석교소>는 그가 수학한 경사자집을 기초로 작성되었다. 그에게 유학은 배척해야할 대상이라기보다는 도의 보편성과 독

50 백곡 처능, 「諫廢釋教疏」, 『大覺登階集』 卷2(『韓國佛教全書』 8, 동국대학교출판부, 1986) 340b쪽.

자성을 인정하고 이해하는데 기여하였다. 그 지식은 불교비판과 탄압에 대한 대응론을 전개하는데 유용하게 작용하였다. 중국 역대 군주와 신료의 숭불과 훼불 사례, 무불설과 불교유해론 등을 과거사를 기초로 대응하고 있는 것이다. 그러므로 백곡이 간폐석교소를 통해 유교적 가치의 독단을 지적하고, 유교적 가치관에서 벗어나 독자적인 세계관을 인정받고자 노력한 것은 사실이지만, 탈유교의 경향이나 탈유교주의를 표방하고자 했다는 주장은[51] 상소문이 지닌 본래의도에서 지나치게 벗어나 있다고 생각한다. 적어도 백곡은 유교체제 안에서 불교존립의 정당성을 강조한 것이다.

 4 불교계佛教界의 실상實狀 소개紹介

<간폐석교소>의 가치는 탄압에 대한 불교계의 대응이라고 하는 단선적인 것만이 아니다. 일차적으로 양란이후 불교탄압과 수탈상을 이해할 수 있는 자료이기는 하지만, 현종대를 중심으로 한 조선후기 사회경제가 안고 있는 총체적인 문제나 그것을 해소하고자 했던 조정의 시책 또한 엿볼 수 있는 가치를 지니고 있다.

> 佛道는 쇠약한데 승려의 부역은 너무 많으며, 호적에 편입하는 평민과 다름없습니다. 그리하여 兩西에는 軍籍을 가진 자가 많고 三南

51 차차석, 「백곡 처능의 『간폐석교소』와 탈유교주의」, 제2회 광해군추선기념 학술세미나 『광해군과 조선시대중후기 불교계』 발표요지문, 2009, 15~16쪽.

에는 나라의 징집에 응한 자가 많습니다. 중국에 바친 종이도 모두 승려들이 만든 것이고, 上司에게 바치는 잡물도 모두 승려들이 준비합니다. 그밖에도 온갖 役事의 독촉이 하도 많아 衙門에서 겨우 물러나오면 官廳의 명령이 계속 내리는데, 바빠서 때를 어기면 옥에 갇히기도 하고, 倉卒해서 어쩔 줄 모르면 매질을 받기도 합니다. 심지어 모든 지방의 郊壘와 남한산성 등 천리 길에 양식을 나르기와 해마다 성을 지키면, 몸은 파수 보는 사람과 같고 자취는 전쟁하는 군인과 같아서 감색 머리털과 푸른 눈동자는 바람과 비에 시달리고, 흰 버선과 흰 누더기는 진흙과 티끌을 뒤집어씁니다. 그러다가 갑자기 급한 변이 생기면 벌처럼 둔치고 개미처럼 모이며, 또 戰場에 나가게 되면 번개처럼 끌어 잡고 천둥처럼 달립니다. 千百으로 무리를 만들고 十五로 떼를 지어서는 복숭아나무 활과 가시화살을 왼쪽으로 당기고 오른쪽으로 뽑으며, 큰 창과 긴 칼로 앞에서 몰고 뒤에서 밀면, 칼을 쓸 때는 晋과 楚의 강함을 다투고, 陳을 칠 때는 아름다운 越의 법을 익힙니다.[52]

인용문은 백곡이 현종대를 중심으로 한 조선후기 불교계의 상황을 가장 직접적이고 적나라하게 드러내고 있는 대목이다. 이것은 조선전기 불교계의 대응론과는 근본적 차원에서 다른 성격을 지니고 있다. 예컨대 득통 기화의 대응론은 유교사상에 대한 이론적 대응이 주류를 이루어 추상적 성격이 짙었다. 때문에 조선전기 불교계의 암울한 상황이 실제적으

52 백곡 처능, 「諫廢釋敎疏」, 『大覺登階集』 卷2(『韓國佛敎全書』 8, 동국대학교출판부, 1986) 337b~c쪽.

로 묘사되지 못한 한계를 지니고 있는 것도 사실이다. 반면 백곡의 상소는 조선후기 불교계가 겪고 있었던 군역이나 각종 잡역의 면모를 소개하고 있어 상소문의 궁극적 목적이 불교탄압정책에 대한 비판과 함께 당시 불교계의 가혹한 수탈을 알리고 그 중지를 호소하는데 있었을 것이다.

백곡이 지적한 당시 승려들의 국역부담은 가혹하고도 다양했다. 첫째, 임진왜란과 병자호란 당시 승군으로 참여하였다. 둘째, 황해도와 평안도와 같은 국경지역이나 남북한산성을 축조하고 수비하였다. 식량과 경비를 스스로 부담하였다. 셋째, 지물紙物을 생산生産하여 조정이나 지방관청의 수요를 해소하였다. 넷째, 각 아문이나 관청에서 요구하는 잡물들을 만들어 상납하였다. 먼저 전란이후 비변사에서 산성축조공사를 위해 승려를 동원하였으며, 선조와 광해군대에는 도첩度牒이나 선과첩禪科牒을 지급하였다. 그러나 점차 권문세가・수령들의 가혹한 수탈과 군역의 문란, 방납의 폐단 등으로 백성들이 역을 피해 승려가 되는 경향이 심화되었다. 인조대 대사간大司諫 윤황尹煌은 "군역의 고통이 혹심하여 양민이 역을 피해 승려가 된 자가 10명 가운데 6~7명이나 되니 병사의 수가 적을 수 밖에 없다."고[53] 지적하였다. 이러한 현상은 부족한 재정확보를 위해 양역자원을 보충하고자 했던 조정의 관심을 끌기에 충분했다. 결국 전란이후 혼란한 사회상황, 자연재해로 인한 토지의 황폐화, 그리고 가혹한 수취체제는 백성들이 피역避役하는 결과를 가져왔고, 이것은 승려들의 국역부담이 본격화되는 계기가 되었다.[54]

53 『인조실록』 제33권 인조 14년 8월 20일조, 국사편찬위원회, 643쪽.

54 오경후, 「조선후기 승역의 유형과 폐단」, 『국사관논총』 제107집, 국사편찬위원회, 2005, 68쪽.

남한(산성)의 義僧이 上番하는 것은 승도의 괴로운 폐단입니다. 본도는 큰 절이면 4~5명이고 작은 절도 1~2명인데, 한 명을 資裝하여 보내는데, 거의 100금이 소비되므로 한 절에서 해마다 4,500금의 비용을 책임지니 저 草衣木食하는 무리가 어찌 衣鉢을 메고 떠나 흩어지지 않을 수 있겠습니까.[55]

영조대 호남이정사湖南釐正使 이성중李成中은 매년 6차례에 걸쳐 교대로 입번하는 승려들을 보내야 하는 소속사찰의 경제적 부담이 혹독하여 절을 떠난다고 하였다. 결국 사찰과 승려의 부담을 덜어주기 위해 전국의 입번승立番僧으로부터 번전을 징수하여 원거승原居僧을 포함한 고승입역자雇僧立役者에게 급대給代하는 의승번전제義僧番錢制로 전환되기도 하였다. 그러나 의승을 고용하는 경비부담 역시 승려들이 해결하기 어려운 문제였다. 승려가 부담해야 하는 지역紙役을 비롯한 각종 잡역雜役 역시 가혹하여 유서 깊은 사찰이 쇠락하고 승려가 환속하거나 이탈하는 직접적인 원인이 되기도 하였다. 승려의 잡역은 제언堤堰공사, 벌목伐木과 운송, 군량軍糧운송, 은銀채취, 어진御眞수호뿐만 아니라 시신을 매장하기도 하였다.

올해에 굶주림과 돌림병으로 사망한 사람을 수레에 포개어 싣고 나갔지만, 먼 곳에 가서 묻을 수가 없어 도성의 사방 10리 안에다 풀무덤을 만든 것이 여기 저기 널려 있습니다. 주인 없는 시체라 가져다 묻어줄 사람도 없으니 먼 곳으로 옮겨 묻지 않을 수 없습니다. 혹

55 『영조실록』 제81권, 영조 30년 4월 29일조, 국사편찬위원회, 521쪽

승려들 가운데 이 일을 담당하겠다고 자원하는 사람이 있다면 불과 200여 명의 승려가 열흘정도 일거리라 합니다. 이장할 만한 친족이 있는 사람은 푯말을 세워 표시하게 하고 그 외에 주인 없는 시체는 경기지방의 승려 200여 명을 선발해 모두 이장하게 하십시오.[56]

현종 12년 한 해 동안 전체 기민饑民 수는 680,993명, 동사凍死 및 아사자餓死者 58,415명, 전염병 사망자 34,326명으로 집계되었지만, 실제로는 이보다 훨씬 많은 100만 명에 달했다고 한다.[57] 이해 훈련대장 유혁연柳赫然이 승군 200명을 동원하여 시신을 동서남東西南 교외의 세 장소에 수습하여 매장하였다. 이때 매장한 임자 없는 시체는 모두 3,968구였지만, 구덩이에 함몰되어 수습하지 못한 해골이 얼마나 되는지 알 수 없는 형편이라고[58] 하였다. 이밖에 승려들은 식량부족으로 인한 기근을 해소하기 위해 도토리를 수습하는데 동원되었다.[59] 이들이 수습한 도토리는 삼남지방을 중심으로 평안도와 함경도에 이르기까지 호조에서 사목을 만들어 시행할 정도로 전국적인 규모로 진행되었다.

조선후기 불교계의 암울한 상황은 실록을 중심으로 한 관찬사서에 승려들이 담당한 국역의 경위라든가 유형만 단편적으로 소개되어 있을 뿐이다. 백곡은 상소문을 통해서 당시 승려들이 부담하고 있던 국역뿐만 아니라 과중한 승역僧役으로 불교와 불교계의 존립 자체가 위협받고 있음을 지적하고 그 처우개선을 주장하였다.

---

56 『현종실록』 제24권, 현종 12년 9월 12일조.
57 이태진, 「자연재해 · 전란의 피해와 농업의 복구」, 『한국사』 30, 국사편찬위원회, 1998, 329쪽.
58 『현종개수실록』 24권, 현종 12년 9월 30일(무인)조, 국사편찬위원회, 38책, 80쪽.
59 『선조실록』 제53권, 선조 27년 7월 15일조, 국사편찬위원회, 312쪽.

이와 관련하여 이 방면의 연구성과는 일련의 한계를 지니고 있다. 첫째. 양란이후 "신분체제의 동요나 붕괴는 당시 국가적인 억압과 사회적으로 천시 당하던 피지배층승려들에게 기존 신분적 권위에 대하여 회의와 부정이라는 심층적인 의지의 변화나 성장이 있었을 것은 쉬이 연역되는 논리다."라고 전제한 뒤 "현실사회의 변화에 따른 신분권위에 대한 의식의 변화 위에 백곡의 간소제기가 가능하였을 것으로 본다."고[60] 하였다. 둘째, 도첩제와 승과제도가 폐지되면서 불교와 국가는 그 공적 관계가 단절되었지만, 의승군의 활약으로 그 공적 관계가 재개되었고, 제한적이고 상대적이기는 하나 억불의 도를 둔화시키고 불교를 재인식하는 계기가 되었다고 하였다. 또한 승려들의 지위와 국가적인 관심도가 크게 상승되었다고 하였다.[61] 셋째, "불교와 국가와의 공적인 관계의 재성립이나 승려들의 위치격상 또는 국가의 그 필요성 인정 등은 포괄적으로 발언권의 신장이란 말로 표현하여도 좋을 듯하다. 백곡은 그의 간소諫疏에서 승려들이 국가에 크게 기여하고 있음을 역설하고 있기도 하지만 백곡의 간소는 이와 같은 힘의 성장세를 배경으로 간소의 제기가 가능하였던 것으로 보아진다."는[62] 주장도 제기되었다.

이와 같은 주장은 조선후기 불교계의 동향을 긍정적 측면에서 이해하려는 의도로 일면 이해할 수 있지만, 논리의 비약이 심한듯하다. 논리대로라면 신분체제가 붕괴되고 실학이 대두되었다면 불교계에 대한 처우가 개선되고 우호적으로 향상된 흔적이 보여야 한다. 그러나 백성들의

60 김용조, 「백곡 처능의 『간폐석교소』에 관한 연구」, 『한국불교학』 4, 한국불교학회, 1979, 100~102쪽.

61 김용조, 앞의 글, 104쪽.

62 김용조, 앞의 글, 105쪽.

부담을 덜어주기 위한 제도는 개선되었지만, 백성들의 경감된 부담은 그대로 불교계와 승려들의 몫이었다. 백곡의 상소 역시 불교에 대한 사상적 비판과 함께 조선후기 혹독한 수탈에 대한 저항에서 비롯되었음을 이해해야한다.

전란당시 승군의 활약으로 불교계에 대한 인식은 긍정적이고 우호적인 태도로 변했지만, 어디까지나 일시적인 것이었다. 더욱이 승군의 산성 방어와 국역 동원은 긍정적 의미의 국가에 기여하고, 그 존재가치와 필요성이 인정된 것은 아니었다.

전란 이후 인구감소와 자연재해, 토지의 황폐화로 조선의 생산력은 떨어졌고, 재건을 위한 토목공사에 동원될 노동력은 부족했다. 승려인구는 부족한 노동력을 보충할 중요한 수단이었다. 여기에는 무위도식의 무리라는 부정적 인식의 결과도 작용하였다. 그러므로 양란의 과정에서 승려들이 보여준 국가적 기여로 승려들의 정치 사회적 입장은 크게 변한 것이 없었으며 긍정적으로 진전된 것은 더욱 찾아보기 힘들다. 더욱이 불교의 전반적인 처우가 질적 양적 측면에서 긍정적 변화가 아닌 이상 상소문의 제기가 전반적인 불교계의 격상에서 비롯되었다는 논리는 이해하기 힘들다.

요컨대 백곡의 상소가 가능했던 것은 당시의 불교계가 일정한 역할로 조정과 새로운 관계를 설정하거나 그 지위가 성장된 것에서 비롯된 것이 아니다. 백곡 자신이 친불교적 인물 신익성·이경석·정두경과 같은 당시의 대표적 학자나 왕실 관련 인사들과의 폭넓은 교유가 상소문 제기의 기초를 형성하였을 것이다. 그리고 도총섭 등의 지위를 통해 당시 조정과 신료들의 불교에 대한 인식과 정책, 그리고 탄압과 수탈상이 지나쳐 전대미문의 불교계 위기를 묵인할 수 없었기 때문이다. 그러므로 백곡의 상소문은 선초부터 제기된 6가지의 근본적인 불교비판론과 탄압뿐만 아니라 조선후기 조선사회가 안고 있었던 구조적인 상황 속에서 진행된 실제적인 수탈 상에 이르기까지 불교계의 총체적 위기를 지적한 것이다.

5 맺음말

임진왜란과 병자호란을 기점으로 전개되고 있는 조선후기 불교사 연구는 몇 가지 착각이랄까 오류를 범하고 있는 듯하다. 첫째, 조선건국이후 지속적으로 탄압과 비판을 받고 있었던 불교계가 전란 당시 청허 휴정을 위시한 의승군의 참여로 그 사회적 위치가 격상되었다고 인식하고 있는 점이다. 호국불교의 위용을 과시한 것이 결과적으로 불교계가 침체를 딛고 정상화되는 전기를 맞이한 것이라고 한다. 둘째, 조선후기 전대미문의 탄압과 수탈정책은 오로지 불교를 소멸시키고자 했던 조정과 유학자들의 의도에서 비롯되었다는 것이다.

이와 같은 연구 성과의 기조는 전란 이후 성리학의 가치체계에 대한 조선의 비판적 성찰이나 조선의 정체성 확립과 전란 당시 불교계의 희생에 따른 막연한 보상심리가 작용한 듯하다. 그러나 이 논리는 잇따른 불교탄압과 수탈상을 통해 오해였음이 드러났다. 결국 불교는 조선사회에서는 유교와 융합할 수 없는 종교라고 인식한 것이다. 이와 같은 오류는 상식에 의존하고 예외를 염두하지 못한 결과인 것이다.

현종대는 조선후기 불교사의 본질을 파악하는데 좋은 사례다. 현종은 원당을 혁파하고, 승니를 환속시키는가 하면 사찰에 모셔진 열성위패列聖位牌를 땅에 묻어버렸다. “이단을 배척하였고, 유학의 교화를 크게 천명”

하고자 했던 그의 성정으로는 당연한 조치였다. 더욱이 대규모 토목공사나 지역紙役 등 각종 잡역雜役에 동원시켜 불교계의 인적자원을 거의 고갈시킬 정도였다. 그 폐해가 워낙 심해 지방수령들조차도 승려들의 가혹한 수탈을 완화시켜줄 것을 간청하기도 했다. 그러나 현종의 불교에 대한 태도는 즉위 10년을 기점으로 변한다. 신륵사를 비롯한 몇몇 사찰에 원당을 설치하고, 전란 당시 의승군들이 보여준 호국의 의지나 희생을 긍정적으로 평가한다. 그러나 현종의 불교계에 대한 호의는 암울한 시대적 상황으로 지속되지 못한다. 전란이후 조선은 인구와 전결田結이 크게 감소하고 극심한 자연재해로 전염병까지 돌아 총체적인 위기에 휩싸인다. 조정의 양역자원의 확보와 백성들의 부담을 덜어주기 위한 조치로 불교계가 안아야할 부담은 반대로 늘어난 것이다. 대동법의 시행과 대동법의 예외규정으로 승려수가 감소하고 남아있는 승려들은 요역을 분정分定하여 그 부담이 가중되었다.

백곡의 <간폐석교소>는 불교에 대한 이념적 비판보다는 가혹한 수탈에 대한 개선에 목적을 두고 있었다. 그는 선조의 사위였던 신익성으로부터 오랜 시간 경사자집을 수학했다. 그 지식은 불교비판에 효과적 대응론으로 작용하기도 했다. 중국의 역사를 기초로 역대군주와 신료, 유학자들이 불교를 비판하였지만, 치평治平에 도움을 되지 못한 점을 불교사상이 아닌 경사자집의 내용을 기초로 대응한 것이다. 아울러 그가 배우고 이해했던 춘추春秋의 편찬과 역사인식의 기초는 불교사에 대해 의도적 은폐나 왜곡을 지적하였다. 백곡의 이 실제적 대응론은 확실히 조선전기의 그것과는 다른 것이었다. 추상적이지 않았고, 현실적 성격이 강한 것이었다. 경사자집의 지식을 기초로 불교비판에 대항한 것은 현실타협적인 것이 아니었고 유학자들의 이해를 쉽게 하고자 배려한 것은 아니었다. 그가 수학했던 조선시대 유교사조의 보편적 정서로서 대응한 것이다. 그러나 유교의 독단성을 부정한 것이었고, 불교존립의 정당성을 강조한 것으로 탈유교주의 성향은 결코 아니었다.

한편 백곡은 상소문에서 당시 불교계가 남북한산성 수호를 비롯한 각종 잡역에 동원되어 존립자체가 위태로운 상황임을 낱낱이 묘사하였다. 상소문의 성격상 그것은 당연한 것이었지만, 조선조정과 유학자들의 관심사는 아니었기 때문에 일부러 강조한 것이었다. 이러한 면모는 전란이후 불교계의 사회적 위상이 격상되었다는 순진한 연구 성과를 힐난하고 있는 것이다. 변한 것은 없고, 극심한 수탈로 승려인구는 현저히 감소될 뿐이었다. 전란 이후 성리학적 가치체계가 해체되어가는 움직임은 있었지만, 불교계의 상황과는 무관한 것이었다. 때문에 백곡의 상소문은 불교계가 안고 있는 혹독한 실상을 고발하고 개선하는데 궁극적 목적이 있었다.

정조의 불교정책과 『범우고』의 불교사적 가치

1 머리말

『범우고梵宇攷』는 1799년 정조의 명으로 편찬한 전국 사찰의 통계기록이다. 고금古今의 문집文集과 읍지邑誌 등을 고증하여 절의 존폐와 소재·연혁·유학자의 시문詩文도 수록하고 있다. 편찬 당시 존재했던 8도의 사찰 수뿐만 아니라 조선전기 『신증동국여지승람新增東國輿地勝覽』에 수록된 사찰 수도 수록하고 있어 불교가 탄압받고 있던 조선시대 사찰의 증감增減을 살필 수 있다. 더욱이 정조의 시문집 『홍재전서弘齋全書』에 정종대왕어제正宗大王御製 제문題文[1]이 있어 정조의 불교인식이나 그 편찬배경도 엿볼 수 있

1 「題梵宇攷」, 『弘齋全書』 卷56, 雜著3.

어 주목할 만하다.

조선후기 사찰의 수적 추이에 관한 연구는 이병희[2]와 오경후[3]의 연구가 있다. 이병희는 『신증동국여지승람新增東國輿地勝覽』·『여지도서輿地圖書』·『조선불교통사朝鮮佛敎通史』에 수록된 사찰 수를 검토하여 지방마다 차이는 보이고 있지만, 시기가 거듭할수록 감소추세에 있었음을 강조하였다. 이에 대해 오경후는 기존의 연구 성과가 전국지리지에 수록된 사찰의 수적 통계만을 주목하여 그 부정확성과 한계를 간과한 탓에 사찰이 조선시대 동안 일정하게 전체적인 감소추세를 보이고 있었으며, 결국 이것은 불교탄압으로 인해 사찰이 감소된 것으로 잘못인식하고 있다고 지적했다.[4]

학계의 조선시대 불교사에 대한 평가는 여전히 불교탄압으로 인해 사찰이 감소한 것으로 인식하고 있다. 이 단선적인 평가가 시대적 상황에 따른 예외적인 문제 역시 획일화시켜 단정지어버리는 오류를 범하고 있는 것이다. 예컨대 전란 이후 시행된 불교정책이라든지 불교인식의 변화, 사회경제 상황에 따른 불교계의 처우문제 등으로 인한 변동에 대해서는 소홀히 다루고 있는 실정이다.[5]

2 이병희, 「조선시기 사찰의 수적 추이」, 『역사교육』 61(서울 : 역사교육연구회, 1997)

3 오경후, 「조선시대 경주지역 사원의 수적 추이와 성격」, 『신라문화』30(경주 : 신라문화연구소, 2007)

4 오경후는 조선시대 사찰 수의 감소는 불교가 탄압받은 근거라는 선입견을 재검토하기 위해 전국지리지인 『신증동국여지승람』(1531)·『여지도서』(1765)와 도 단위의 『慶尙道邑誌』(1832), 그리고 경주지역의 『東京雜記』(1670)·『慶州邑誌』(1932)를 통해 전국지리지에 수록된 사찰 수보다 많은 수의 사찰이 존재하고 있었음을 증명하기도 했다.

5 이와 같은 인식은 조선후기 불교사에 대한 긍정적 인식을 저해하고 불교계와 사회경제 상황에 따른 변화상을 객관적으로 해석할 수 있는 기회를 소홀히 하는 계기가 되었다. 반면 조선후기 불교사를 탄압일변도로 인식하는 것에 대해 문제제기와 함께 시대상황과 불교계의 관계를 유기적으로 해석하려는 입장은 불교학계가 고집했던 불교옹호론에 기초한 것도 아니

이 글은 첫째, 『범우고』가 체제상 『신증동국여지승람』의 개수改修·속성續成의 성격을 지니고 있지만, 그와는 다른 편찬배경을 살피고자 한다. 여기에는 정조의 불교정책과 그 인식의 영향도 엿볼 수 있다. 예컨대 『범우고』는 지리지의 영향을 받아 사찰의 수적 증감을 통해 사원의 인적, 물적 자원을 동원시키는 기초자료 역할을 한 것이 사실이지만, 예악禮樂·교화敎化·풍속風俗이라는 국가운영과 통치의 기본 원리 역시 담고 있다. 때문에 『범우고』는 정조의 불교정책과 그 인식을 살피는데 좋은 사례가 될 것으로 판단된다. 둘째, 사찰의 증감을 통해 조선후기 불교계의 동향을 검토할 것이다. 『신증동국여지승람』과 『여지도서』에 수록된 사찰수와 『범우고』의 사찰 수를 검토할 것이다. 사실 『범우고』는 1760년 이후에 수집된 읍지들로 이루어진 『여지도서』보다 그 완성도가 높다. 때문에 조선후기 사찰의 증감을 가장 정확하게 파악할 수 있는 귀중한 자료다. 셋째, 『범우고』를 통해 불교정책과 사회경제 변화에 따른 불교계의 변화상도 엿볼 것이다. 개별 사찰은 조선후기 정치·사회·경제 변화상에 따라 나타나는 불교계의 다양한 모습들을 담고 있다. 전란 이후 산성 수호와 방어에 따른 사찰과 승려의 동향이라든가 과중한 수취收取의 부담을 덜기 위한 골육지책骨肉之策 등을 종합적으로 살필 수 있는 가치를 지니고 있다.

결국 이 글은 『범우고』를 통해 일차적으로는 사찰의 증감이나 정조의 불교정책과 그 인식, 그리고 불교계의 변화상을 검토하는데 기여할 것이다. 그러나 궁극적으로는 조선후기 불교와 불교계가 지닌 시대적 효용성

며, 조선시대 불교사에 대한 긍정적 인식을 바라는 애정공세는 더더욱 아니다. 탄압과 수탈 일변도로 이 시대의 불교사를 획일화시켜 평가하는 것에 대한 문제제기인 것이다.

을 통해 이 시기 불교사에 대한 인식의 전환을 모색하는데 기여하리라 믿는다.

 2 정조의 불교정책과 『범우고』의 편찬

1) 정조의 불교정책

정조의 불교정책[6]은 호불好佛이나 배불排佛이라는 단선적인 평가나 인식을 가지고 검토될 대상은 아니다. 정조는 즉위 후 규장각을 설치하여 문화정치를 표방했고, 정학正學(성리학)을 진흥시키고자 했다. 반면 불교가 비록 이단이지만, 승려도 역시 백성으로 인식하여 그 처우개선을 위한 정책을 펼치기도 하였다.

> 이단을 물리침은 곧 우리나라의 家法으로 되어있는 일이다. 사찰을 願堂이라 칭하고 있는 것도 이미 아주 미안스러운 짓인데, 閣을 세우고서 神主를 만들어 멋대로 享祀하기까지 하고 있는데, 일의 不

6 정조의 불교정책에 대해서는 다음의 연구가 참고된다.
이장열, 『正祖의 佛敎觀 變化와 佛敎政策에 관한 一硏究』(서울:고려대 석사학위논문, 1995)
김준혁, 「조선후기 정조의 불교인식과 정책」, 『중앙사론』12・13합집(서울:중앙대 중앙사학회, 1999)
김준혁, 「정조의 불교인식 변화」, 『중앙사론』16(서울:중앙대 중앙사학회, 2002)
이장열의 연구는 정조가 집권초기와는 달리 후반기에 好佛性向을 갖게 된 동기와 용주사 건립을 비롯한 호불정책에 주목하였다. 반면 김준혁은 정조의 우호적인 불교정책이 개인의 기복신앙에서 비롯된 것일 수도 있지만, 왕권강화를 중심으로 한 국가운영을 위한 정책의 일부분으로 해석하였다.

敬스러움이 이보다 심할 수는 없다. 先朝에서는 또한 일찍이 여러 宮房에 있어서도 마음에 내키지 않아 미루는 것을 내가 仰覩했던 바이고,… 더구나 오늘날 풍속을 바로잡아 가려는 때에 세상의 교화에 도움이 될 수 있는 것은 진실로 마땅히 모두 쓰지 않을 수 없으니, 일체로 금단하라.[7]

즉위년 6월, 대사간 홍억洪檍의 상소에 따라 취해진 원당願堂 철폐조치다. 이단을 혁파하고, 풍속을 바로잡아 교화에 도움이 되지 않은 것이 원당철폐의 명분이다. 그러나 즉위 1년 11월 대사헌 이휘지李徽之는 상소문에서 원당혁파의 명은 훌륭한 거조擧措였지만, 더러는 쌓여온 지 오래된 폐단에 대해 얽매이게 되어 허명무실虛名無實해졌음을 지적했다. 정조는 이에 대해 "원당 일을 오히려 지금까지 제쳐 놓고 있는 것은, 혹시 새 법이 그전 법만 못하게 될까 염려되어서이며 혹은 개혁에 있어 취사取捨할 틈을 타지 못해서이다."[8]라고 하였다. 그가 즉위 2년에 내린 승니僧尼의 도성출입금지 역시 제대로 시행되지 않아 즉위 7년 경연經筵의 신하가 거듭 금지할 것을 청하자 엄중히 금하기도 하였다.[9] 집권 초기 개인적인 호불好佛성향이 보이지 않은 것으로 보아 그의 답변대로 새 법이 그전 법만 못하게 될 염려와 이전 역대 국왕이 보여준 왕실과 신민臣民이 오래 전부터 불교를 신봉했기 때문에 일시에 혁파하지는 못한 입장을 따른 것으로 해석할 수 있다.

---

7 『정조실록』 권1, 정조 즉위년 6월 14일(계축)
8 『정조실록』 권4, 정조 1년 11월 27일(기축)
9 『정조실록』 권15, 정조 7년 1월 2일(갑오)

정조는 즉위 초 보여주었던 배불입장과는 달리 재위 9년에는 남북한산성南北漢山城 의승번전義僧番錢 반감半減조치를 단행했고[10] 재위 12년 7월에는 호조판서 서유린徐有隣의 청으로 대흥사 청허 휴정의 사당에 '표충表忠'이라는 편액을 내렸으며[11] 즉위 16년 윤4월에는 석왕사에 '석왕釋王'이라는 사액을 내리기도 하였다.[12]

> 釋王寺 土窟의 옛터에 無學大師의 조그마한 肖像이 있는데, 승려들이 모두 말하기를 休靜과 惟政은 임진왜란 때의 戰功으로 모두 사당을 세우고 賜額하였는데, 무학 대사는 곧 開國元勳인데도 전적으로 奉享하는 곳이 없으니, 돌아가면 임금께 아뢰어 조그마한 초상을 모사하여 토굴에 모시고 春秋로 제사를 지내도록 해주기 바란다.'고 하였습니다. 청컨대 소원대로 허락하소서. 하니, 따랐다. 인하여 명하기를, "賜額하는 일은 密陽의 表忠寺와 海南의 大芚寺의 전례에 따르고, 大師의 號 또한 두 절의 전례를 적용하여 額은 釋王이라 하고 대사의 호는 開宗立教普照法眼廣濟功德翊命興運大法師라고 하라.[13]

정조는 사액을 내리기 전에 이미 석왕사에 관심을 가지고 있었다. 즉위 14년에는 석왕사에 비석을 세울 것을 명했고[14] 다음 해에는 어제비문

---

10 『정조실록』 권19, 정조 9년 2월 1일(신사)
11 『정조실록』 권26, 정조 12년 7월 5일(을축)
12 『정조실록』 권34, 정조 16년 윤4월 24일(임진)
13 『정조실록』 권34, 정조 16년 윤4월 24일(임진)
14 『정조실록』 31권, 정조 14년 8월 21일(기사)
정조의 석왕사에 대한 관심은 조선의 정체성을 재확인하는 차원과 이전부터 왕실이 석왕사를 중수하고, 御筆 판각의 봉안 등의 崇佛이라는 복합적인 요인의 결과였다.

御製碑文을 써주기도 하였다.[15] 이와 같은 관심은 동년 5월 "석왕사釋王寺는 왕업王業이 일어난 곳이므로 다른 곳에 비해 소중하기가 각별하다."[16]고 한 그의 언급에서도 알 수 있다. 급기야 호조판서 서호수徐浩修의 청으로 사액을 내렸다. 대흥사에 '표충表忠', 묘향산에 '수충酬忠'이라는 사액을 내린 일 역시 임진왜란 당시 청허 휴정과 승군의 전공戰功에 기인한 것이었다. 이밖에 정조는 이미 퇴락한 장안사長安寺를 중수하여 다시 승려들이 머물게 해주었다.[17] 요컨대 정조가 석왕사에 비를 세우고 대흥사와 표충사에 사액을 내린 것은 이전 시기부터 불교와 승려가 왕조의 개창과 위기상황에서 일정한 역할을 한 결과였다.

이와 같은 정조의 불교정책은 맹목적인 호불好佛의 차원에서 시행된 것은 아니다. 당시 사상계의 동향이나 사회경제적 상황을 적극적으로 반영하고 있는 것이다. 첫째, 당시 사상계의 동향은 전란 이후 성리학의 가치체계가 해체되어가고, 성리학적 명분론으로 유지되던 사회체제가 점차 와해되어 가는 위기에 직면해 있었다. 즉 18세기를 전후한 조선성리학계는 조선후기 사회의 각 방면에 걸친 변화로 정통론과 명분론을 강화시키고 성리학적 가치관을 사회에 확산시키려는 보수사상으로 전락하여 당시의 전체적인 변화상에 대응하고자 했다.[18] 성리학계의 이러한 체제유지를 위한 변화는 성리학에 대한 비판의식을 태동시키고 성숙시켰다. 도가철학道家哲學과 양명학陽明學이 성리학 체제에 대한 반성에서 비롯되었다.

15 『정조실록』 32권, 정조 15년 4월 17일(신유)
16 『정조실록』 32권, 정조 15년 5월 6일(경진)
17 『정조실록』 31권, 정조 14년 8월23일(신미)
18 鄭求福, 「朝鮮時代의 學術과 思想의 諸問題」, 『朝鮮時代史硏究』(서울:한국정신문화연구원, 1999), p.290

17세기 근기近畿 남인南人들의 선진유학先秦儒學에서 비롯된 실학사상은 당시의 역사적 모순을 직시하고 이를 바로잡기 위한 새로운 개혁안을 범유학凡儒學의 입장에서 발견하고자 했다. 조선성리학의 후진적 이념을 극복하고 전통적 왕도정치의 이념 구현과 실사구시實事求是를 지향하고자 했다.[19] 이단에 대한 유연한 태도는 불교인식에서도 예외가 아니었다. 정조는 "불교가 삼교三敎 중에서 제일 뒤에 나왔지만, 영험은 최고라는 것을 유자儒者들은 믿지 않으려고 해도 이따금씩 믿지 않을 수가 없는 것이다."[20]라고 했고, 이익은 "지금 유술儒術하는 자들이 말끝마다 이단을 배척하지만, 그 마음이 과연 이것을 붙들어야 하고 저것을 배척해야 하는 것을 밝게 아는지 알 수 없다."[21]고 했다. 정약용 역시 "불교佛敎의 진망유무眞妄有無의 설說이 유가儒家의 본연기질지변本然氣質之辨과 다를 바 없다."[22]고 했다. 확실히 이전 불교인식과는 다른 면모다.

둘째, 사회경제적 상황이다.

> 僧徒가 시들고 쇠잔해진 것도 또한 유념을 해야 할 일이라고 하겠다. 불의의 변고에 공을 바치고 무사할 때에 힘을 얻게 되니, 義僧에게 복무를 면제해 주고 절간의 승려에게 세금을 덜어주는 것은 대체로 깊은 뜻이 있기 때문에 그러한 것이다. 근래에 들으니 營邑의 가렴주구에 시달리어 이름난 암자와 거대한 사찰이 텅 비지 않은 곳이

19 조광, 「朝鮮後期 思想界의 轉換期的 特性-正學·實學·邪學의 對立構圖」, 『韓國史轉換期의 問題들』(서울: 지식산업사, 1993), pp.155~162

20 「安邊雪峯山釋王寺碑 幷偈」, 『弘齋全書』 第15卷 碑(서울:민족문화추진회, 1998), p.277

21 李瀷, 「俗儒斥佛」, 『星湖僿說』 卷13 人事門

22 丁若鏞, 「爲騎魚僧慈弘贈言」, 『與猶堂全書』 第1集 詩文集 卷17 文集 贈言, 『한국문집총간』 281권(서울:민족족문화추진회, 2002), p.382a

없다고 한다. 환난을 염려하는 방도로 볼 때 어찌 그대로 둘 수 있겠는가. 만일 수령을 만나거든 면전에서 거듭 신칙하여 소생되고 개혁되는 효과가 있도록 하라.[23]

정조가 안핵어사按覈御史 이곤수李崑秀에게 내린 글이다. 정조가 남북한산성南北漢山城 의승義僧에게 번전番錢을 반감시켜준 것은 승려들이 "불의의 변고에 공을 바치고 무사할 때에 힘을 얻게 된다"는 국가사회적 기여의 대가였던 것이다. 그러나 승려들에 대한 수탈과 착취는 지속적으로 나타났다. 전란 이후 국토의 황폐화, 빈번한 자연재해로 인한 기근과 전염병의 발생은 생산구조의 파괴와 국가재정 부족으로 이어졌다. 조정은 국가재정 보충을 위해 양역자원良役資源의 확보에 진력했고, 급기야 승려에게 잡역雜役과 잡공雜貢을 부과하였다. 대동법과 균역법의 시행으로 일반 백성들의 부담은 줄었지만, 줄어든 부담은 승려들의 몫으로 대체되었다.[24] 현종 대에는 "대동법의 실시로 백성들을 동원하지 못하기 때문에 공사公私의 토목이나 제언堤堰축조 역사役事를 승려들에게 맡기니 승역僧役이 이전보다 배나 무거워 탄식하고 원망하는 폐단이 있다"[25]고 보고될 정도였다.

사찰의 폐단으로 말하면 사찰이 타락하고 승려의 수가 적기는 어느 곳이나 마찬가지입니다. 그 원인을 따져보면 종이감의 배정, 길잡이를 세우는 것, 하인들을 침해하는 것, 肩輿를 메는 군정, 돌을 다듬

23 「賜海西關西暗行兼平山暗覈御使李崑秀封書」, 『弘齋全書』 第40卷 封書2(서울:민족문화추진회. 1998), pp.116~117

24 오경후, 「조선후기 승역의 유형과 폐단」, 『국사관논총』107집(과천:국사편찬위원회, 2005)

25 『비변사등록』 제27책, 현종 9년 11월 6일조.

고 나무를 조각하는 등 갖가지 부역과 이러저러한 갖가지 관청공납이 번다하여 과중하기 때문이었는데. 이미 조정에서 없애고 금지하였습니다. 지금에 와서 바로잡아야할 폐단은 종이감과 미투리 같은 물건의 상납에 불과하니 이는 臣의 감영에서도 금지할 수 있습니다.[26]

정조 14년 원춘도 관찰사 윤사국尹師國이 올린 장계의 내용은 당시 승려가 부담하고 있었던 잡역의 종류와 그 과중함을 알 수 있게 해준다. 승려들은 잡역을 피하기 위해 위판位版을 봉안하고 제사를 통해 원당을 구실삼기도 하였다. 윤사국에 의하면 정조 14년 무렵 대부분의 기혹한 잡역이 금지되었다고는 하지만, 잡역과 잡공으로 인한 수탈과 착취는 여전하였다.

결국 정조의 불교정책은 맹목적인 배불이나 호불의 차원에서 비롯된 것은 아니었다. 당시 유연한 성격을 띠고 있었던 사상계의 동향과 사회경제적인 상황에서 비롯된 불교계의 황폐화를 막고자 한 의도에서 비롯된 것이다. 아울러 왕조개창부터 불교계가 일정하게 기여한 호국護國의 공로 역시 인정한 결과였다.

2) 『범우고』의 편찬배경

현존하는 『범우고』의 앞부분에는 편찬당시 쓴 것으로 추정되는 글이 보인다. 즉 "여지승람 고적조를 기초로 사실을 기록할 만한 것은 수록

---

26 『정조실록』 31권, 정조14년 8월 23일조

했고, 읍지에 나타난 대략의 증가나 감소를 수록했으며, 그 밖의 다른 책에서 채록하여 적는다"[27]고 하였다. 예컨대 『범우고』는 조선전기 편찬된 『신증동국여지승람』을 기초로 했으며, 조선후기 편찬된 읍지를 기반으로 『신증동국여지승람』 편찬 이후 새로 창건되었거나 존립한 사찰에 대해서는 '속續'으로, 조선전기에 존립했지만, 후기에 폐망한 사찰은 '금폐今廢'로 표기하였다.

『신증동국여지승람』은 1481년(성종 12) 『동국여지승람』이라는 이름으로 최초로 편찬되었다. 이후 1차 수교讎校는 1585년(성종 16), 2차 수교는 1499년(연산군 5), 3차 수교는 1528년(중종 23)에 이루어졌고, 마지막으로 1530년(중종 25) 중수하여 『신증동국여지승람』으로 명명하였다. 이 책은 지리적인 면뿐만 아니라 정치 · 경제 · 역사 · 행정 · 군사 · 사회 · 민속 · 예술 · 인물 등 지방 사회의 모든 방면에 걸친 종합적 성격을 지닌 백과전서식 서적이다. 따라서 조선 전기 사회의 여러 측면을 이해하는 데 필수불가결한 자료로서 여러 학문에서도 중요한 고전으로 꼽고 있다. 조선후기 지방 각 읍邑의 지지地誌인 동시에 지방사地方史이자 정책자료로서의 비중이 큰 행정사례집行政事例集인 읍지 역시 『신증동국여지승람』의 체례體例를 본뜨고 있다. 영조 조에도 1757년(영조 33) 홍양한의 주청에 의거하여 『동국여지승람』의 개수 · 보완에 착수, 각 군읍지와 여지도를 1865년 『여지도서輿地圖書』를 성편하였다.

규장각에 명하여 『輿地勝覽』을 계속해서 완성하도록 하였다. 이를

27 필자가 저본으로 삼은 『범우고』는 국립도서관소장본(한古朝21-190)으로 필사본이며 크기는 34.7×22.9㎝이다. 현재 왕명에 의해 편찬된 것만 알려져 있을 뿐 刊寫者나 刊寫地는 未詳이다.

위해 여러 文臣들에게 업무를 분담시켜 여러 도의 邑誌를 모아가지고 芸閣에서 편찬하도록 하였으나, 끝내 완성되지 못하였다.[28]

1789년 정조 역시 여러 문신들이 분담, 각 도의 읍지를 널리 모아 『동국여지승람』의 續成작업을 실시하되 편찬은 校書館에서 하라고 奎章閣에 명하였지만, 완성되지는 못했다. 그러나 1789년부터 1792년 사이에 이 續成작업과 관련하여 작성된 읍지가 전하고 있다.[29]

佛教가 중국에서부터 海東에 이른 지가 1천 7백여 년이 된다. 돌이켜 보건대, 우리 조정에서는 儒教를 숭상하고 道를 중하게 여기는 것으로 국가를 다스리는 도구로 삼아, 300의 郡縣에 모두 夫子의 廟가 있어 멀거나 가까운 곳 할 것 없이 봄에는 거문고를 타고 여름에는 시를 읊어서, 異端의 學인 道教가 마침내 전해지지 않았고, 오직 승려들만 한갓 오래된 절을 지키고 있을 따름이었다. 그러나 깊은 산골짜기의 우거진 숲 속이나 큰 늪 가운데는 호랑이와 표범의 소굴이기도 하며 못된 무리들이 서식하는 곳이기도 하여, 簿書가 이르지도 못하며 訴訟이 있지도 아니하고 兵食을 의뢰하지도 못한다. 그래서 比丘大衆으로 진정시켜 길이길이 큰 재난에서 보호받게 하니, 대체로 승려들이 참여하여 거기에 힘을 썼다. 이것이 『梵宇攷』를 짓게 된 까닭이기도 하며, 또한 鐘山書院에 불교 서적을 두어서 朱子를 위해 게시해 두고 보았던 남은 뜻을 모방한 점이 있는 것이다.[30]

---

28 『정조실록』 27권, 정조13년 6월 16일(경오)
29 필자의 견해로는 1799년 편찬된 『범우고』는 이 시기 진행된 읍지 편찬의 결과물로 해석된다.

정조는 『범우고』 제문題文에서 불교가 중국에서 전래되었지만, 조선은 유교를 숭상하여 도교는 자취를 감췄고, 불교는 승려들이 절만을 지키고 있을 정도로 이단이 쇠락했음을 전제하였다. 그러나 궁벽진 산골은 나라의 법령과 제도가 미치지 못할 뿐만 아니라 억울한 일을 당하여 소송할 수 있는 길도 없으며, 위태로운 상황에서 군대와 군량미조차도 의뢰하지 못할 지경이었다고 하였다. 다행히 승려들이 존립하여 최소한의 법령과 제도가 전해지고, 군대와 군량미를 마련하여 임진왜란과 병자호란과 같은 전란에 참여하여 나라를 재난에서 구해낸 것이라고 하였다. 정조가 왕조의 기틀을 마련하는데 참여한 무학대사나 휴정·유정과 같은 호국승려라든가 왕실불교와 관련된 사찰에 대해서 각별히 호의적인 태도를 보인 이유이기도 하다.

정조는 글의 첫 부분에서 "부서簿書는 옛날에도 있었지만 예악禮樂이 우선이고, 소송訴訟은 옛날에도 있었지만 교화敎化가 실제가 되고, 병식兵食은 옛날에도 있었지만 풍속風俗이 근본이 된다."고 하였다. 요컨대 불교가 비록 이단異端이지만, 국가운영의 기본이기도 한 예악과 교화, 풍속의 유지에 힘쓰는 바가 지대하다는 것을 강조하였다. 더욱이 이러한 이유가 『범우고』를 짓게 된 까닭이라고 하였으니 편찬 목적이 불교를 탄압하거나 잡역이나 잡공의 수취를 위한 것과는 거리가 먼 것임을 알 수 있다.

> 근래 승려들의 힘이 어느 곳에서나 다 凋殘하였기 때문에 쓸데없는 비용은 옛날에 비하여 거의 완전히 감면시킨 것과 같으나, 번전을

30 「題梵宇攷」, 『弘齋全書』 卷56, 雜著3.

마련하여 낼 길은 지금에 와서 더욱더 어렵고 힘들게 되었다. 혹은 절은 있어도 징수할 만한 승려가 없고, 혹은 승려는 있어도 독촉하여 내게 할 돈이 없으며, 심지어 마을의 평민들이 승려의 身役을 대신 부담하게 되었으니, 한두 해 만에 수습할 수가 없을 것이다. 이제 만일 立番을 면제시키는 것이 전에 없던 혜택이라고 말하면서 수습할 대책을 생각하지 않는다면, 이것이 어찌 때에 따라 변통하여 德意를 받드는 도리이겠는가. … 이것이 어찌 내가 백성들에게 조금이나마 혜택을 베풀려는 정치이겠는가. 대개 백성들의 고통을 불쌍히 여기시는 우리 선대왕의 聖德을 우러러 몸 받으려는 까닭이다.[31]

인용문은 정조 9년에 실시된 남북한산성 의승방번전 반감조치의 직접적인 배경이자 시행과정을 보여주는 글이다. 영조 32년(1756)에 실시된 의승방번전제는 변통 후 승려들에게 타역他役을 부담시키는 일을 엄금할 정도로 승역의 여러 가지 모순을 제거해 주는 것이 목적이었다. 그러나 승려들의 역役으로 인한 부담은 여전했고, 균역법均役法이 실시된 이후로는 양역良役의 폐단은 시정되었지만, 의승번전제의 폐단은 오히려 심화되었다.[32] 정조는 이 폐단에 대한 대책을 생각하지 않는다면 덕의를 받드는 도리가 아니며, 백성들에게 당연히 베풀어야 하는 것이라고 인식하고 있었다. 승려를 백성으로 인식하고 있는 것이다. 더욱이 그는 "불교가 비록

31 『정조실록』 19권, 정조 9년 2월 1일(신사)

32 정조 5년(1781) 경상도 관찰사 조시준의 상소문에 의하면 균역법이 시행되고 난 후 백성들 가운데 山門에 자취를 의탁하는 사람이 거의 없는 반면 義僧 한명의 番錢이 22냥이나 되어 승려들의 환속하기 때문에 100僧의 身役이 10僧에게 귀결되고, 10寺의 身役이 1寺로 집중되고 있다고 아뢰었다.(『정조실록』 12권, 정조 5년 12월 28일조)

이단이지만, 인국人國에 이익이 있으며, 인적이 드문 산중에 사찰과 승려가 없었다면 수어守禦의 공로를 누가 본받겠는가."[33]라고 하여 『범우고』 제문題文과 그 의미가 직접적으로 통하고 있다.

정조의 이러한 인식은 불교시책으로 나타났다. 즉위 12년에는 궁납宮納과 잡비雜費의 폐단에 시달리고 있었던 건봉사의 부담을 면제해주고 궁납의 폐단이 없어졌지만, 관납官納의 폐단이 생긴다면 순영巡營은 보고하라고 명하였다.[34] 아울러 즉위 15년에는 "남한산성南漢山城에 들어가 사는 승려 중 30년이 지난 자에게 가자加資하는 것을 규정"[35]으로 삼게 하였으며, 부여 등 4고을의 절에서 말린 감을 진상하는 것을 면제해 주었다.[36]

결국 정조의 『범우고』 편찬은 첫째, 왕조의 전시기 동안 진행되었던 지지地誌편찬의 차원에서 이루어졌다. 둘째, 이단으로 낙인찍혀 탄압받고 있었던 승려를 백성으로 인식하여 그들이 직면하고 있었던 혹독한 상황을 면밀히 파악하여 처우를 개선하기 위한 조처였다.

3 『범우고』에 나타난 불교계의 변화상

1) 조선전기와 후기의 사찰증감

『범우고』는 조선 전후기 전국 8도 330개 지역 사찰의 증감을 수록하고

33 『일득록』4 문학4(『홍재전서』제164권(서울:민족문화추진회, 2000), pp.198~199
34 『정조실록』 26권, 정조 12년 8월 1일(경인)
35 『정조실록』 32권, 정조 15년 4월 13일(정사)
36 『정조실록』 32권, 정조 15년 4월 30일(갑술)

있다. 더욱이 1530년 편찬된 『신증동국여지승람』에 실린 사찰도 수록하고 있어 조선 전후기 사찰의 증감을 토대로 불교계의 동향을 살필 수 있다. 우선 『범우고』에 실린 조선 전후기 각도 사찰의 증감여부를 살펴보고자 한다.

〈표 1〉『범우고』 소재 조선시대 사찰의 수적 증감

조선전기 사찰 수의 시기별 추이				조선후기 사찰 수의 추이		
시기 / 지역	1530년 당시 존립사찰	1799년 당시 폐망사찰	조선후기 존립사찰	창건 및 존립	폐망	존립
경기도	158	85	78	87	9	78
충청도	252	158	95	107	22	85
경상도	283	135	148	276	21	255
황해도	189	140	49	87	2	85
강원도	119	52	67	141	29	112
평안도	221	131	90	199	3	196
함경도	83	55	29	115	3	112
전라도	278	162	116	168	14	143
총계	1,583	918	672	1,180	103	1,066

우선 경기도는 한성부와 개성부를 제외한 36개 군현에서 조선전기(1530년)에는 158개 사암寺庵이 존립해 있었는데, 중간시기에 85사가 폐망하고 78사가 조선후기까지 존립해 있었다. 또한 조선후기 『범우고』가 편찬된 1799년 당시에는 새로 87사가 추가 조사되었는데 9사만이 폐망하

고 156사가 존립해 있었다. 이 수치는 조선전기 존립해 있다가 조선후기까지 존립한 사찰과 『범우고』 편찬 당시 새롭게 조사된 사찰을 망라한 것이다. 경기도 각 군현별 존폐사정을 살펴보면, 대부분의 지역에서 사찰이 부침浮沈의 연속을 보이지만, 안산安山・진위振威・양천陽川・포천抱川・적성積城은 폐망의 사례가 보이지 않는다. 또한 조선후기 사찰이 새롭게 추가된 군현은 21곳으로 과반수이상을 차지하고 있다. 반면 조선후기 사찰의 변동 사례가 없는 지역 역시 14곳이나 된다. 마전麻田은 왕조 전시기 동안 사찰이 건립된 사례가 없고, 강화는 조선전기(1530년) 11개 사찰만 보일 뿐 이후의 존폐여부는 보이지 않는다.

충청도는 전체 52곳의 군현에서 252사가 조선전기에 존립했지만, 중간시기에 158사가 폐망하고 95사가 조선후기까지 존립하였다. 반면 조선후기(1799년)에는 107사가 창건되었고, 이 가운데 22사가 폐망하고 85사가 존립하였다. 각 고을의 상황을 보면 8개 군현이 조선전기에는 사찰이 존립했지만, 후기에는 모두 폐망한 것으로 나타났다. 이 가운데 영춘永春은 존립자체가 없다. 또한 39군현은 조선후기동안 사찰이 창건되거나 건립된 사례가 보이지만, 13군현은 창건된 사례가 보이지 않는다. 아울러 12군현은 『범우고』 기록에서 사찰이 폐망한 사례가 보이지 않는다. 이것으로 보아 조선후기 충청도 사찰은 전기와는 달리 후기에 존립한 사찰이 폐망하지 않고 존립한 것으로 나타났다.

조선시대 경상도는 71개 군현으로 8도 가운데 가장 많은 군현을 구성하고 있었다. 조선전기 283사가 존립했지만, 중간에 135사가 폐망하고 148사가 존립한 것으로 나타났다. 그리고 조선후기 『범우고』 편찬 당시 276사가 새롭게 창건되었는데, 이 수치는 조선전기에 존립한 사찰 수에 육박한다. 더욱이 21사만이 폐망하고 255사가 존립하여 사찰 수 대비 가장 적은 수의 사찰이 폐망하였다. 각 고을의 상황을 보면 칠곡·풍기·고성·기장·웅천·자인·영양은 조선전기에는 사찰의 존립이 보이지 않지만, 후기에 새롭게 사찰이 창건되어 폐망한 사례가 보이지 않는 것이 특징이다. 특히 자인慈仁은 후기에 15사가 창건되어 중간에 폐망하지 않고 그대로 존립하였다. 안동의 사찰증감은 조선전기와 후기가 현저히 다르다. 전기는 7사가 존립했지만, 4사가 폐망하고 3사가 후기에 잔존하고 있었다. 그러나 후기에는 12사가 창건되어 1사만이 폐망하고 11사가 모두 존립했다.

황해도는 전체 23개 군현에서 조선후기까지 존립한 사찰은 8도에서 가장 적다. 조선전기에는 189사가 나타나지만, 140개 사가 폐망하고 후기에 49사가 존립하였다. 평산·강령·토산을 제외한 대부분의 지역에서 폐망 사찰이 나타났다. 그러나 조선후기에는 87사가 창건되어 안악과 백천에서 2사만 폐망하고 85사가 존립했다. 이것은 대체로 조선후기에 창건된 경기·충청·경상도의 사찰이 폐사된 사례가 거의 없는 것과 유사한 흔적을 보이고 있는 것이다.

강원도는 전체25개 군현을 구성하고 있었다. 조선전기에 119사가 존립했지만, 중간시기에 52사가 폐망하고 67사가 존립했다. 그러나 조선후기 141사가 창건되어 29사가 폐망하고 112개사 존립하였다. 각 지역의 상황을 보면 5개 지역이 조선전기에 건립된 사찰이 폐망하지 않고 그대로 존립했으며, 조선후기에는 13개 지역이 폐망의 사례가 보이지 않고 있다. 이 가운데 평강은 조선후기에 사찰이 창건된 예가 보이지 않는다.

평안도는 41개의 군현을 구성하고 있었는데, 조선전기에는 221개의 사찰이 나타났다. 중간시기에 131사가 폐망하고 90사만이 존립하였다. 그러나 조선후기에는 199사가 새로이 창건되었는데 3사만이 폐망하였고,

196사가 존립하였다. 지역의 상황을 살펴보면 초산은 조선전기에 사찰의 존립여부가 보이지 않고 강계·창성·삭주·철산·희천·벽동·증산은 전기의 존립사찰이 후기에는 모두 폐망했다. 조선후기의 199사 중에서 삼화·증산 두 지역에서 3사가 폐망했을 뿐이다. 위원渭原은 전기에 존립했던 1사만이 후기까지 존립했을 뿐 그 증감은 보이지 않는다.

함경도는 전체 23군현을 구성하고 있었는데, 전기에는 83사가 존립했고, 중간시기에 55사가 폐망하고 29사만이 존립했다. 그러나 후기에는 115사가 새로이 나타나 3사만이 폐망하고 『범우고』가 편찬된 당시에는 112사가 존립하였다. 회령·종성·경흥은 전기에 사찰이 존립한 흔적이 보이지 않고, 온성은 전후기 모두 사찰이 존립하지 않은 것으로 나타났다. 그러나 후기에는 경원과 무산만이 사찰 건립의 흔적이 보이지 않을 뿐 나머지 지역에서는 사찰이 존립했었고, 단천과 명천에서만 감소추세가 보일뿐 20개 군현에서는 폐망의 흔적이 보이지 않는다.

전라도는 57개 군현으로 8도 가운데 경상도에 이어 두 번째로 많은 군현을 구성하고 있다. 조선전기 존립사찰 역시 278사로 두 번째로 많다. 중간시기에 162사가 폐망하고 116사가 존립하였다. 『범우고』가 편찬될 당시 168사가 새롭게 보이지만 이 가운데 14개 사찰만이 폐망하고 143사가 존립하였다. 조선전기에는 사찰이 존립하지 않은 지역이 없지만, 대부분 감소했고, 조선후기에도 여산·김제·창평·보성·익산·영암·용담·만경·용안·고창·무안·제주·대정·정의·진원의 15개 지역에서는 사찰이 존립한 사례가 나타나지 않는다. 전기에 사찰이 폐망한 흔적이 없는 지역은 4곳에 불과하다. 반면 조선후기에는 8개 지역을 제외하고는 폐망사례가 보이지 않는다. 결국 조선전시기 동안 존립했던 8도의 사찰 수는 다음과 같다.

〈표 2〉『범우고』에 나타난 조선후기 존립사찰

지역	조선후기(1799)존립사찰
경기도	147
충청도	180
경상도	403
황해도	134
강원도	179
평안도	286
함경도	141
전라도	268
총계	1,747

이상 『신증동국여지승람』과 『범우고』를 통해 조선전기와 후기 8도 328군현의 사찰의 존립과 폐망을 통한 증감여부를 살펴보았다. 각 도의 시기별 증감이나 존립실태를 살펴보면 『범우고』에 실린 『신증동국여지승람』 상의 존립사찰은 1,583사가 되고 이 수치는 중간시기에 918사가 폐망하고, 후기까지 672사가 존립하였다. 그러나 조선후기 『범우고』에 상에 나타난 '속續'으로 표기된 전체 사찰 수는 1,180사이고, 이 가운데 103사만이 폐망하고 1,066사가 존립하였다. 이렇게 해서 조선전기와 후기까지 8도에 존립했던 사찰은 모두 1,747사이다.

8도에서 조선전후기에 걸쳐 존립 사찰수가 가장 많은 도는 경상도다. 전기 이후 가장 많은 사찰이 폐망되었지만, 후기까지 403사가 존립하였다. 전라도와 평안도가 다음을 차지하고 있다. 대체로 물산이 풍부한 삼남지방은 8도 가운데 존립사찰 수가 상위권을 차지하고 있었지만, 폐망한 사찰 수도 많았다. 특히 충청도는 조선전기 252사가 존립했지만, 158사가 폐망할 정도였고 조선후기 창건된 사찰 수 역시 경상도와 전라도에 비해 87사로 가장 적은 수를 차지하고 있다. 주목할 것은 『범우고』 편찬 당시 조사된 사찰 수의 폐망이 현저하게 적은 것은 아마도 전란 이후 불교계의 수탈과 착취가 정조대에 들어와서 의승방번전 반감이라든가 관청의 잡역과 잡공으로 인한 피해를 지속적으로 최소화시키거나 금지시킨 결과라고 생각한다. 다만 여기서 주의해야 할 것은 조선후기 『범우고』 편찬 당시 새롭게 밝힌 사찰 수는 이 당시 창건된 사찰도 있었겠지만, 이전 전국지리지가 지닌 한계 상 조사의 미비로 인한 누락된 수치를 새롭게 밝혀내어 수록할 수도 있다는 점이다. 이를 위해 『범우고』가 편찬되기 약 40여 년 전에 편찬된 『여지도서輿地圖書』의 내용을 살펴 볼 필요가 있다.

『여지도서』는 1757년(영조33)~1765년(영조41) 사이 각 읍에서 편찬한 읍지邑誌를 모아 성책成冊한 전국의 읍지다. 당시 8도의 295개 읍지와 17개의 영지營誌 및 1개의 진지鎭誌 등 총 313개의 지지地誌가 수록되어 있다.『여지도서』의 편찬은 1757년 홍양한洪良漢이 홍문관弘文館에 있을 때 영조께 주달奏達하여 팔도읍지八道邑誌를 수정하여 올린 것에서 비롯된다. 그 후 김응순金應淳이 다시 주달奏達하여 개수정改修正하였고, 다시 이은李溵이 팔도에 행관行關하여 이 사업을 계속할 때 그 밑에서 도록圖錄을 첨삭하던 서명응徐命膺이 이 책을 『여지도서』라 이름지었던 것이다.[37] 대부분 읍지의 호구

37 『승정원일기』1250책, 영조 41년 12월 초8일조.

戶口조의 기준연도가 1759년인 점으로 볼 때 1760년 이후에 수집된 읍지로 이루어졌음을 알 수 있다.[38]

『여지도서』는 편성된 지 270여 년이 지난 『신증동국여지승람』의 개수改修·속성續成의 목적을 지니고 있는데, 여기에도 사찰현황을 관찰할 수 있다.

〈표 3〉『여지도서』와 『범우고』에 나타난 조선후기 존립사찰

지 역	『여지도서』	『범우고』
경기도	139	147
충청도	186	180
경상도	331	403
황해도	129	134
강원도	158	179
평안도	234	286
함경도	143	141
전라도	217	268
총계	1,537	1,747

『여지도서』 역시 형식은 다르지만 '금폐今廢'나 '신증新增'·'금칙허공今則虛空' 등의 표기로 사찰의 상태를 알 수 있는데, 이병희의 검토에 의하면 금폐사찰을 제외하고 전체 1,537개의 사찰이 존립했다.[39] 그런데 두 책이

38 최영희, 「여지도서해설」, 『여지도서』(서울:국사편찬위원회, 1979), p.7(이병희, 「조선시기 사찰의 수적 추이」, 『역사교육』61(서울:역사교육연구회, 1997), p.39에서 재인용)

약 40년의 차이에도 불구하고 약 210개 사찰의 차이가 난다. 이와 같은 차이의 원인은 일차적으로 『여지도서』가 지니고 있다. 당시 행정구획을 고려할 때 빠진 곳이 『여지도서』가 39개 지역인데 비해 『범우고』는 경기도의 한성부漢城府와 개성부開城府, 경상도의 산음山陰·안음安陰의 4개 지역에 불과하다. 『여지도서』에서 누락된 지역의 사찰 수를 『범우고』를 통해 보충하면 다음과 같다.

〈표 4〉 『여지도서』에 누락된 지역의 사찰 수

지역	누락지역과 사찰 수
경기도	坡州(1) 水原(7) 安城(1) 高陽(5) 金浦(3) 陽川(1) 積城(1)
충청도	溫陽(4) 定山(2) 淸安(1)
경상도	河東(6) 蔚山(4) 永川(8) 興海(2) 梁山(4) 宜寧(3) 三嘉(3) 丹城(2) 泗川
전라도	全州(13) 南原(6) 礪山(2) 潭陽(6) 錦山(3) 珍山(2) 金堤(0) 益山(3) 古阜(6) 臨陂(5) 萬頃(1) 金溝(2) 井邑(8) 濟州(0) 大靜(0) 旌義(0)

<표 4>에 의하면 경기도가 19사寺, 충청도가 7사寺, 경상도가 33사寺, 전라도가 57사로 전체 116사寺가 『여지도서』에 빠져있는 것을 확인할 수 있다. 이 수치는 4개 지역이 1개의 사찰도 존립하지 않았음에도 불구하고 그 차이가 크다고 하겠다. 결국 『범우고』가 전국지리지 차원의 한계가 있음에도 불구하고 그 정확성에서 완성도가 있음을 알 수 있다.

39 이병희, 앞의 논문, p.43. <표 6> 참조.

2) 불교계의 변화상

『범우고』는 조선시대 사찰의 수적 현황뿐만 아니라 조선후기 불교계의 동향까지도 대체로 파악할 수 있다. 특히 임진왜란 이후 불교계에 나타난 산성수호라든가 산성방비에 동원된 의승제도와 그 변천, 관청의 각종 잡역을 피하기 위한 속사屬寺기능 등 다양한 모습들을 수록하고 있다. 임란직후부터 시행된 산성수축修築과 방비를 위해 인근 사찰이나 산성 내에 새로운 사찰이 창건되었다.[40]

> 天柱寺 : (남한)산성 내에 있는 사찰로 병자호란 후에 창건하여 각각 僧將을 두고 6도의 승려들이 차례로 성을 지켜오다가 폐단이 있어 番納錢을 거두어들이는 것까지 폐지하고 지금은 승려들이 대신 지키고 있다.[41]

인용문의 천주사는 산성수호사찰로 조선후기 산성수축과 방비에 따른 추이를 한 눈에 살필 수 있다. 예컨대 남한산성은 1624년(인조 4) 7월에 공사를 시작하여 그 해 11월에 공사가 끝났는데, 총융사摠戎使 이서李曙의 건의에 따라 "외방 사찰에 있는 승도僧徒의 다소多少를 조사하여 남한・북한산성에 각각 의승義僧 350명씩을 정하고 그 액수를 정하여 차례로 번番을 서게 한 것이다."[42] 그러나 8도 의승義僧의 상번上番은 인적, 물적 부담

---

40 선조 29년 비변사는 中興洞에 옛날 산성이 있음을 지적하고 별도로 군영을 설치하거나 혹은 사찰을 짓고 자원하는 승려들을 모집해서 수축과 방비를 하자고 건의하기도 하였다.(『선조실록』제71권 선조29년 1월 28일조)

41 『梵宇攷』 京畿道 廣州 天柱寺條

으로 불교계가 피폐를 거듭하게 되었다. 급기야 1756년(영조 32)에는 승려의 부담을 덜어주기 위해 전국의 입번승立番僧으로부터 번전番錢을 징수하여 원거승原居僧을 포함한 고승입역자雇僧立役者에게 급대給代하는 의승번전제義僧番錢制가 시행되었다. 그러나 번전제의 시행은 승려의 부담을 경감보다는 더욱 가중시킬 뿐이었다. 1781년(정조 5) 경상도 관찰사 조시준조차도 번전제의 고통은 평민보다 극심하다[43]고 했을 정도다. 결국 1785년(정조 9) 정조의 하교를 계기로 번전이 반감되었다. 결국 천주사와 같은 남한산성내의 사찰은 번전제의 폐지 이후 원거승이 직접 수호하게된 것이다.

> 定惠寺 : 紫玉山에 있다. 文元公 李彦迪이 『同遊錄』을 썼던 곳이다.
> 玉山書院 창건 후에는 그 守護寺가 되었다.[44]

인용문은 경주 정혜사가 옥산서원이 창건되면서 그 수호사守護寺가 되었다는 기록이다. 이른바 옥산서원이 필요로 하는 각종 수요물자需要物資를 바치고 혹독한 잡역雜役에서 제외되는 속사屬寺의 형태로 존립한 것이다. 정혜사의 승려는 서원에서 필요한 침장沈醬·조국造麴 및 포도葡萄·송화松花·장지壯紙와 신발 등을 상납하였고[45] 이언적의 수서手書와 문집文集 등을 수호하기도 하였다. 이에 대해 서원은 정혜사가 상납한 물자의 시장가격에 해당하는 대가를 지급하기도 했고, 승역僧役이 면제되기도 하였

42 『肅宗實錄』 권55, 숙종40년 9월 25일조 : 『備邊司謄錄』 제67책, 숙종40년 9월 27일조.
43 『正祖實錄』 제12권, 정조 5년 12월 28일조.
44 『梵宇攷』 慶尙道 慶州 定惠寺條.
45 『謄錄』, 玉山書院

다. 그러나 이와 같은 정규定規는 제대로 지켜지지 않아 임사任司의 뜻에 따라 남징濫徵하고, 무상 혹은 헐값으로 구입하는 경우가 허다하였다. 1675년에는 28명의 정혜사 승려들이 가산산성架山山城의 역役에 동원되기도 하였다.[46]

한편 『범우고』는 임진왜란 당시 사찰과 승려의 국가사회적 기여를 수록하기도 하였다. 예컨대 경상도 밀양 표충사表忠祠는 "승려 휴정과 유정, 영규 모두가 충훈忠勳이 있어서 사당을 짓고 제사를 지냈다"[47]고 하였으며, 충청도 공주 갑사岬寺는 임란당시 영규가 승병을 조직하여 조헌과 청주성을 수복했으며, 함께 금산전투에 참가하여 싸우다 전사한 활약상을 비교적 상세하게 기록하고 있다.[48] 특히 석왕사에 대해서는 매우 상세하게 기술하였다. 태조가 절을 창건한 내역이라든가 선조·숙종·영조 등 역대 어제어필御製御筆 등이 소장되어있음을 상세하게 소개하기도 하였다.[49] 이른바 석왕사가 조선건국과 왕업의 유지와 긴밀한 상관성을 강조하고 있는 것이다.

> 佛教가 三教 중에서 제일 뒤에 나왔지만 영험은 최고라는 것을 儒者들은 믿지 않으려고 해도 이따금씩 믿지 않을 수가 없는 것이다. 왜 이렇게 말할 수 있느냐 하면, 대체로 사람에게는 誓願이 있으니 그것은 至誠이고, 부처는 慈悲가 있으니 그것은 無爲이다. 따라서 이

46 옥산서원의 『呈書謄錄』에 의하면 이밖에도 정혜사 승려의 승역면제, 現物官給免除, 또는 서원소속 船隻·魚鹽稅의 면제, 格軍, 鹽干 등의 免役을 호소하고 있는 기록을 볼 수 있다.
47 『梵宇攷』 慶尚道 密陽 表忠祠條.
48 『梵宇攷』 忠淸道, 公州 岬寺條
49 『梵宇攷』 平安道, 安邊 釋王寺條

지성으로 무위를 감동시켜 한 찰나도 잊지 않고 海潮音을 생각하고 또 생각하게 되면 慧舟가 恒河에 뜨고, 寶燈이 祇園에 빛을 발하여 法輪이 굴러가고, 蓮雨가 내리는 곳에 無量의 呪力이 그를 따르는 자 모두에게 호응을 준다. 그리하여 壽를 구하는 자는 수를 얻고, 자식을 구하는 자는 자식을 얻고, 三昧를 바라는 자는 삼매를 얻고, 摩尼 바라는 자는 마니를 얻게 되는 것이다. 그것은 이치가 원래 그런 것이다.

하물며, 國家는 神과 사람을 맡고 있는 기관으로서 임금의 언동이 바로 令이 되어 앞뒤에서 모두 따르고, 佛塔에 한 번 시주하면 세상이 태평 시대가 되어 報佑의 빠르기가 어느 농부나 길쌈하는 아낙이 사적으로 자기 개인의 이익을 추구하기 위해 옷을 걷고 향을 피우는 정도와는 비교가 안 되는 것임에랴. 아, 그게 바로 성인의 교훈인 至誠如神이라고 한 그것일 것이다.[50]

인용문은 정조가 찬한 석왕사 비문의 일부분이다. 유자儒者가 불교를 비판하지만 믿을 수밖에 없는 이유는 서원을 성취하기 때문이라고 전제하였다. 특히 국가차원의 봉불奉佛은 국태민안과 직결되어 있는 것으로 인식하였다. 때문에 정조는 "이 절로 말하면, 절이 있게 된 동기를 말한다면 흥왕興王 때문이었고, 다음의 이 절의 공덕이라면 왕자 탄생인 것이다."라고 하였다. 이 비문의 전체적인 내용이 『범우고』의 내용과 매우 유사한 것으로 보아 정조의 석왕사에 대한 인식이 적극적으로 반영된

50 『弘齋全書』 제15권, 碑, 「安邊雪峯山釋王寺碑幷偈」

듯하다.

이상 『범우고』의 내용은 임진왜란 이후 사찰이 지닌 국가 사회적 가치와 기여를 중심으로 기술되었는데 이러한 편찬경향은 정조의 당시 불교계 인식과도 일맥상통한 것이었다.

 4 『범우고』의 불교사적 가치

정조의 명으로 편찬된 『범우고』의 불교사적 가치는 다음과 같다. 첫째, 『범우고』는 조선후기 전국적으로 조사된 사찰현황 가운데 수적으로 가장 광범위하게 정리되었으며, 조선전기부터 후기에 이르기까지 사찰의 수적 추이를 살필 수 있는 귀중한 자료다. 조선전기 『신증동국여지승람』이 편찬된 이후 『범우고』는 그 범례에 따라 편찬되었지만, 사찰만을 수록한 것이나, 약 40여 년 전에 편찬된 『여지도서』에서 누락된 39곳, 210여 개의 사찰을 보충하여 8도 328군현, 1,747사를 수록하였다. 이 수치는 일반적으로 불교탄압의 상징으로 여겨지기도 하지만, 조선후기 사찰의 감소가 급속하게 진행되고 있었다는 이왕의 연구 성과를 재검토할 수 있는 실마리를 제공해주고 있다. 특히 전기에 비해 후기 사찰의 존폐와 증감은 불교에 대한 사회적 인식의 긍정적 변화를 대변해주는 것이기도 하다. 그것은 전기에 존속된 사찰이 후기에 이르러 918사가 폐망한 것에 비해 후기에 창건되거나 새로 조사된 사찰 가운데 폐망한 사찰이 103사인 점에서도 알 수 있다. 결국 『범우고』에 나타난 이 수적 추이를 통해 조선왕조의 불교정책이나 불교계의 동향을 이해할 수 있을 것이다.

둘째, 『범우고』는 정조의 불교인식과 그 정책을 살필 수 있는 자료다.

정조는 『범우고』의 제문題文에서 『범우고』를 짓는 까닭은 비구대중들이 깊은 산골짜기의 우거진 숲속이나 큰 늪을 진정시켜 예악·교화·풍속이 존속되도록 힘썼기 때문이라고 하였다. 대체로 조선후기 사찰에 관한 부연설명에서는 임진왜란과 같은 국난國難에 승려의 국가 사회적 기여나 왕조의 번영과 왕실의 안녕을 기원하는 과정에서 불교의 가치를 인식한 것이다. 비록 집권초기에는 원당철폐나 승니의 도성출입금지와 같은 배불정책의 태도를 보인 것은 사실이지만, 의승번전제를 반감시킨 정책이나 승려의 잡역을 금지시킨 일, 그리고 호국護國에 기여한 사찰에 사액을 내린 일 등은 그의 호불정책이 맹목적인 것이 아닌 왕조의 유지와 번영에 불교계가 기여한 점을 기반으로 이루어진 것임을 알 수 있다. 결국 『범우고』의 편찬은 승려도 조선의 신민이고, 왕조에 대한 수어守禦의 공로를 인정하여 사찰과 승려를 보호하려는 의도에서 이루어졌음을 짐작할 수 있다.

셋째, 『범우고』는 광범위한 자료수집과 정리를 통해 사찰의 연혁을 파악할 수 있는 사적기事蹟記의 가치뿐만 아니라 불교문화를 이해할 수 있는 귀중한 자료다.

『범우고』 수록 전거자료

京畿道	李穀撰祠堂記(淸溪寺), 懶翁緣起說話(報恩寺), 權近撰普愚舍利塔(小雪菴), 天禧5年銘石塔誌(元堂寺), 高麗僧大鏡塔碑(菩提寺), 尹慈撰記(獅子菴)
慶尙道	高麗 金晅撰 弘眞의 碑(桐華寺), 李瀣撰 記(淸凉寺), 李滉의 詩(鳳停寺), 事蹟碑, 吉再의 詩(桃李寺), 金昌翕의 詩(雙溪寺), 眞鑑國師碑(雙磎寺), 南孝溫의 南遊記(七佛巖), 四溟大師石藏碑記, 權近의 詩(海印寺), 金馹孫撰釣賢堂記(內院寺), 고려 이지명撰 重修碑(龍門寺) 李穡 撰 舍利記(通度寺), 事蹟碑(直指寺), 고려 太祖의 眞影(龍泉寺), 사명 유정의 金堂記(寶鏡寺), 李滉의 詩(月瀾菴)
黃海道	사명의 影堂(鵠棲寺), 李栗谷의 詩(金沙寺), 寺記(燃燈寺), 李軨의 詩(日出菴), 鄭之益

	碑記(江西寺)
江原道	金守溫記, 文成公 李珥의 詩(上元寺), 世祖御筆帖, 鄭樞의 시(月精寺), 李穀의 東遊記(文殊寺), 金時習의 시(普德窟), 淸虛大師嫡派四世各有碑, 李廷龜祖孫四世所撰(白華庵), 肅宗御製詩(洛山寺), 金昌協 東遊記(文殊寺), 大鐘記(楡岾寺)
平安道	이여송이 청허대사에게 보낸 편지글과 書帖, 金良鏡의 詩(普賢寺), 이색의 기(潤筆菴) 이색 찬 石鐘記, 청허 휴정의 시(安心寺), 列聖御製冊子 印本, 선조조의 왕자 義昌君 珖이 쓴 책, 板刻文 俗傳, 太祖御筆, 肅宗朝有御製御筆小識, 英宗朝又有御製御筆小識(釋王寺)
全羅道	寺記(雙溪寺), 權克和의 記, 김극기의 詩(主峯寺), 정철의 시(雲泉窟), 李景奭 所撰碑, 金壽恒의 詩(道岬寺), 張維所撰 淸虛大師碑(古眞佛)

표는 『범우고』에 수록된 해당 사찰관련 글이다. 사찰의 수적 통계뿐만 아니라 관련 자류를 수집하여 사찰의 연혁과 인물을 비롯한 전반적인 사항을 대체적으로 정리하였다. 기초자료의 유형은 유학자의 시를 비롯한 영찬문詠讚文, 사찰의 사적과 인물의 비문, 사적기事蹟記 등을 소개하였고, '세전世傳' 혹은 '속전俗傳'이라 하여 사찰과 관련한 전설과 설화도 수록하였다.

이와 같은 자료는 이 시기 불교사정을 알 수 있는 관련 자료가 많지 않은 상황에서 매우 중요한 가치를 지니고 있다. 이러한 이유로 『범우고』는 사찰에 관한 종합자료집이라는 평가를 받고 있는 것이다.[51]

51 김상현, 「사찰소재문헌자료의 보존과 활용」, 『불교기록문화유산의 보존과 활용』 불교기록문화유산 아카이브구축사업 학술대회자료집(서울:동국대학교 불교학술원, 2012년), p.10

5 맺음말

『범우고』는 조선후기 8도 328군현에 소재한 사찰의 존폐여부를 수록한 관찬 기록이다. 『범우고』는 그동안 단편적인 사찰통계기록으로만 인식되었을 뿐 주목받지 못했다. 그러나 편찬을 명했던 정조의 불교정책과 인식을 살필 수 있고, 조선시대 전후기 사찰의 수적 추이를 살펴 그 원인과 불교탄압의 정도를 가늠해 볼 수 있는 중요한 가치를 지니고 있다.

『범우고』는 정조가 각 도의 읍지를 모아 『신증동국여지승람』의 속성續成작업을 진행하는 과정에서 편찬되었다. 왕이 직접 쓴 제문題文에 의하면 불교가 비록 이단이지만, 예악과 교화, 그리고 풍속을 유지하는데 일정한 역할을 하고 있음을 지적하였다. 불교가 조선왕조의 건국과 함께 국난이라는 위기상황에서 기여한 바를 개관적으로 인식한 것이다. 종래의 연구성과에서는 정조가 의승방번전를 반감시키고, 승려가 부담해야했던 각종 잡역을 감소하거나 폐지시킨 일, 혹은 밀양 표충사와 해남 대흥사, 그리고 석왕사에 사액을 내린 일에 대해 맹목적인 호불정책이나 정치적 목적하에 진행한 것으로 해석했다. 그러나 『범우고』의 제문이나 실록의 관련 기사를 분석한 바로는 승려 역시 조선의 신민이었고, 그 역할을 충실히 담당하고 있는 점을 간과하지 않았다는 점이다. 때문에 이러한 불교계에 대한 일련의 조치는 논공행상의 차원으로 해석할 수 있다.

『범우고』가 지닌 불교사적 가치는 일차적으로 40여 전에 편찬된 『여지도서』에서 누락된 39개 지역 149개 사찰을 수록한 점이다. 불교신앙이나 탄압의 정도에 따라 차이는 있겠지만, 전체적인 사찰 수의 통계는 종래의 연구 성과와는 달리 증가추세를 보이고 있다. 불교탄압이 사찰 수의 증감을 기준으로 판단할 수 없는 이유이기도 하다. 증가의 원인은 임진왜란 이후 불교계에 대한 긍정적 인식이나 사원경제의 자구책 마련, 그리고 산성수호를 비롯한 각종 잡역에 대한 점진적 완화 등을 꼽을 수 있다. 더욱이 불교자체가 지닌 종교적 특성과 저력은 정조조차도 인정하고 있었다. 또한 『범우고』는 사찰에 대한 관련 자료를 풍부하게 수록하고 있어 사찰의 연혁뿐만 아니라 불교문화에 대한 여러 사정을 살필 수 있다는 점에서 그 가치를 인정받을 수 있다. 조선시대 불교사가 관찬사서 및 자료만을 가지고 온전하게 이해할 수 없다는 것은 널리 알려진 사실이다. 『범우고』는 유학자의 시뿐만 아니라 사적기와 비문 등을 상세히 수록하고 있어 이 방면의 연구에 기본정보를 제공하고 일부분의 사료가 지닌 한계를 보완하는 역할을 하고 있다.

결국 『범우고』는 조선의 불교가 모든 면에서 탄압일변도로 진행되었다는 기존의 부정적 인식과 평가를 재검토하는 예외성을 지니고 있었던 것이다.

이이의 불교인식에 대한 연구성과와 과제

1 머리말

율곡栗谷 이이李珥(1536~1584)가 한국유학사에서 차지하는 위치는 절대적이다. 이황李滉(1501~1570)이 주자성리학을 완벽하게 이해한 수준이라면 이이는 한 단계 깊은 이론화 작업을 하여 조선성리학화하는 작업에 기여했기 때문이다. 때문에 그를 조선성리학의 집대성자로 평가하고 있다. 그의 학문과 사상은 김장생金長生(1548~1631)·송시열宋時烈(1607~1689) 등에게 학통이 이어져 조선후기 사회를 이끌어 간 학문적 기틀을 구축하기도 하였다.[1]

1 金益洙, 『栗谷先生의 教育哲學』, 수덕문화사, 1997.
정옥자, 「율곡 이이의 시대와 생애, 그리고 실천」, 『조선후기 역사의 이해』, 일지사, 1993, 63쪽.

이이가 한 시대의 학문을 집대성하여 일가를 이룸으로써 대성한 배경에는 불교의 기여도 빼놓을 수 없다. 특히 선학禪學은 그의 인생과 함께 학문적 시야를 넓히고 독자적 이론을 수립하는데 기여했다. 이 때문에 그의 불교인식에 관한 연구 성과는 적지 않다. 한국 유학과 사상사에서는 그의 불교와의 교유를 단편적으로 언급하는 경우가 있었다.[2] 불교관을 유형별로 살펴보면 전체적인 불교인식에 관한 연구 성과가 주류를 이루었고,[3] 척불론[4] 그리고 그의 독자적 이론인 이통기국설理通氣局說과 화엄사상華嚴思想과의 관계를 중심으로 한 유불사상의 비교와 차이를 중점적으로 다루었던 시도가 있었다.[5] 아울러 이이의 문집에 수록된 시를 기초로 그의 선禪 체험과 시문학詩文學의 성격에 대한 검토도 이루어졌다.[6]

---

2 李丙燾, 『栗谷의 生涯와 思想』, 瑞文堂, 1973, 27~30쪽.
김영선, 『의상과 율곡의 종교적 사유구조에 관한 연구』, 연세대교육대학원 석사학위논문, 1985.

3 崔承洵, 「栗谷의 佛敎觀에 대한 硏究」, 『江原大學論文集』 제11집, 강원대학, 1977.
徐首生, 「退栗의 佛敎觀」, 『한국의 철학』 제15호, 경북대학교 퇴계연구소, 1987.
李聖田, 「栗谷의 佛敎觀」, 釋山韓鍾萬博士華甲紀念 『韓國思想史』, 釋山韓鍾萬博士華甲紀念論文集刊 行委員會, 1991.
이희재, 「율곡의 불교관」, 『율곡사상연구』, 제11집, 율곡학회.

4 宋昌漢, 「李栗谷의 斥佛論에 대하여-佛者夷狄之一法을 中心으로」, 『慶北史學』 제5집, 경북대학교 인문대학사학과, 1982.
오지섭, 「16세기 조선성리학파의 불교인식」, 『종교연구』 36호, 한국종교학회, 2004.
오지섭, 「퇴계와 율곡의 불교인식」, 『선과문화』 2, 한국선문화학회, 2005.

5 배종호, 「栗谷의 理通氣局說-華嚴思想의 理事와 比較」, 『東方學志』 27집, 연세대국학연구원, 1981.
송석구, 「불교와 이율곡의 철학」, 『한국의 유불사상』, 思社硏, 1985.
宋昌漢, 「李栗谷의 禪觀에 대하여-風嶽贈小菴老僧幷書를 中心으로」, 『慶北史學』 제3집, 경북대학 교 문리과대학 사학과, 1981.
한형조, 「1554년 금강산, 청년율곡과 어느 노승과의 대화」, 『불교평론』Vol 17, no3(24), 현대불교신 문사, 2005.

6 정항교, 「율곡의 한시에 나타난 유불관」, 『율곡학보』 4, 율곡학회, 1997.
김상일, 「율곡 이이의 선체험과 그 시세계」, 『한국문학연구』 24집, 동국대한국문학연구소, 2001.

이이의 불교인식에 관한 연구는 조선시대 유학자들의 불교인식과 다른 의미와 가치를 지니고 있다. 우선 이이가 살았던 16세기는 성리학 수용이후 이해의 단계와는 달리 조선성리학이 독자성을 지니기 시작했고, 이이는 조선성리학의 집대성과 조선후기 성리학의 학문적 기틀을 제공한 인물로 각인되어 있다. 아울러 이 시기는 조선건국 이후 성리학이 보급되고 그 가치체계가 저변으로 확대되어가는 반면 불교의 교세나 그 종교적 가치가 크게 위축되어가는 상황이었다. 이와 같은 시대와 사상의 경향 속에서 조선 성리학의 대표적 인물이 불교가 명맥만을 유지하고, 조정과 유학자들에게 더 이상 배척과 탄압의 명분마저도 주지 못할 즈음 불교와의 인연을 맺고 성리학 사상체계에 불교적 색채가 짙게 드리워져 있었다는 것은 분명 주목할 만한 부분이다.

필자는 율곡의 불교인식에 관한 이와 같은 가치를 염두해 두고 선학先學들의 연구 성과를 검토하고자 한다. 우선 연구자들은 이이의 친불親佛과 척불斥佛을 중심으로 한 불교인식을 어떻게 이해했는지를 살펴 볼 것이고, 그의 성리학 이론과 그에게 영향을 미친 불교와의 관계를 어떻게 규정했는지도 검토하고자 한다. 마지막으로 이이의 문집인 『율곡전서栗谷全書』와 『조선왕조실록朝鮮王朝實錄』에 수록된 불교관계기사를 소개하여 이 방면의 연구를 심화시키는데 보탬을 주고자 한다. 그리고 이이의 불교인식은 16세기부터 시작된 당쟁사라든가 사상사적 측면에서도 일정한 관련성을 유지하고 있다. 때문에 연구 과제의 검토 역시 중요한 문제다. 본 논문을 통해 호불好佛과 척불斥佛이라는 단순대립의 시각을 지양하고 조선시대 유불사상에 대한 객관적이고 심도 있는 연구의 기초가 마련되기 바란다.

2 불교인식佛敎認識

이이의 불교인식에 대한 연구자들의 관심사는 이이의 출가와 그 배경을 규명하는 일부터 시도되었다. 출가의 동기에 대해서는 대체로 불우했던 개인적 차원과 불교에 대한 심취, 그리고 기氣를 함양하기 위한 입산 등으로 해석하였다. 정옥자는 "16세에 사임당이 서거하자 그 슬픔이 극에 달해 3년 상을 치른 뒤 19세에 인생무상의 허탈감 속에 금강산에 입산하여 불교체험에 들어갔다."고[7] 하여 입산동기를 어머니의 죽음으로 해석하였다. 이병도는 이이의 입산동기를 다면적으로 해석하였다.

> ① 朴世采의 『南溪集』 雜著中 「記栗谷先生入山時事」를 보면 거기에 『鄭畸菴日錄』·『曺冕周記聞』 등의 중요 자료를 인용하여 그때(입산)의 사정을 적은 것이 있다. 즉 이에 의하면 율곡은 多感한 이로 일찍이 慈母의 상을 당하여 애통을 이기지 못하고 있던 차에 성질이 좋지 못한 庶母가 있어 때때로 가정의 풍파를 일으키었다. 율곡은 여러 차례 그를 간하여 보았으나 듣지 아니하므로 가정의 낙을 잃고 마침내 부친에게 고하고 강릉 외조모에게 갔다가 이내 그길로 입산하였다는 것이다.
>
> ② 율곡이 후일 왕(선조 원년)에게 올리는 상소가운데는 다음과 같은 요지의 술회가 있다. "신은 본시 한양의 한 布衣(선비)로 일찍이

7 정옥자, 「율곡 이이의 시대와 생애, 그리고 실천」, 『조선후기 역사의 이해』, 일지사, 1993, 64쪽.

도학에 뜻을 두다가 불행히 일찍 자모를 잃고 슬픔을 억제키 위해 불교의 서적을 탐독한 나머지 거기에 마음을 뺏기어 深山에 들어가 禪門에 종사 … 그런지 1년에 하늘의 도움으로 그 망령된 설임을 깨닫고 … 그만 집으로 돌아 왔는데…예로부터 불교의 해독을 받은 자로 신과 같이 심한 자는 없을 것이라"

③ 후일 숙종 때 송시열의 상소 중에도 "문성공 이이는 … 10세에 이미 經書를 통독하고 성인의 도가 단지 이뿐이냐 하고 佛老 諸書를 泛覽하였는데 그중에도 楞嚴 一書를 가장 좋아하였으며 … 입산하여서는 또 儒道로서 禪에 합하였습니다"라고 하였다. 특히 佛經名까지를 들어 말한 것을 보면 어떤 근거 있는 전설에 의한 것이라고 보아야 하겠고, 따라서 율곡은 自家 전래의 佛書를 모친 생존 시에 이미 보았던 것 같다. 아마 모상 중의 탐독은 재음미의 것으로 해석하는 것이 좋을 듯하다. 후일에 율곡을 비방하는 파에서는 그가 입산하여 머리를 깎고 중이 되었던 것과 같이 말하는 사람도 있지만 삭발여부는 자세치 않다. 삭발을 했건 아니했건 율곡 자신이 선문에 종사하여 자기와 같이 거기에 침혹했던 사람도 없을 것이라고 하였으므로 일시 禪의 체험공부에 열중하였던 것은 사실이다. 율곡의 이러한 연구가 후일 그의 철학을 대성하는데 한 도움이 되고 또한 異彩를 발하게 되었던 것이다.[8]

8 이병도, 『栗谷의 生涯와 思想』, 瑞文堂, 1973, 27~29쪽.

이병도는 이이의 입산이 자모慈母의 죽음과 서모庶母의 좋지 못한 성질에 기인한 것만은 아닌 것으로 인식하였다. 어려서부터 이미 불교경전을 탐독하였고 어머니의 죽음을 계기로 입산과 함께 선문禪門에 들어가 수행을 했으며 이것은 자신의 사상을 확립하는데 기여한 것으로 해석하였다. 여하튼 이병도는 "출가동기가 가정불화로 인한 소풍消風에 있었다 하더라도 그런 것만이 전부가 아니었을 것이다. 속히 말하면 불교에 대한 재음미도 거기에 겹치었던 것이라고 보아야 할 것이다."라고 하였다. 이병도의 해석 이후 송석구 역시 이이의 입산은 "일시적 의도가 아니라 명백한 철학적 동기"에서 비롯된 것으로 보았다. 즉 "그 자신의 철학적 문제인 기氣를 기르고 마음에 의하여 신身의 주재主宰를 자유자재하기 위한 근본적인 동기가 있었음을 확인할 수 있다."라고[9] 하였다. 이와 같은 입장은 최승순이나[10] 이희재도 같아 최승순은 "결과적으로 율곡이 입산한 것은 선문禪門에 귀의하여 선학禪學을 닦으려는 궁극의 목적이 있었던 것으로 보인다."고 하였으며, 이희재는 "그의 선은 돈오돈수頓悟頓修의 선으로 전형적인 조사선"이라고 하여[11] "유도儒道로서 선禪에 합하였다."는 송시열의 평가와는 달리 선수행과 깨달음을 궁극의 목적으로 두고 있었다는 것이다. 그러나 오지섭의 해석은 정반대의 입장을 취하고 있다. 그는 이이가 입산하면서 친구들에게 남긴 편지글에 '기를 기른다.' '칠정七情의 통솔''성현이 되다.' 등의 사용하고 있는 개념에 주목하여 "율곡이 입산수도라고 하는 불교적인 방식을 취하고는 있지만, 사실 그 내면적으로 지

9 송석구, 「불교와 이율곡의 철학」, 『한국의 유불사상』, 思社研, 1985, 391쪽.
10 崔承洵, 「栗谷의 佛教觀에 대한 硏究」, 『江原大學論文集』 제11집, 강원대학, 1977, 10쪽
11 이희재, 「율곡의 불교관」, 『율곡사상연구』, 제11집, 율곡학회, 163~164쪽.

향하고 있는 것은 유교적인 이상의 실현이라고 할 수 있다."고[12] 하였다. 아울러 기존의 연구에서는 율곡의 입산수도가 나름대로의 불교적인 추구가 반영된 것이라는 점을 강조했는데 이것은 그 타당성이 부족하다고 해석하였다. 그러나 오지섭의 해석은 단편적인 한계를 지니고 있다.

이이의 출가 동기는 그의 불교인식의 출발이자 불교가 그의 사상과 깊은 연관성을 지니고 있기 때문에 연구자들이 주목한 부분이다. 이이 자신이 "유도儒道로서 선禪에 합하였다."고 하였지만, 이병도의 다면적 해석이 시도되었고 불우한 개인적 상황과 유년시절이나 모상母喪 중의 불서佛書 탐독 등은 "불교의 해독을 받은 자로 신과 같이 심한 자는 없을 것"이라는 이이의 술회처럼 유교적인 이상실현만을 염두해 둔 것은 아니라고 생각된다. 더욱이 자신의 자유로운 심경을 읊은 시에서는 "선방禪房의 포단자리에 앉으니 상쾌한 기분 꿈마저 맑다."[13] 혹은 춘천의 수령으로 떠나는 심충겸沈忠謙을 송별하면서 풍진風塵에 얽매여 가지 못함을 아쉬워하며 "언제나 선가禪家의 사립문에 들어가 함께 포단蒲團을 대해 좋아 볼고"라고[14] 읊었다. 결국 이이의 입산은 개인적 측면과 함께 유도의 완성이나 선가의 깨달음이라는 복합적인 배경이 자리 잡고 있었다.

한편 이이의 척불론斥佛論은 연구자들 사이에서 엇갈린 반응을 보이고 있다. 우선 척불의 시대적 환경과 성리학의 집대성자라는 인식하에 이이 자신의 불교에 대한 비판적 태도가 그를 척불론자로 인식하게 하였다. 대체로 연구자들은 이이의 좌선관坐禪觀·인과윤회설因果輪回說·심성론心性

12 오지섭, 「16세기 조선성리학파의 불교인식」, 『종교연구』 36호, 한국종교학회, 2004, 56쪽.
13 이 이, 「遊南臺西臺中臺宿于上院」, 『栗谷全書』 卷1 詩 上(국역 1, 125쪽)
14 이 이, 「送沈公直忠謙作宰春川」, 『栗谷全書』 卷2 詩 下(국역 1, 196쪽)

說·돈오설頓悟說에 대한 비판적 검토를 소개하였다. 오지섭은 이이가 "유교와 불교의 동이同異에 대해 이이가 양교兩敎가 일치하는 점은 유교 안에 있으니 유교에서 취하면 되고, 일치하지 않는 점이 있으면 이치에 어긋나는 교설은 버리면 된다."고 강조한 점을 수용하여 "결론적으로 불교는 버리고 유교의 가르침에만 집중하면 된다는 것"으로 해석하였다.[15] 특히 돈오설에 대해 오지섭은 유교에서의 공부방법과 깨달음이 평생을 통해 이루어짐을 전제로 어느 날 갑자기 모든 것을 깨달았다는 불교의 깨달음을 '대략 보고서 할 일을 마쳤다고 방자해 하는 것'이라는 이이의 입장 역시 수용하였다. 이와 같은 오지섭의 견해는 16세기 외유내불의 비판적 검토의 시도 속에서 "율곡의 불교인식은 젊은 날의 남다른 불교체험에도 불구하고 역시 확고한 배불입장이었다."고[16] 내린 결론의 한 부분으로 해석된다.

오지섭이 이이의 척불론을 적극 대변해주었다면 서수생과 송창한은 이이의 척불론이 고려 말 조선 초 정도전鄭道傳의 척불론에 미치지 못하거나 벗어나지 못한다고 혹평하였다.[17] 서수생은 율곡은 불교의 좌선관이 단순한 수양정려修養靜慮의 한 방편으로 생각하고, 송의 유자儒者들의 정좌靜坐와 같이 여겼는데, 선가禪家의 입장에서 보면 수박겉핥기에 지나지 않는다고 하였다. 결국 서수생은 이이가 피상적으로 본 선禪을 선의 극치라 여기고 평생토록 의심하지 않았다고 이이의 불교인식의 한계를 지적하

15 오지섭, 앞의 논문, 60쪽.

16 오지섭, 앞의 논문 67쪽.

17 徐首生, 「退栗의 佛敎觀」, 『한국의 철학』 제15호, 경북대학교 퇴계연구소, 1987, 42쪽.
宋昌漢, 「李栗谷의 斥佛論에 대하여－佛者夷狄之一法을 中心으로」, 『慶北史學』 제5집, 경북대학교 인문대학사학과, 1982, 124쪽.

였다. 그는 이이의 윤회설 비판이 설득력이 부족하며 심성설의 미흡한 점을 구체적으로 논변하지 않았다고[18] 하였다. 송창한 역시 이이가 윤회와 인과에서 대승불교의 묘처妙處를 인지하지 못하고 소승불교의 일면一面을 들어 비판하고 있으며, 참선의 진면목을 인지하지 못하고 그릇된 선禪을 수행하는 자의 일면을 들어 이것이 선禪인 양 비난 공격을 하고 있다고[19] 지적하였다. 결국 송창한은 이이가 오로지 불교를 치기 위하여 고의로 비난하고 있는 것이라고 하였다.

이상의 연구자들은 이이의 불교인식에 대해 상반된 입장이다. 오지섭은 "있는 그대로의 사실을 객관적으로 조명하고자 하는 시도"[20]속에서 이이가 불교를 배척했다는 결론에 도달하였다. 그러나 오지섭의 연구는 『율곡전서』를 기초로 이루어졌음에도 불구하고 포괄적이고 면밀한 검토는 이루어지지 못했다. 예컨대 검토대상이 소차疏箚·계啓·서書를 중심으로 이루어져 이이의 자유로운 정신세계와 진솔한 삶과 내면을 살필 수 있는 시詩의 검토는 미흡하다. 이이의 시는 선禪과 승려僧侶를 비판하는 내용도 수록되어 있지만, 선禪에 대한 인식認識이나 승려들의 수행, 수행修行에 대한 자신의 심경 등이 진솔하게 드러나 있다. 이이의 출가기간이 단순히 스스로가 주장한 1년에 불과했다 하더라도 그의 정신적 출가는 그 이후로도 계속되었음을 어렵지 않게 살필 수 있다. 더욱이 그의 불가와의 인연은 사후死後에도 적지 않은 논란의 대상이 되었다. 짧은 시기의 단

18 서수생, 앞의 논문, 44쪽.

19 송창한, 앞의 논문, 134~135쪽.
宋昌漢, 「李栗谷의 禪觀에 대하여－風嶽贈小菴老僧幷書를 中心으로」, 『慶北史學』 제3집, 경북대학 교 문리과대학 사학과, 1981.

20 오지섭, 「퇴계와 율곡의 불교인식」, 『禪과 文化』 2, 한국선문화학회, 2005, 240쪽.

순한 출가가 자신의 사상형성에도 영향을 미칠 정도로 중요한 가치를 지니고 있었음을 의미한다. 반면 이이의 척불론에 대한 비판론자들은 이이의 선관禪觀이 상당한 정도의 수준에 도달했음을 수긍은 했지만, 성리학의 실천윤리나 심성론만을 기초로 하여 불교를 비판하고 있음을 지적하였다. 호교론護敎論에 기반을 둔 이와 같은 비판론자들 역시 이이의 척불론이 정도전의 그것과 수준을 같이한 것으로 파악하여 불교사상의 원론적인 면만으로 대응하고 있는 한계를 지니고 있다. 아울러 척불론에 대한 단순한 대응을 강조하기 보다는 이이의 불교인식이나 척불론이 조선시대 유불교류와 사상사에서 차지하고 있는 의미를 모색하는데는 일정한 한계를 지니고 있다.

이이의 불교인식을 평가하는 연구자들 가운데는 척불론을 기준으로 삼기보다는 이이의 생애와 사상 속에서 불교가 지닌 가치와 기여를 염두해 둔 연구가 이루어지기도 하였다. 이들 연구는 이이의 저술을 기초로 그의 불교비판과 사상에 대한 본질을 규명하고자 했다. 이병도는 이이가 『능엄경』을 중심으로 한 불서佛書의 탐독과 출가 후 선수행 등 불교의 연구는 후일 그의 철학을 대성하는데 한 도움이 되고 또 이채異彩를 발하게 되었다고[21] 하였다. 정옥자 역시 불교의 선학禪學에서 학문의 시야를 넓혔다고 하였다.[22] 이것은 이이의 불교인식에 대한 전문적인 연구는 아니지만, 불교와의 인연을 통해 자신이 독자적 사상형성과 확립의 계기가 되었음을 의미하는 것이다. 이이의 불교인식을 평가하는 연구자들의 입장은 이후에 좀더 구체적으로 드러난다. 우선 송석구는 이이가 "쓸데없이

21 이병도, 앞의 책, 28~29쪽.
22 정옥자, 「율곡 이이의 시대와 생애, 그리고 실천」, 『조선후기 역사의 이해』, 일지사, 1993, 64쪽.

선가禪家의 돈오법頓悟法이 도에 들어가는 데 매우 빠르고 묘한 법이라고 생각하여 '만법귀일萬法歸一 일귀하처一歸何處'를 수년 동안 생각해보았지만 결국 깨달음이 없어서 도리어 유도儒道로 되돌아와서 불씨佛氏의 설이 참된 학설이 아님을 알았다."는 술회를 이이가 그의 입산기간을 대개 알고 있는 1년이 아닌 수년 동안 돈오법인 화두수행을 하고 있었다고 했으며, 이것은 율곡이 불교적 진리의 탐구에 열중했음을 알 수 있다고[23] 하였다. 또한 이이가 공부가 성취되지 못한 원인은 불신不信·부지不智·불용不勇의 삼불三不에 있다고 하였는데, 이것은 서산대사가 『선가귀감』에서 쓴 신심信心·의정疑情·분심憤心의 삼요三要사상과 너무 일치한다고[24] 하였다. 송석구는 대체로 이이가 제시한 사상을 유불동이儒佛同異의 측면에서 해석하고자 했는데, "율곡이 인심이나 도심을 설명할 때 기氣가 용사用事하고 용사用事하지 못한데서 인심과 도심이 구별된다는 견해는 불교에서 즉심즉불卽心卽佛이건만 마음의 번뇌·망상에 의하여 중생이 된다는 경우와 상통하다."고 하여 율곡의 인심과 도심이 모두 일심一心이라는 주장은 그의 탁견으로 평가하기도 하였다.[25]

이이의 불교인식을 그의 사상형성과 확립적 차원에서 객관적으로 검토하고자 한 이는 최승순과 이성전이다. 이들은 이이의 척불과 수용의 의도를 함께 반영하고 있다. 최승순은 이이의 불교관을 둘로 나누어 생각할 수 있는데, 입산 전에는 불교에 대하여 호의적인 관심을 가지고 불경佛經을 즐겨 읽던 것이 하산 뒤에는 유가종통儒家宗統에 의한 배불사상으

23 송석구, 앞의 책, 392쪽.
24 송석구, 앞의 책, 398~400쪽.
25 송석구, 앞의 책, 401쪽.

로 일관하게 되었다고[26] 하였다. 아울러 그는 "이이는 불교에 대해 현실적으로는 우매한 백성들을 괴롭히는 등 현실적 불교의 폐해로 논란하고 있지만, 심성문제心性問題는 그 내용을 그대로 옮겨 놓았을 뿐이지 일언반구一言半句 이에 대해 비판치 않고 있다."고[27] 하였다. 그러나 최승순은 이이가 불교를 비판한 것은 철학적 실체관에서 기인한 것으로 해석하고 있다.

> 율곡의 불교비판은 철학적 실체관의 차이 때문이다. 개체를 허망으로 보고 실체를 공으로 보는 불교관과 개체자체의 실상에서 실체를 찾으려는 유교철학과의 원리적 차이에서 유교적인 것을 긍정적으로 받아들였던 탓으로 排佛揚儒의 주장을 하게 되었고 이러한 그의 유불에 대한 이념적 選觀은 그 만큼 불교를 알고 있었다는 것이며, 따라서 그가 불교를 이단으로 내세운 것은 시류가 아닌 이념적 귀결이라 할 것이다.[28]

유교와 불교가 지닌 개별적 원리의 차이가 이이가 불교를 비판하는 출발이었다는 것이다. 그러므로 불교는 이이가 자신의 사상을 형성하는데 지대한 영향을 미친 것은 사실이지만, 유교와 불교 간의 원리적 차이에는 관대할 수 없었던 것이다. 결국 최승순은 이이가 시류 때문에 불교를 이단으로 규정한 것은 아니라고 하였으며, 여기에는 그가 불교를 알고

26 崔承洵, 「栗谷의 佛敎觀에 대한 硏究」, 『江原大學論文集』 제11집, 강원대학, 1977, 12쪽.
27 최승순, 앞의 논문, 12쪽.
28 최승순, 앞의 논문, 14쪽.

있었던 것도 작용한 것으로 보았다.

이성전은 율곡의 내면적 세계의 일면은 외적으로 표현됨에서 철저히 유교적 실리實理의 모습으로 나타난다고 하였다. 그러나 이러한 태도는 "불교의 가르침에 대한 근본적 부정이나 비판이기 보다는 실현의 과정과 방법 그리고 현실적으로 드러난 결과에 대해 명분론적 입장에서 비판하고 있다는 인상을 짙게 한다."고[29] 하였다. 이성전은 그와 같은 입장은 당시 성리학자들이 공통으로 지니고 있었던 긴장감이 작용한 것으로 해석하였다.

> 율곡은 불교를 논함에 있어서 程子와 王通의 설을 받아들여 유교와의 다른 점을 그 자취로부터 찾으려고 한다. 마음이 있으면 곧 자취가 있는 것이므로 자취에서 성인과 일치하지 않는 것을 살펴 일치하지 않으면 취하지 않도록 해야 한다. 그렇게 해야 간편하다고 한다. 왜냐하면 불교의 설을 窮究하여 버리고 취하려면 그 설을 窮盡하지도 못하고 화하여 버릴 것이기 때문이다.[30]

예컨대 율곡의 불교인식이 성리학을 기반으로 이루어져 불교에 대한 부정적 평가로 일관된 것은 사실이지만, 성리학과의 동일성도 자리 잡고 있기 때문에 일정한 거리를 유지하고 있는 것으로 보았다. 불교를 궁구窮究하여 버리고 취하고자 한다면 불교화佛敎化될 위험성이 있기 때문이었다.

---

29 李聖田, 「栗谷의 佛教觀」, 釋山韓鍾萬博士華甲紀念 『韓國思想史』, 釋山韓鍾萬博士華甲紀念論文集 刊行委員會, 1991, 526쪽.

30 이성전, 앞의 논문, 527쪽.

예컨대 불교의 수행법이 실상에 미혹하여 부질없이 매달려 있다고 비판한 것이나 사람의 행실과 하늘의 감응에 따르지 않고 화복禍福을 부처에게 구하고 있는 점을 비판했다고 하였다. 그러나 1565년 율곡의 상소에서는 보우普雨의 사상이나 주장에 대해 반박하지 않았다고[31] 하였고, 율곡이 근본적인 도를 논할 때에는 "이 도는 원래 근본이 하나인데 사람의 마음이란 오고 감이 있어서 서로 달라지게 되었다."[32] 혹은 불교의 마음이 곧 부처라는 입장도 그대로 수용하고 있다고 하였다.

요컨대 최승순과 이성전의 연구는 이이의 불교의 실천윤리 부재나 인과화복설과 같은 당시의 일반적인 불교현상을 비판한 것은 사실이지만, 근본적인 도의 차원에서는 그 입장을 달리하였다고 정리하고 있다. 더욱이 불교가 자신의 사상 형성과 확립에 영향을 미쳤을 것으로 해석하기도 하였다. 이와 같은 해석은 고려 말 조선 초 유학자들의 불교인식에 관한 연구에서는 찾아 볼 수 없었던 경향이다. 물론 조선 성리학의 경향이 변화했고, 『율곡전서』를 기초로 한 이이의 견해가 구체화된 이유도 작용한 것이지만 맹목적인 호교론護教論이나 척불론斥佛論을 지양한 점은 유학자의 단편적인 불교인식을 떠나 유불사상을 객관적으로 검토할 수 있는 기반이 된다는 점에서 바람직하다고 생각한다.

---

31 이성전, 앞의 논문, 527~528쪽.
32 「次山人詩軸韻」, 『栗谷全書』 卷1 詩 上(국역 1, 127쪽)

3 유불사상儒佛思想

이이의 불교인식을 살핀 연구자들이 가장 주목한 부분은 이이의 사상 형성과 확립에 불교를 수용하거나 그 관련성의 여부다. 그의 독자적 사상과 불교와의 연관성 검토는 이이의 불교와의 친연성 여부를 떠나 조선 중기 유불사상사에서 적지 않은 의미를 지니고 있기 때문에 주목할 만한 부분이다. 이이의 사상과 불교의 영향을 검토하기 전에 그의 이기설理氣說과 이통기국理通氣局에 대한 견해를 살펴보자.

율곡은 "이理란 기氣의 주재主宰요 기氣는 이의 타는 것이니 이가 아니면 기가 근저할 수 없고 기가 아니면 이가 의착할 수 없는 것이다. 일물一物이 아닌 까닭에 일이이一而二요 이물二物이 아닌 까닭에 이이일二而一이다." 라고 하여 이기불상리理氣不相離의 측면보다 불상리不相離의 측면을 더욱 강조하고 있다. 율곡에게 이理는 태극으로 모든 존재의 근원이 되지만, 철저히 형이상形而上, 무위無爲, 무변無變으로 규정되어 있어 이발理發이란 있을 수 없고 형이하形而下, 유위有爲, 유변有變으로 규정된 기가 운동하는 소이所以로서만 성립될 수 있을 뿐이다. 따라서 율곡의 성리설에서는 이理 즉 태극太極의 운동이란 있을 수 없고 "음陰이 정靜하고 양陽이 동動하는 것이 기가 스스로 그러한 것일 뿐이다"라고 하였다. 이러한 이기관계를 율곡은 불교의 영향이 느껴지는 '이통기국理通氣局'이라는 말로 표현하여 이理는 사물의 보편성을 가능하게 하는 관념적 존재 혹은 원리이고 기氣는 구체적 사물로 드러나는 질료적 존재로 규정짓는다. 이동을 부정하고 이통기국을 내세우는 율곡의 이기설은 심성론에도 그대로 이어진다. 율곡은 "천지간에 만일 기화자氣化者 이화자理化者가 있다면 내 마음에도 마땅히 이발자기발자理發者氣發者가 있겠지만, 천지에 이미 이화理化, 기화氣化의 구분이 없거늘 내 마음에 어찌 이발理發 기발氣發의 차이가 있겠는가라고 하여 퇴계의 호발설互發說이 지닌 논리적 모순을 지적하였다.[33]

> 元氣가 어디서 비롯하였나 / 無形이 有形 가운데 있도다. / 근원을 찾으니 본래 합해 있고(理氣가 본래 합쳐진 것이요, 처음 합쳐진 때가 따로 있는 것이 아닙니다. 理氣를 둘로 나누려는 이는 道를 알지 못하는 이입니다.) / 流派를 따르니 뭇 精이로다.(이기가 원래 하나이지만 나누어서 2·5의 精이 됩니다.) / 물은 그릇을 따라 작고 커진다.(이가 기를 타고 유행할 때 천태만상으로 고르지 못한 것이 이와 같습니다. 허공과 병에 대한 설은 불교에서 나온 것인데 그 비유가 절실하므로 여기에 인용한 것입니다.)[34]

인용문은 이이가 이기관계를 이통기국으로 설명하면서 남긴 <이기영理氣詠>이라는 시다. 송석구는 이이가 기발이승氣發理乘을 불교의 공병설空甁說을 인용하여 설명했다고 밝히고 있으며, "율곡이 허공이 병을 따라 작고 커지는 것이라고 하는 사상은 마음이 본래 무심無心인데, 그 무심 위에 여러 가지 상相이 비쳐 마치 마음이 크고 작은 것으로 착각하는 것과 같은 의미"라고 하였다.[35] 이이의 척불론을 비판했던 서수생 역시 "율곡의 이理도 화엄의 이理와 같고, 또 기氣도 화엄의 사事와 같다고 볼 수 있다.

---

33 許南進, 「1.성리학의 발달」, 『조선중기의 사회와 문화』(『한국사』 31), 국사편찬위원회, 2003, 277쪽.

34 「答成浩原」 附問書, 『栗谷全書』 卷1 詩 上(국역 2, 257쪽)

35 송석구, 앞의 논문, 413쪽.

그러므로 율곡의 이통기국설理通氣局說도 화엄철학에서 영향 받아 이룩되었다고 본다. 이통기국의 통국通局도 화엄의 통국무애通局無礙 국국무애局局無礙에서 유래된 것이다. 통通이란 것은 작용이 자재하여 무애無礙한 것이니 불보살의 소득所得이니 신통神通·통력通力이 그것이다."[36]라고 하여 이이의 이통기국설과 화엄철학과 동일시하였으며, 이통기국설이 화엄철학에서 영향 받아 이룩된 것으로 보았다. 이희재 역시 같은 논리다.

> 애초에 성리학은 화엄종의 영향을 받은 것이다. 화엄경에서도 '一卽多 多卽一 義味寂滅 悉平等 遠離一異 顚倒相'이라고 표현되는 말이 있다. 이것이 법계연기의 핵심이다. 주자도 이 이론과의 화엄사상과의 관계를 인정했다. … 율곡의 성리학설은 理와 氣를 이분화하여 理를 귀한 것으로, 氣를 천한 것으로 나누는 방식이 아니었다. 그는 理氣는 二物도 아니고 또 一物도 아니라고 하면서, 一物이 아니라고 하기 때문에 一而二요, 二物이 아니므로 二而一이라고 했다. 이것은 바로 화엄의 원융의 사상과 일치하는 논리이다. 율곡의 理通氣局 역시 불교의 화엄철학의 理事無碍, 通局無碍를 연상케 하여 준다.[37]

그러나 이이의 이통기국설과 화엄사상과의 관계를 검토한 배종호는 그 입장을 달리하고 있다. 예컨대 화엄의 이사理事에 대해 "화엄의 이理는 평등의 진여眞如로서 공空의 리理를 말하는 것이고, 사事는 차별差別의 대상

36 서수생, 앞의 논문, 49쪽과 52~53쪽 참조.
37 이희재, 앞의 논문, 162쪽.

을 가리키는 것이다. 사事는 리理가운데 있는 사事이며, 리理는 사事가운데 있는 리理로서 리즉사理卽事 사즉리事卽理라는 것이다. 따라서 화엄사상의 이와 사는 본체와 현상의 관계에 있는 것이 아님을 알겠다. 즉 사事로서 본다면 진계盡界를 다하여 사이외事以外의 아무것도 없고, 리理로써 말한다면 존재하는 제법諸法에는 공성空性(理)이 관통하고 있는 것이다."라고[38] 하였다.

반면 "율곡은 심心의 구성재료構成材料를 기氣라 하고, 심기유위心氣有爲의 소이연所以然을 리理로서 성性이라 한다. 그런데 정주이기철학程朱理氣哲學으로 보면 물론 심心은 이기합理氣合이다. 그러나 리理는 무형무위無形無爲의 원리原理로서 심心의 구성재료構成材料가 아니고 심기心氣를 주재主宰하는 원리적 존재이다. 주자의 이른바 허령지각虛靈知覺이란 것은 기氣의 기능을 가리키는 것으로 그것은 理가 아니다."[39]라고 하였다. 이어 그는 "아. 일기一氣가 운화運化함에 흩어져서 만수萬殊로 된다. 나누어서 말하면 천지만상天地萬象이 각 일기一氣이요, 합해서 말하면 천지만상天地萬象이 동일기同一氣다."라고 한 이이의 말을 인용하면서 "'각일기各一氣'라고 한 것은 그의 이른바 기국氣局으로서 천차만별千差萬別의 현상을 가리키는 것이고, '동일기同一氣'라 한 것은 기지본체氣之本體로서 우주원기를 가리키는 것이다."라고[40] 하였다.

---

38 배종호, 앞의 논문, 49쪽.
39 배종호, 앞의 논문, 56쪽.
40 배종호, 앞의 논문, 63쪽.

> 끝으로 화엄의 理事와 율곡의 理氣의 近似性을 말하면 또한 意味있는 것이 있겠다. 생각컨대 栗谷의 이른바 理通은 澄觀의 이른바 理融과도 흡사하다. 물론 兩者 사이의 理의 槪念은 다를지라도 이통과 이융은 천차만별을 圓融한다는 것이란 뜻은 서로 공통된다 하겠다. 그리고 율곡의 이른바 氣局은 천차만별을 가리키는 것으로 화엄의 事事萬法과도 같다 하겠다. 그러면 理通氣局이란 천차만별의 氣局에 理는 圓通하다는 것으로 理事無碍觀과 흡사하다.[41]

배종호는 화엄의 이사와 율곡의 이기는 그 개념은 다르지만 동일한 부분이 있음을 인정하였다. 특히 이理는 천차만별을 원융圓融한다는 의미에서 동일하며, 화엄의 사사만법과 기국은 천차만별을 가리키는 의미에서 동일하다고 하였다. 그러나 배종호는 "화엄가들이 '일기사상一氣思想'이 없었기 때문에 인문육의因門六義란 논리를 안출案出하여 공유空有의 상즉상입相卽相入과 이체동체異體同體란 번쇄煩鎖한 철학을 전개하다가 드디어 불입문자不入文字란 선가禪家의 정문일침頂門一針을 감수하지 않을 수 없었다."고 하였다. 결국 이통기국설과 화엄의 이사무애법계관은 흡사한 점도 있지만, 일기一氣의 독자적 성격, 즉 기지본체氣之本體로서의 우주원기가 화엄철학에는 없다는 점에서 상이相異하다고 강조하였다. 그러나 배종호의 논리는 모순이다. 화엄의 이사理事와 선가禪家의 불입문자不入文字는 교와 선이라는 일정한 거리를 유지하고 있지만, 본래면목의 측면에서는 그 성격이 동일한 모습을 지니고 있다. 때문에 화엄의 이사理事가 지닌 한계 때문에 선가

41 배종호, 앞의 논문, 63쪽.

禪家로부터 비판을 받은 것은 아니다.

율곡 : 공자와 석가는 누가 성인이오.

노승 : 선비는 나를 놀리지 마시오.

율곡 : 浮屠는 오랑캐의 敎여서 중국에선 시행할 수 없오이다.

노승 : 舜은 東夷 사람이고, 文王은 西夷사람이고 보면, 이들 역시 오랑캐란 말 이오.

율곡 : 佛家의 묘한 곳이 우리 儒家를 벗어나지 못하거늘 하필이면 유가를 버리고 불가를 찾아 들어가야겠소.

노승 : 유가에도 '마음이 곧 부처다'라는 말이 있소.

율곡 : 맹자께서 性善을 말씀하실 때마다 반드시 堯舜을 일컬었으니 이것이 '마음이 곧 부처다'라는 말과 무엇이 다르겠소만, 단 우리 유가의 본 것이 그 實理를 얻었을 뿐이오.

노승 : 色도 아니고 空도 아니라는 말이 있는데 어떻게 생각하오.

율곡 : 이것 역시 앞의 경계일 뿐이오.

(그러자 그는 빙그레 웃었다.)

율곡 : '소리개는 날아서 하늘에 닿고 물고기는 연못에서 뛴다.'는 말이 있는데, 이것은 색이오, 공이오.

노승 : 색도 아니고 공도 아닌 것은 바로 眞如의 본체라오. 어찌 『詩經』의 그러한 것에 비교할 수 있겠소.

율곡 : 이미 말의 표현이 있으면 그것이 곧 대상의 경계가 되거늘, 어찌 본체라 하겠는가. 만약 그렇다면, 유가의 묘한 곳은 말로써 전할 수 없는데 불가의 도는 문자의 밖에 있지 않은 것이 되

오.

노승 : 당신은 세속 선비가 아니군요. 나를 위해 시를 지어서 소리개 가 날고 물고기가 뛰는 그 글귀의 뜻을 해석해주시오.

(내가 이에 한 절구를 써주었더니 그는 보고 난 뒤에 소매 속에 넣고는 벽을 향해 돌아앉는 것이었다.)[42]

위의 시는 이이가 1554년(명종 9) 3월에 금강산에서 머물면서 지은 시다. 이이와 노승간의 대화 가운데 '즉심즉불卽心卽佛'과 '성선性善'이 지닌 입장표명은 유교와 불교 간의 간극을 대변해주는 것이었다. 연구자들 역시 이 시에 대한 견해는 서로 다르다. 서수생은 '즉심즉불'을 본체론의 입장에서 해석하여 율곡이 동일시한 성선性善과 일정한 거리를 두었다.

> 승려가 이와 같은 철학 상의 우주실상관을 물으니 실상관을 답하지 않고, 맹자의 성선설로써 답하였으니 여기에 문제가 있다. 인륜도덕상의 성선설과 실상론이 혼동되어 있다. 율곡이 즉심즉불은 성선설과 같다고 말하였는데, 철학상의 실상론과 인륜도덕상의 심성론이 어찌 같으랴. 이것은 동문서답이다. 승려가 철학상의 실상론인 즉심즉불을 물으면 율곡도 성리학의 이기론을 갖고 대항해야 할 것이다.[43]

그는 노승의 즉심즉불卽心卽佛에 대항한 율곡의 성선性善이 우주실상론의 차원에서 물은 질문에 대해 윤리도덕상의 심성론으로 답하고 있음을 지

42 「楓岳贈小菴老僧」, 『栗谷全書』 卷1 詩 上(국역 1, 73~75쪽)

43 서수생, 앞의 논문, 40쪽.

적하였다. 또한 노승이 색도 아니고 공도 아닌 말의 뜻을 묻자 율곡이 '소리개는 날아서 하늘에 닿고 물고기는 연못에서 뛴다'라고 답한 것에 대해 이이가 제시한 이른바 색과 공의 개념이 '연비어약鳶飛魚躍' 속에 내포되어 있지 않은 것 같다고 하였다.

> 굳이 해명한다면 鳶飛魚躍 그것은 事象卽色이다. 연비어약으로 나타나게 한 理體 그것은 理體卽空이다. 색인 것 같으면서도 공이요, 공인 것 같으면서도 색이니 다른 말로 하면 있는 것 같으면서도 없고, 없는 것 같으면서 있다고 할 수 있다. 그러므로 色空不二요, 眞空妙有라 할 수 있다. 그러나 연비어약은 非色非空이니 아무것도 아니다. 自然理法따라 그저 上下로 날고뛰고 있으니 色空이 아니다. 우주의 이법따라 정도로 달리고 있다고 해명할 수도 있다. 여하튼 현상즉 본체요, 본체 즉 현상이란 이사무애법계관으로도 풀 수 있고, 색도 아니고, 또한 空도 아니라고 하였으니 色空不二의 대승반야관으로도 풀 수 있다. 그러므로 율곡은 '色卽空空卽色을 은연중에 부정하려했으나 긍정하는 결과를 초래하였다. 다시 말하면 불교의 논리를 부정하려다 긍정하는 결과가 되었다.[44]

서수생은 이이의 '연비어약鳶飛魚躍'을 비색비공非色非空으로 풀어 아무것도 아니어서 자연의 이법理法따라 단순히 위 아래로 날고 뛰고 있으니 우주의 이법 따라 정도로 달리고 있다고 해명할 수도 있다고 하였다. 결국

44 서수생, 앞의 글, 40~41쪽.

그는 "율곡이 색즉공공즉색色卽空空卽色을 부정하려다 긍정하는 결과가 되었다."고 정리하였다. 서수생의 이와 같은 해석은 이이의 견해를 부정하였지만, 연비어약鳶飛魚躍과 비색비공非色非空의 관계 규명은 지극히 단선적으로 처리하고 있는 듯하다. 서수생의 입장에서는 이이가 언급한 연비어약鳶飛魚躍은 그야말로 아무 것도 아니다. 그러나 이이는 비록 불교수행자는 아니지만, 그의 관련문헌을 살폈을 때 적지 않은 불교지식과 천진天眞을 기르기 위한 수행 역시 시도했던 인물이다. 더욱이 이이는 노승이 "색도 아니고 공도 아니다가 무슨 소리요"라고 묻자 "이 역시 앞의 경계일 뿐이요."라고 하였으며, 이 대화의 직후 노승에게 "이미 말의 표현이 있으면 그것이 곧 대상의 경계가 되거늘, 어찌 본체라 하겠는가."라고 하였다. 도의 본질의 차원에서 말이라고 하는 것은 혼란을 초래할 뿐 핵심을 관통하지 못한다는 의미인 것이다.

> 그가(율곡) 이해하기에 '마음이 곧 부처'라는 말은 인간의 본성에 대한 근원적 신뢰를 표명하고 있는 말에 다름 아니었다. 불교와 선은 그 본연의 정신 신체적 에너지는 無明과 貪瞋痴에 의해 轉落되고 疏外되어 있으며 그로 인해 사람들은 자신의 본원적 에너지가 절대의 힘과 공능을 갖고 있다는 사실을 잊어 버렸다고 생각한다. 율곡은 이 같은 인식이 일찌감치 유학의 전통에 이미 그리고 오래전부터 존재하고 있었다고 주장하는 것이다.
>
> 1) 인간의 에너지는 본원적으로 善을 지향하고 있다. 2) 인간의 에너지가 왜곡 변질되는 계기는 외적 대상과의 교섭을 통해 강화되는 에고의 비본질적 욕망이다. 3) 그렇지만 이렇게 생긴 정신신체적 '일탈'도 본래의 선한 에너지를 근본적으로는 차단하지 못한다. 4) 그 에

너지를 자각하고 확충해 나감으로써 내적 에너지의 순수성에 대한 확신이 깊어지고 그 깊어진 확신은 내적 에너지의 순수한 발현을 증강시키는 쪽으로 에스컬레이트되며 그 극에서 순수한 에너지의 전면적 해방이 성취된다. 5) 근본적으로 사회적 맥락을 갖고 있는 이 순수한 에너지는 상호감화를 통해 사회적 영향력을 행사하며 그 확충의 극치에서 사회적 질서와 평화가 이룩될 수 있다.[45]

한형조는 인용문에서 이이가 즉심즉불과 성선을 동일시한 부분에 그 입장을 같이하고 있다. 그는 이이가 즉심즉불을 말하는 노승에게 맹자의 성선으로 응수했음을 전제로 "맹자의 성선은 인간의 에너지가 외적 내적 방해를 받지 않을 때 투명하고 순수하게 표출된다는 교설이고 그것은 지금 노승께서 말씀하시는 즉심즉불의 가르침의 핵심을 포섭하고 있다."고 하였다.

이와 같이 한형조의 글대로 한다면 노승의 말보다 율곡이 말한 맹자의 성선이 훨씬 실實하다. 그러나 노승이 말한 "유가에도 '마음이 곧 부처다.'라는 말이 있소"라고 하는 질문은 한형조의 말처럼 "에너지가 우주 안에서 창조성을 구현하는 방식과 세목에 대해 적극적으로 입언"하고 있지는 않다. 예컨대 "인간행위의 순수를 정의해주는 적극적 규정이나 표준"이 마련된 것은 아니고 순전히 개인의 즉각적 자발성만을 강조하고 있는 단계다. 결국 노승이 말한 즉심즉불은 세계로부터의 고착을 벗어던지는 데 기여한 단계이지 "세계로부터의 고착을 벗어던지기 위한 준칙을

45 한형조, 「1554년 금강산, 청년율곡과 어느 노승과의 대화」, 『불교평론』Vol 17, no3(24), 현대불교신 문사, 2005.

확보한다"거나 "세계를 향한 창조적 참여, 나아가 그 참여를 통한 사회적 질서와 화해의 구현"이라는 지평의 단계는 아니다. 그러므로 한형조는 리理를 말하면서 기氣까지도 포함시키는 적극성을 보인 것이다.

> 혜능은 말한다. 선도 생각하지 않고 악도 생각하지 않을 때, 그대의 본래적 면목은 무엇인가. 이 질문에 함축된 선악과 관련된 의미는 인간은 근본적으로 선악에 의해서 규정될 수 없다는 것이다. 인간의 본래적 면목은 선악의 가치로부터 벗어난 영역임을 말한다.[46]

즉심즉불은 인간의 본래적 면목으로 상대적이고 대립적인 선악의 가치로부터 벗어난 영역이라는 의미다. 때문에 즉심즉불은 이이가 제시한 맹자의 성선性善과는 근본적인 차이를 지니고 있다. 한형조는 이 점을 간과한 것이다.

4 사실史實과 과제課題

이이와 불교의 관계는 연구자들마다 각기 다른 평가를 보이고 있다. 자신의 암울한 개인적 상황부터 사상의 형성과 확립에 이르기까지 불교는 이이 곁을 떠나지 않았다. 때문에 연구자들은 척불론을 주장하기도 하고 불교비판에 대한 진정한 의도가 부정적 인식에서 비롯된 것만은 아

46 인경, <선과 악>(인경스님의 선문답산책), 『법보신문』 997호, 2009년 5월 3일자.

니라고도 하였다. 또한 불교가 그의 독자적 사상형성에 적지 않은 영향을 미치기도 했다고 한다. 이와 같은 다양한 입장은 자료에 대한 해석의 차이에서 비롯된다. 불교와 관련하여 『율곡전서』[47]는 이통기국설理通氣局說과 같은 이이의 독자적 사상을 살필 수 있는 글뿐만 아니라 상소문, 후학들이 찬술한 비명과 각종 자료들이 수록되어 있다. 특히 시는 불교와 관련된 이이의 다양한 면모를 살필 수 있어 그의 불교인식의 면모를 심도 있게 살필 수 있다. 필자는 기왕의 연구 성과에 대한 비판적 검토와 함께 이 방면의 체계적이고 종합적인 연구를 위해 『율곡전서』를 중심으로 한 불교관련 자료를 소개하고자 한다.

1) 시詩

제목	전거
山中	栗谷全書 卷1 詩 上(국역 1, 73쪽)
楓岳贈小菴老僧	栗谷全書 卷1 詩 上(국역 1, 73~75쪽)
楓岳記所見	栗谷全書 卷1 詩 上(국역 1, 75~78쪽)
松蘿菴	栗谷全書 卷1 詩 上(국역 1, 78쪽)
與山人普應下山至豊岩李廣文之元家宿草堂	栗谷全書 卷1 詩 上(국역 1, 79~80쪽)
贈山人智正	栗谷全書 卷1 詩 上(국역 1, 87~90쪽)
降福寺石佛	栗谷全書 卷1 詩 上(국역 1, 91쪽)
送山人敬悅之香山	栗谷全書 卷1 詩 上(국역 1, 99쪽)
贈參寥上人 2首	栗谷全書 卷1 詩 上(국역 1, 100쪽)
遊南臺西臺中臺宿于上院	栗谷全書 卷1 詩 上(국역 1, 125쪽)
題老僧詩軸	栗谷全書 卷1 詩 上(국역 1, 125쪽)

47 한국학중앙연구원편, 『율곡전서』, 1~8, 율곡학회, 2007.

有僧惟命求詩甚苦走書以贈	栗谷全書 卷1 詩 上(국역 1, 126쪽)
重遊月精寺	栗谷全書 卷1 詩 上(국역 1, 126쪽)
贈山人	栗谷全書 卷1 詩 上(국역 1, 127쪽)
次山人詩軸韻	栗谷全書 卷1 詩 上(국역 1, 127쪽)
贈山人雪衣	栗谷全書 卷1 詩 上(국역 1, 129쪽)
神勒寺東臺夜坐用汝受韻	栗谷全書 卷1 詩 上(국역 1, 133쪽)
將發神勒寺	栗谷全書 卷1 詩 上(국역 1, 133쪽)
有贈求詩次退溪韻	栗谷全書 卷1 詩 上(국역 1, 138쪽)
贈僧	栗谷全書 卷2 詩 下(국역 1, 187~188쪽)
深源寺月夜季獻彈琴次玄玉上人韻	栗谷全書 卷2 詩 下(국역 1, 188쪽)
送沈公直忠謙作宰春川	栗谷全書 卷2 詩 下(국역 1, 196쪽)
沈判尹希安守慶朴參判君沃啓賢歷見余于花石亭適山人人鑒求詩乃步軸中韻	栗谷全書 卷2 詩 下(국역 1, 159~160쪽)
題墳庵僧軸	栗谷全書 卷2 詩 下(국역 1, 234~235쪽)
遊伽倻山賦	栗谷全書 拾遺 卷1 賦(국역 7, 311~314쪽)
余之遊楓岳也懶不作詩登覽旣畢乃摭所聞所見成三千言非敢爲詩只錄所經歷者耳言或俚野韻或再押觀者勿嗤	栗谷全書 拾遺 卷1 詩(국역 7, 323~350쪽)
水鍾寺	栗谷全書 拾遺 卷1 詩(국역 7, 362쪽)
宿衍慶寺主僧義敏求詩書其軸	栗谷全書 拾遺 卷1 詩(국역 7, 419쪽)
次僧軸韻	栗谷全書 拾遺 卷1 詩(국역 7, 410쪽)
贈天然上人	栗谷全書 拾遺 卷1 詩(국역 7, 423~424쪽)
與季弘沈仲悟遊神光寺	栗谷全書 拾遺 卷1 詩(국역 7, 424쪽)
神光寺樓復次前韻	栗谷全書 拾遺 卷1 詩(국역 7, 424쪽)
送季獻至神光洞口昇仙岩有作	栗谷全書 拾遺 卷1 詩(국역 7, 430쪽)
有上人信辯苦求詩書以贈之	栗谷全書 拾遺 卷1 詩(국역 7, 431쪽)

이이의 『율곡전서』에 수록된 불교관련 글 가운데 가장 많은 분량을 차지하고 있는 것이 詩이다. 필자가 소개한 34수 가운데는 자신에게 시를 지어 달라는 승려에게 핀잔을 준 시도 있지만, 산승과의 교유 혹은 사찰

을 둘러싼 풍광을 읊거나 수행을 동경하는 모습도 그리고 있다. 예컨대 "유명惟命이라는 스님이 시를 요구하기를 매우 괴롭게 하므로 붓 가는대로 써서 주었다"는[48] 제목의 시가 보인다. 이 시에서 이이는 참선한 얼굴이 학과 같이 청수하고 담박한 스님이 시 요구하는 버릇을 지녔을까 하고 읊고 있다. 시를 요구하는 승려들의 모습을 읊은 시는 당시의 한 경향으로 이해된다. 산승과의 교유 역시 시를 통해 광범위했음을 살필 수 있는데 정항교는 이이가 "산사山寺만도 20여 곳을 드나들었으며, 교유한 스님도 20여 명이나 된다"고[49] 하였다. 한때 관동 천리 길을 함께 유람했던 지정산인智正山人을 5년 뒤에 다시 만나 선창禪窓에 만나 한 없이 기뻐하였으며, 이별을 아쉬워하였다.[50] 참요상인參寥上人이 회암사 주지에 임명되었지만 부임하지 않고 명예를 멀리한 수행자다운 면모를 칭송하기도 하였다.[51] 특히 풍악산에서 작은 암자에 있는 노승에게 지어 준 시는 즉심즉불卽心卽佛과 맹자의 성선性善을 통해 이이의 불교관을 살피는데 중요한 실마리를 제공해주고 있다. 이밖에 금강산의 4계절의 사실적인 풍광과 함께 자신이 다녀 온 52개의 사암寺庵의 정취를 묘사한 시를 지기도 하였다.[52]

48 「有僧惟命求詩甚苦走書以贈」, 『栗谷全書』 卷1 詩 上(국역 1, 126쪽)
49 정항교, 「율곡의 한시에 나타난 유불관」, 『율곡학보』 4, 율곡학회, 1997, 63~64쪽.
50 「贈山人智正」, 『栗谷全書』 卷1 詩 上(국역 1, 87~90쪽)
51 「贈參寥上人」, 『栗谷全書』 卷1 詩 上(국역 1, 100쪽)
52 「余之遊楓岳也懶不作詩登覽旣畢乃摭所聞所見成三千言非敢爲詩只錄所經歷者耳言或俚野韻或再押觀者勿嗤」, 『栗谷全書』 拾遺 卷1 詩(국역 7, 323~350쪽)

2) 소차疏箚 · 계啓 · 서書

제목	[illegible]
論妖僧普雨疏	栗谷全書 卷3 疏[illegible]
奉朝賀宋時烈乙丑疏	栗谷全書 卷38 附錄 ([illegible]45쪽)
代淸洪道儒生論普雨疏	栗谷全書 拾遺 卷2 疏箚([illegible]285쪽)
代淸洪道儒生告歸疏	栗谷全書 拾遺 卷2 疏箚(국역[illegible])
請革兩宗禪科啓	栗谷全書 卷8 啓(국역 2, 111~11[illegible]
答成浩原(附問書)	栗谷全書 卷10 書(국역 2, 261~271쪽)
聖學輯要(이단의 폐해) · (佛敎夷狄之一法)	栗谷全書 卷20 (국역 4, 117~125쪽)

『율곡전서』에 수록된 상소문과 계啓 · 서書는 이이가 보우普雨의 처벌을 주장하거나 문정왕후 때 부활한 승려에게 도첩을 내려 줄 때 시행했던 승과僧科폐지를 주장한 글 등이 수록되어 있다. 대부분 당시 불교 배척의 성격을 띠고 있다. 그러나 불교사상 자체에 대한 비판이기 보다는 현실적 비판성격이 강한 것이었다. 또한 『성학집요聖學輯要』에는 『창려문집昌黎文集』이나 『정씨유서程氏遺書』에 수록된 불교의 폐해를 지적한 글을 소개하여 불교가 이적夷狄의 한 법法임을 거론하였다. 이밖에 『율곡전서』의 소疏가운데는 제자 송시열의 소가 보이는데 그는 스승 이이의 출가를 두고 삭발여부를 거론하였고, 이이가 비록 출가를 하였지만, 어머니의 죽음과 개인적인 암울한 개인적 심경보다는 기氣를 기르기 위해 입산入山했음을 강변하고 있다.

> 10세에 미쳐서는 경서를 모두 통하고서 '성인의 도가 다만 이 뿐인가'라고 말하였습니다. 그래서 佛 · 老의 모든 글을 대충 보았고, 그 중에서 『楞嚴經』을 가장 좋아하였습니다. 대개 그 내용이 내적으로

…로는 천지를 분석한 뜻이 극

는 심성의 설명이 매우 … 이 아니라면 어린 나이에 어떻게

히 광활한데, 이이 … 능히 음미할 수 있었겠습니까. 이는 그

능히 알 수 있는 나이에 도를 구하고 따라서 釋敎를 탐하였

의 반성하는 일입니다. 그가 입산했을 때에 미쳐서는 또 儒道

다'는 것였고…[53]

로서

…는 이이가 어렸을 때 『능엄경』을 탐독한 것은 불교적 신앙이 아…성을 이해하고 천지를 분석하기 위함이었다고 하였다. 결국 송시열…는 이이의 불교에 대한 관심과 출가가 성학聖學에 전념하기 위한 하나의 과정이었음을 강조하였다.

3) 연보·행장·시장諡狀·신도비명神道碑銘·묘지명·자운서원묘정비紫雲書院廟庭碑

유형(찬자)	전거
年譜	栗谷全書 卷33 附錄 (1)(국역 6, 162~163쪽) 栗谷全書 卷34 附錄 (2)(국역 6, 317~320쪽)
行狀(金長生)	栗谷全書 卷35 附錄 (3)(국역 6, 351~353쪽)
諡狀(李廷龜)	栗谷全書 卷36 附錄 (4)(국역 7, 3~4쪽)
神道碑銘(李恒福)	栗谷全書 卷36 附錄 (4)(국역 7, 56~59쪽)
墓地銘(金集)	栗谷全書 卷36 附錄 (4)(국역 7, 76쪽)
紫雲書院廟庭碑(宋時烈)	栗谷全書 卷37 附錄 (5)(국역 7, 105~106쪽)
諸家記述雜錄(澤堂의 雜稾)	栗谷全書 卷37 附錄 (6)(국역 7, 185쪽)

53 송시열, 「奉朝賀宋時烈乙丑疏」, 栗谷全書 卷38 附錄 (6)(국역 7, 281~285쪽)

이이의 연보와 행장 그리고 비명과 같은 전기傳記자료에 수록된 불교관련 기사는 단편적인 내용에 불과하지만 제자나 후학의 입장에서 불교와의 관련성을 묘사했다.

> 얼마 뒤에 申夫人이 세상을 버리니 廬墓살이를 하면서 祭奠을 몸소 집행하고 비록, 그릇을 씻고 음식을 장만하는 일이라도 남에게 맡기지 않았다. 상복을 벗은 뒤에도 哀慕하는 마음은 더욱 깊어졌다. 어느 날 우연히 佛家의 서적을 열람하다가 死生에 관한 말에 느낀 바가 있었고, 또 그 학설이 淸淨하고 간편한 것을 좋아하여 드디어 편지를 보내어 親友를 이별하고 금강산에 들어가서 戒定을 견고히 하되 寢食을 잊어버리기까지 하였다. 어느 날 그 학설이 잘못된 것임을 크게 깨닫고 마침내 그 학문을 다 버리고, 도리어 우리 儒道를 구하되 일체 성인을 준칙으로 삼았다.[54]

인용문은 후학後學 김집이 찬한 이이의 묘지명의 내용으로 다른 전기자료에 수록된 이이의 불교관련 내용 역시 그 경향이 이와 비슷하다. 예컨대 입산의 동기가 어머니의 죽음이나 성현의 도를 터득하기 위한 것이었으며, 1년 만에 그 그릇됨을 알고 돌이켜 유학에 전념했다는 것이다. 송시열이 찬한 자운서원紫雲書院 묘정비廟庭碑에는 "19세 때 금강산에 들어가 계정戒定에 종사하니 생불生佛이 나왔다고 산중에서 떠들어댔다."고[55] 묘사하기도 하였다. 대체로 이들의 기록은 이이와 불교관계를 간략히 서술했

54 金集, 「墓地銘」, 栗谷全書 卷36 附錄 (4)(국역 7, 76쪽)
55 宋時烈, 「紫雲書院廟庭碑」, 『栗谷全書』 卷37 附錄 (5)(국역 7, 105~106쪽)

지만, 불교를 부정적으로 비판하지는 않았다.

한편 이이의 입산이 문제가 된 것은 그의 사후死後로 특히 숙종 조는 입산과 불교와의 인연자체부터 문제가 되었고 삭발의 여부까지 논란의 대상이 되었다.

> 지난해에 尹拯이 어떤 이에게 준 편지에 말하기를, '이제 江都의 일을 가지고 先人을 헐뜯어 병으로 여기는 자가 있으니, 이는 곧 栗谷의 以妄塞悲의 상소를 가리키며 自道가 다하였다고 이르는 것과 무엇이 다르겠는가? 그러나 율곡은 오히려 참으로 산에 들어갔던 過失이 있음을 면하지 못하지만 先人은 처음부터 죽어야 할 이유가 없었다'하였습니다. 그의 말이 無倫한 것이 어찌 하나같이 이에 이르렀습니까? 윤증의 아비 尹宣擧가 병자년과 정축년의 胡亂에 죽지 못하였습니다. 그래서 그의 辭疏에 말하기를, '士友들이 모두 뜻을 저버리지 아니하였습니다. 그런데 신이 같이 죽지를 못하여서 아내가 自決을 하고 자식이 버렸는데도 홀로 奴隷가 되어 구차스럽게 면하였습니다.'하였으니, 윤선거가 이를 죄로 여긴 것이 이러하였습니다. 그러한데 이제 윤증은 그의 아비가 죽어야 할 이유가 없다고 하였으니 그 또한 이상합니다. 그의 아비에게 過失이 없다고 이르면서 先賢을 끌어다가 그 아비에게 비의하여 뒤섞어서 一科로 삼은 것은 이미 그릇된 것인데 이제는 비의하였을 뿐 아니라, 先正은 참으로 과실이 있었다고 이르고 그의 아비는 죽을 만한 이유가 없다고 하여 그의 아비는 과실이 없는데에 두고, 선정은 배척하여 과실이 있다고 일렀으니, 선정을 모욕하고 업신여겨 조금도 두려워하지 않았습니다.[56]

인용문은 숙종 11년(1685) 보은報恩의 유학幼學 이진안李震顔이 올린 상소문이다. '강도江都의 일'이란 윤선거가 병자호란 때 강화도로 피난갔다가 강화도가 함락되자, 평민의 복장으로 변장하고 성을 빠져나왔던 일을 말한다. 윤선거의 아들 윤증이 이 '강도의 일'을 가지고 세인世人들이 아버지를 헐뜯자 이이의 어머니의 죽음을 애도하여 입산한 것을 의미하는 이망색비以妄塞悲를 과실過失로 지적하면서 "율곡은 참으로 입산한 실수가 있었지만 선인先人이 애초부터 죽어야 할 아무런 의리가 없었다."고[57] 하였다. 이이의 입산을 예로 들면서 아버지의 죄 없음을 강조한 것이다. 이에 이이의 제자 김장생과 송시열의 변무辨誣가 있었고, 급기야 당파간의 대립으로 확산되었다. 『숙종실록』과 같은 자료들은 이이의 입산을 둘러싸고 당쟁의 추이 역시 살필 수 있을 것으로 보인다.

이상 이이의 불교인식에 관한 연구성과를 살피고, 그 연구의 심화를 위해 『율곡전서』에 수록된 불교관련 자료와 『조선왕조실록』의 내용을 소개하였다. 이이의 불교인식에 대한 선학들의 입장은 대체로 세 가지다. 이이가 불교에 대해 우호적이었는가, 비판적이었는가, 자신의 사상형성과 확립에 영향을 받았는가하는 점이다. 그러나 여전히 불교를 비판했는가 우호적이었는가 하는 단선적이고 이분법적 구분을 기초로 한 연구태도가 지배적이다. 이이와 불교의 관계는 단순히 호불과 척불의 측면에서만 설명할 수 없는 다면적이고 중층적인 성격을 지니고 있다. 때문에 시대와 인간 그리고 종교와 사상이라는 종합적 측면에서 그 연구가 시도되어야 한다. 특히 삶의 환경에서부터 시작된 불교와의 인연은 독자적인

56 『숙종실록』 16권, 숙종 11년 2월 4일(갑오)조

57 「年譜」, 栗谷全書 卷34 附錄 (2)(국역 6, 317쪽)

사상형성에까지 영향을 미치고 있다. 시기에 따라 각기 그 입장을 달리 한 불교인식을 놓고 호불과 척불로 단정할 수는 없다. 그러므로 이이의 불교인식은 객관적이고도 종합적으로 검토되어야 한다.

한편 이이의 불교인식에 관함 검토에서 그 백미는 유불사상의 관련성이다. 이이의 독자적 사상은 퇴계가 이理와 기氣를 이원적二元的으로 본 것에 대해 이기理氣는 일이이一而二, 이이일二而一이라는 논리로써 일원론적一元論的 전개展開를 창설한 점이다. 이것이 이른바 이통기국설理通氣局說이다. 선학들의 연구는 이이의 이통기국설과 화엄의 이사무애理事無碍를 동일한 것으로 보고 그가 이통기국설을 형성하는데 불교사상이 영향을 끼쳤음을 주장하였다. 그러나 연구가 거듭될수록 이통기국설과 이사무애에 대한 개념과 관련성을 면밀하게 분석하고 그 동이同異를 정리하는 경우는 드물었다. 때문에 이이가 불교의 윤회설이나 선가의 깨달음에 대한 이해의 수준이 터무니없이 낮다고 단정하기도 했다. 물론 유불사상에 대한 명확한 이해와 두 사상 간의 동이同異를 구분하기란 쉽지 않다. 그러나 단편적인 불교인식의 차원이 아니고 개인의 사상적 편력을 검토하는 과정이 아니라면 불교인식의 근간이자 핵심인 유불사상에 대한 심도있는 연구가 진행되어야 한다. 특히 이이의 사상은 조선시대 성리학의 독자적 성격뿐만 아니라 유불사상의 관계 역시 검토할 수 있는 기초가 되기 때문이다. 요컨대 이이의 불교인식은 조선시대 사상사 연구의 차원에서 시도되어야 할 것이다.

5 맺음말

이이의 불교인식과 그 평가는 척불이나 친불이라는 어느 한쪽의 입장에서만 단정할 수 없다. 이이와 불교는 그가 살았던 시대와 학문, 그리고 그의 인생이 농축되어 있기 때문이다. 짧은 시간이지만 불교에 의탁한 시절이 있었는가 하면 실천윤리나 사상적 측면에서 불교를 비판한 일면도 엿보인다. 이것은 이이의 불교인식을 객관적으로 이해하고 평가하기 위해서는 다면적 검토가 요구되고 있음을 의미한다. 현실불교를 비판한 글들이나 유불사상의 그 동이同異 정도를 살필 수 있는 글들뿐만 아니라 자유로운 정신세계와 그와 불교에 대한 단상들을 살필 수 있는 시 역시 그의 불교인식을 살피는데 가볍이 여겨서는 않될 부분들이다.

조선시대 유불사상과 관련된 이제까지의 연구는 대체로 편파적이었다. 특히 유학자들의 불교인식은 강한 척불론으로 전개되고 있음을 강조하였다. 조선이 주자성리학의 나라였고, 성리학의 보급이 일반화되면서 불교는 이단으로 전락하였고 반드시 척결해서 조선의 땅에서는 공맹과 주자의 신념과 사상만이 실천되어야 했다. 안타까운 것은 이와 같은 그 시대의 사상경향이 오늘날 조선시대 유불사상을 연구하는 근간으로 작용한다는 점이다. 사료史料에 기초한 사실은 왜곡되어서는 안 된다. 그러나 불교억압이 그 시절의 상식이었다면 외유내불外儒內佛 역시 경향이었음을 부인하지 못한다. 이이의 불교인식에 관한 연구 성과는 맹목적인 억불抑佛적 입장에서만 진행되지 않았다. 이러한 면모는 앞으로 진행될 조선시대 유학자의 불교인식이나 유불사상에 관한 연구에서 새로운 연구방법이나 경향성을 제시하고 있다. 불교에 대한 부정적 인식이나 사상에 관한 연구는 이제 단편적이다 못해 식상하다. 조선시대 유학자들이 불교에 대해 관대하지 못한 점은 널리 알려진 사실이다. 그러나 이제는 연구방향이 달라져야 하지 않겠는가. “자신의 신념이나 사상 속에서 불교가 반드시 부정적 인식에 머물러 있는가 혹은 자신의 사상형성과 확립에 어느 정도의 역할을 하고 있는가”라고 말이다. 이것은 불교에 대해 맹목적 동정심을 호소하는 것은 아니다. 한 시대의 사조思潮 속에서 유불사상의 교류와 특성에 관한 연구는 단순히 특정인물의 사상적 편린만을 검토하는데 머무르지 않고 조선시대 사상사 연구를 진전시키는 데 기여할 것이다.

조선시대 경주지역 사원의 수적 추이와 성격

1 머리말

조선시대 불교와 불교계가 탄압과 소외 속에서 자구책을 통한 대응의 연속이었다는 것은 널리 알려진 사실이다. 건국직후 사원의 통폐합과 승려수의 제한, 불교 종파의 감축은 친불교적 군주와 왕실세력에 의해 회복의 양상을 보였지만, 이것은 어디까지나 일시적인 것이었다. 특히 주자성리학의 보급과 저변확대에 따른 불교 비판과 탄압은 고착화되어 불교에 우호적이었던 유학자조차도 그 정도에 상관없이 이단으로 낙인찍혀 그 사상적 주체성을 검증받기까지 하였다.

한편 불교 탄압으로 인한 불교계의 위축은 지속적으로 진행되어 환속과 도피를 거듭하면서 사원은 폐허가 되다시피 하였다. 이러한 사정은 왜란과 호란을 겪으면서 시작된 조선후기에도 변함이 없었다. 승려는 전쟁 중에는 의승병義僧兵으로 참여하였고, 전쟁이 끝난 후에는 국가재조國家再造의 최일선에 서기도 하였다. 산성축조와 방어, 산릉역山陵役 등 대규모 토목공사에 동원되었는데 대부분 대가가 없는 자비부담으로 이루어졌다. 더욱이 중앙과 지방의 각 관청에서 필요한 물품이나 종이 등을 생산해 납부하는 일이 지나쳐 천년고찰千年古刹은 텅 비기 일쑤였다. 승려들은 자비부담도 부족해 과중하기까지 한 노역勞役을 피해 환속하였으며 도망 다녀야 했다. 조선시대 불교계는 이러한 탄압과 소외 속에서도 자구책을 모색하기에 이른다. 미투리나 농기구 등을 만들어 저자거리에 내다 팔아 탄압과 전란으로 폐허가 된 사찰을 재건하기에 이른다. 불상을 조성하고, 벌거벗은 전각에 새로이 단청을 하기도 하였다. 조선시대의 불교는 전란 당시 불교계의 기여에 대한 조정과 사회의 우호적인 태도와 관심에 의해서가 아닌 승려들의 힘겨운 자구적인 노력에 의해서 유지되는 경우가 더 일반적 현상이었다. 그 결과 혹독한 탄압 속에서 사상과 신앙은 더욱 굳건하게 유지되었으며, 그 외호기능을 담당하는 사원이 증가하는 지역도 생겨났다.

본 논문은 우리 역사상 불교와 가장 밀접한 관계를 맺고 있는 경주지역 사원의 수적 추이를 조선시대 전후기에 걸쳐 살펴보고, 그 수가 감소하는 다른 지역과는 달리 증가하는 원인과 그 성격을 살펴보는 것이 목적이다. 우선 조선시대 경주지역의 사원수를 파악하기 위해서는 사원을 전국적으로 기록한 지리지뿐만 아니라 경북이나 경주지역의 사찰을 상세히 기록하고 있는 읍지에 대한 검토가 필요하다. 이유는 전국적 규모로 사원을 수록한 자료는 경주지역 사원수의 시기별 추이를 구체적으로 살피기에는 한계가 있으며, 경주지역에 국한된 자료는 전국적 규모에서 사찰의 증감 및 동향을 파악하기에 한계가 있기 때문이다. 예컨대 이병희는 조선전기의 『신증동국여지승람新增東國輿地勝覽』, 조선후기의 『여지도서輿地圖書』, 조선말기의 『조선불교통사朝鮮佛敎通史』를 기초로 조선시대 전국 사찰수의 변화와 그 추이를 살폈다.[1] 이 논고는 전국적 규모와 시기별 사찰의 증감을 살피고 그 결과를 검토한 연구 성과라는 점에서 높이 평가할 만하다. 그러나 필자도 언급한 바와 같이 그의 글은 어디까지나 군현별 사찰수의 변동이나 그 지역 불교계의 동향을 살피기 위한 기초 작업일 뿐이다.[2] 때문에 경주와 같은 특정 지역의 사원수를 전기와 후기, 말기라고 하는 전환기적 범위가 아닌 최소한 100여 년 단위로 일정기간 그 증감을 살피기에는 분명한 한계를 지니고 있다. 필자는 이러한 한계를 극복하기위해 『동경잡기』와 『경상도읍지』, 『경주읍지』를 연구대상에 포함시켰다. 이와 같은 연구 자료의 확충과 광범위한 연구방법론은 이전의 연구 성과에 대해 객관적으로 검증할 수 있는 기반도 제공할 것이다.

본 논문은 경주지역 사원수의 증감과 그 성격을 객관적으로 검토하기 위해 사원수를 전국적 규모로 수록한 지리지로는 『신증동국여승람』(1531)과 『여지도서』(1765)를 활용하였고, 도 단위의 사찰 수는 『경상도읍지慶尙道邑誌』(1832)를 분석하였다. 또한 경주지역 사찰수의 증감은 『동경잡기東京雜記』(1670)와 『경주읍지慶州邑誌』(1932)를 대상으로 하였다. 이들 자료를 시기 순으로 나열하면 『신증동국여승람』(1531) → 『동경잡기』(1670) → 『여지도서』(1765) → 『경상도읍지』(1832) → 『경주읍지』(1932)순이다. 이 가운데 1932년에 찬술된 『경주읍지』는 시기적으로는 조선시대에 해당되지 않는 문제점을 지니고 있다. 그러나 이 자료는 다섯 가지 자료 중에서 경

1 이병희, 「조선시기 사찰의 수적 추이」, 『역사교육』 61, 역사교육연구회, 1997.
2 이병희, 앞의 글, p.68.

주지역의 사원을 가장 많이 수록하고 있는데, 대부분의 수록 사원 역시 찬술 당시 창건된 사원이 아닌 이전 자료에서 수록하지 못한 신라시대 경주지역에 현존했던 사원들을 수록하고 있다.

요컨대 필자는 이들 다섯 종의 자료를 통해서 1500년대부터 1900년대 초반기에 이르기까지 경주지역 사원의 수적 증감을 살피고자 한다. 아울러 사원수의 증감에 따른 배경이나 그 성격 역시 검토하고자 한다. 먼저 선학들의 연구 성과를 기초로 조선시대 이전 경주지역의 사원수를 검토하고자 한다. 이것은 우리나라 불교사에서 경주가 차지하는 불교사적 위상과 조선시대 불교 억압의 정도를 파악하는 기초를 제공할 것이다. 시기적 범위는 신라시대부터 『삼국유사』나 『삼국사기』에 사원의 흔적이 나타나는 고려후기까지이다.

조선시대 경북지역 사원수의 증감에 대한 검토는 다른 지역과의 비교 속에서 경북지역의 불교세를 살피고, 경주지역 사원수의 증감과 그 변동에 따른 성격을 검토하는 실마리를 제공해 줄 것이다.[3] 아울러 조선시대

---

3 본 연구를 위한 기반제공은 선행연구에 의존했음을 밝혀둔다. 예컨대 조선시대 이전 경주지역의 사원수와 동향이라든지 조선시대 경북지역 사원수의 증감과 같은 통계와 분석은 다음의 논고를 참조하였다.
김복순, 「신라왕경사찰의 분포와 체계」, 『신라 왕경의 구조와 체계』 신라문화제학술논문집 27집, 2006.
차순철, 「일제강점기 慶州地域 寺名 推定過程 검토」, 『신라사학보』 7, 신라사학회, 2006.
박방용, 「Ⅲ.도성과 사찰」, 『신라도성연구』동아대박사학위논문, 1998.
황상주, 『경주지역 신라사지연구』단국대박사학위논문, 2001.
大阪金太郎, 「慶州 新羅廢寺址の 寺名推定に就て」, 『朝鮮』 10, 1931.
이병희, 「조선시기 사찰의 수적 추이」, 『역사교육』 61, 역사교육연구회, 1997.
이경순, 「조선시대 경북지역의 불교」, 『경북학의 정립과 정신문화사 연구』, 한국국학진흥원, 2007.
오경후, 「조선시대 불교계의 동향과 경주의 불교문화」, 『경주시사』Ⅱ, 경주시사편찬위원회, 2006.

경주지역 사원수 검토는 경북지역과 경주지역의 사원이 꾸준히 증가한다는 연구 성과를 검증하는 작업이 될 것이다. 이와 같은 과정을 거쳐 억압과 소외의 시기에 경주지역의 불교가 굳건히 유지될 수 있었던 원인을 살필 수 있을 것이다.

2 조선시대 이전 경주지역의 사원 수

불교가 528년(법흥왕 15) 신라에 공인된 이후 흥륜사가 최초로 창건되고 많은 사원들이 창건되었다. 신라 도성인 경주는 "하늘의 별처럼 사원들이 펼쳐져 있고 탑들은 기러기 행렬과 같다."고[4] 표현할 정도로 사원이 많았다. 우리나라 고대의 역사와 문화를 수록하고 있는 『삼국사기』와 『삼국유사』, 그리고 각종 금석문 자료를 기초로 확인된 신라의 사원은 대략 500여 개가 된다고[5] 한다. 처음 경주일원에서부터 시작된 사원창건은 점차 지방으로 확대되어 세워진 것으로 추정할 수 있다. 이 가운데 경주지역에 조영된 사지寺址는 국립경주박물관의 『경주유적지도』에 의하면 224개였으며[6] 경주지역 지표조사 결과 203개라는 견해도 있다.[7] 그러나 『삼국사기』·『삼국유사』와 같은 문헌사료와 당시의 금석문과 같은 고고미술자료를 기초로 검토한 신라 사원 가운데 명칭이 밝혀져 있는 도성

4 『三國遺事』 卷第3 興法第3, 「原宗興法 厭髑滅身」條
5 진성규·이인철 지음, 『신라의 불교사원』, 백산자료원, 2003, p.261.
6 국립경주박물관, 『경주유적지도』, 1997, pp.348~355
7 박방용, 「도성과 사찰」, 『신라도성연구』, 동아대박사학위논문, 1999, pp.139~145.
박방용, 「신라왕경의 사찰조영」, 『미술사학』 13, 한국미술사교육연구회, 1999, p.117.

내에 위치한 사원수는 많지 않다.

〈표 1〉 신라도성내에 위치한 사원수

박방용[8]	진성규 · 이인철[9]
감산사, 감은사, 금강사, 고선사, 곤원사, 구원사, 굴불사, 기원사, 금곡사, 금광사, 기림사, 남윤사, 남항사, 남산사, 담암(엄)사, 도량사, 동천사, 도림사, 도중사, 돌백사, 망덕사, 藏사, 미탄사, 밀곡사, 모(경)지사, 문수사, 민장사, 백률사, 보리사, 보문사, 분황사, 불국사, 반향사, 법류사, 법림사, 벽사, 봉덕사, 봉성사, 봉은사(보은사), 미개사, 불무사, 사자사, 사천왕사, 삼랑사, 석가사, 석불사, 석장사, 선방사, 숭복사(곡사)신원사, 세달사(흥교사), 생(성)의사, 실제사, 염불사, 영묘사, 영흥사, 용장사, 원원사, 이차사, 인용사, 임천사(천임사), 안흥사, 애공사, 양관사, 양존사, 양피사, 엄장사, 유덕사, 영경사, 왕망(만)사, 웅수사, 원녕사, 원정사, 자추사, 장수사, 중생사, 지중사, 창림사, 천관사, 천용사(고사), 천엄사, 천은사, 천주사, 청용지사, 피리사, 호원사, 황용사, 황복사, 홍륜사, 혜숙사, 홍효사, 황성사, 혈사, 사제사, 신선사, 갑산사, 만정지사, 인정지사	감산사, 감은사, 경지사, 고선사, 곡사(숭복사), 구원사, 굴불사, 금강사, 금곡사, 금광사, 기림사, 기원사, 남간사, 남항사, 담암사, 대곡사, 도량사, 도림사, 도중사, 동천사, 만선도량, 망덕사, 문수사, 모지사, 무장사, 미탄사, 민장사, 반향사, 백률사, 법류사, 법림사, 벽사, 보리사, 보문사, 복천사, 봉덕사, 봉성사, 봉은사, 부개사, 분황사, 불국사, 불무사, 사자사, 사천왕사, 삼랑사, 생의사, 석가사, 석불사, 석장사, 선방사, 송화방, 수원사, 신선사, 신원사, 신인사, 실제사, 안계사, 안흥사, 양관사, 양존사, 양피사, 애공사, 엄장사, 영경사, 영묘사, 영흥사, 왕망사, 용장사, 원녕사, 원연사, 원원사, 유덕사, 이거사, 인용사, 임천사, 자추사, 장수사, 정혜사, 중생사, 창림사, 천관사, 천룡사, 천엄사, 천은사, 천주사, 청룡사, 취선사, 피리사(염불사), 형사, 혜숙사, 호원사, 홍효사, 황룡사, 황복사, 황성사, 홍륜사
98	96

<표 1>은 박방용과 진성규 · 이인철이 연구 성과로 제시한 신라시대 도성내의 사원수다. 박방용은 98개, 진성규 · 이인철은 96개를 제시하고 있다. 이에 대해 김복순은 사원의 도성 소재 여부를 검토하고, 두 연구 성과에서 누락된 사원을 추가시켰다.[10] 씨는 이인철이 제시한 96개 사원

8 박방용, 「신라왕경의 사찰조영」, 『미술사학』 13, 한국미술사교육연구회, 1999, p.115.

9 진성규 · 이인철 지음, 『신라의 불교사원』, 백산자료원, 2003. 김복순, 「신라왕경사찰의 분포와 체계」, 신라왕경의 구조와 체계』 신라문화제학술논문집 27집, 2006, p.109에서 재인용.

10 김복순, 「신라왕경사찰의 분포와 체계」, 신라왕경의 구조와 체계』 신라문화제학술논문집 27집, 2006.

수 가운데 수원사와 복천사는 각각 공주와 김해에 있었기 때문에 도성 내에 소재한 사원수를 94개로 정리했으며, 박방용 역시 세달사(흥교사)를 왕경 사원으로 보고 있지만, 영주의 부석사 내지는 경기 풍덕, 또는 영월에 있는 사원으로 언급되고 있기 때문에 97개로 정리해야 한다고[11] 하였다. 또한 진성규와 이인철의 연구 성과는 박방용이 제시한 곤원사, 남산사, 돌백사, 밀곡사, 사제사, 웅수사, 지중사, 갑산사, 만정지사, 인정지사에 대해 누락시켰고, 박방용 역시 대곡사, 만선도량, 송화방, 신인사, 안계사, 정혜사, 취선사를 누락시켰다. 아울러 두 연구자는 곡사와 숭복사를 동일한 사원으로 보고 있는데, 곡사는 원성왕릉이 들어서면서 폐사廢寺가 되고, 숭복사는 근처의 초월산으로 자리를 옮겨 창건하였기 때문에 완전히 별도의 사원으로 보아야 한다.[12] 요컨대 김복순은 신라의 도성 소재 사원으로 그 명칭을 확인할 수 있는 사원수를 약 105개로 추정하였다.[13]

한편 신라의 사원은 시기에 따라 그 창건 사원의 증감이 보인다. 박방용은 그가 제시한 경주일원의 신라시대 사원 203개 가운데 23개의 사원이 삼국시대(528~668) 창건사원으로 추정하였다.[14] 이 가운데 흥륜사, 영흥사, 황룡사, 영묘사, 분황사는 담암사, 사천왕사와 함께 전불시대前佛時代 7처 가람으로 대표되는 사원들이다. 이들 사원들은 신라 전통신앙의 성

11 김복순, 앞의 글, p.110.
12 김복순, 앞의 글, p.111.
13 김복순, 앞의 글, p.116. 그러나 김복순은 박방용이 자신의 논문에서 98개의 사원을 제시하였지만(p.115), 97개로 이해하였다. 때문에 애초 98개의 사원을 토대로 한다면 104개의 사원이 아닌 105개의 사원이 되어야 할 것이다.
14 박방용, 앞의 글, p.120. 박방용은 23개의 사원 가운데 삼국시대에 창건된 것으로 확신할 수 있는 사원은 22개라고 하였다.

소였던 곳이었다가 불교성지로 바뀌었으며, 전통신앙의 사회적 양태가 불교신앙으로 바뀌어 나가는 모습이 7처 가람에 그대로 투영되어진 것이라고 할 수 있다.

한편 통일신라기(669~935)에 창건된 사원수는 181개나 되는데, 이것은 삼국시대가 140년에 불과하고, 통일신라기는 330년이나 되어 존속기간의 차이도 무시할 수 없다. 그러나 삼국통일과 함께 고구려와 백제의 유민들이 도성으로 집중하는 현상을 나타내면서 인구가 급증하고 도성도 확대되면서 사원수도 증가하였을 것이다. 아울러 귀족층에서는 개인의 기복祇福을 기원하는 원찰願刹성격의 사원 역시 조영되었는데, 이 역시 사원수가 증가하는 원인이 되었다.[15] 그러므로 신라시대 사원수 증가에 대한 검토는 7처 가람설이나 국가에서 운영하는 사원, 귀족이나 왕실의 원찰願刹에 대한 여러 가지 사정을 살피는 작업이 사원증가의 원인이나 사원이 지닌 성격 등을 살피는데 필요한 작업이다.

7처 가람설이 형성된 것은 신문왕 9년 무렵 천도가 좌절된 시점에 형성되었을 것이다.[16] 즉 신문왕이 삼국통일 후 왕경이 지닌 지역적 편협성 등을 문제 삼아 달구벌로 천도하자는 의논을 결정하자, 기득권을 포기할 수 없었던 신라귀족들은 반대 이유를 찾았다. 예컨대 귀족들은 왕경지역은 전세前世 때부터 지중한 불연佛緣으로 7처 가람이 조성된 곳으로 이들 사원들이 왕경王京을 진호鎭護하고 있어 천도가 불가능하다는 주장을 전개하였을 것이다. 여기에 자장, 원효 등의 고승들이 불교를 크게 부흥시키고 사원 역시 창건하였다. 더욱이 통일 이후에는 대표적인 사원인 성전

15 박방용, 앞의 글, 124.
16 김복순, 앞의 글, p.120.

사원成典寺院은 신문왕 4년인 684년에 등장하였는데, 사천왕사, 봉성사, 감은사, 봉덕사, 봉은사, 영묘사, 영흥사의 7개다. 이들 성전사원은 왕실이나 국가의 안녕을 기원하는 기복처祇福處로서 국가적 의례가 행해진 관사로서 봉사奉祀의 기능이 강조되어 왔다. 성전사원은 754년(경덕왕 18) 이전에 시작되어 805년(애장왕 6)까지 지속되었고[17]사천왕사나 감은사의 영역으로 미루어 본다면 성전사원은 방대한 사역寺域으로 추정할 수 있으며, 왕경 외곽에 위치한 감은사만 제외한다면 모두 도성 내에 자리 잡고 있는 특징을 지니고 있다.

왕실과 귀족들이 원찰로서 건립한 사원 역시 적지 않은 수를 차지하고 있다. 김인문의 명복을 빌기 위해 세운 인용사나 신충의 억울함을 풀어주기 위해 건립된 신충봉성사는 고인의 명복을 빌기 위한 사원이다.[18] 또한 황룡사는 성전사원으로 지정되지는 않았지만, 궁궐을 축조하려다 사원으로 바뀌었다는 점이나 9층 목탑을 건립한 점이나 사주寺主가 신라 불교를 총괄하는 국통國統을 겸했다는 점으로 미루어 국가에서 경영한 사찰이었을 것이다. 아울러 초개사나 원녕사는 원효와 자장이 희사한 사원이며, 6두품 출신의 김지성이 건립한 감산사는 그가 퇴직한 후 국왕과 부모를 위해 건립한 사원으로 개인원찰이다. 김대성의 불국사나 석불사 역시 개인적인 발원에서 시작되어 건립은 국가에서 이어서 완성시킨 형태다.

요컨대 신라시대 창건된 203개~224개나 되는 도성내의 많은 수의 사

17 채상식, 「신라통일기의 성전사원의 구조와 기능」, 『부산사학』 8, 1984, pp.81~105. 박방용, 앞의 글, p.117에서 재인용.
18 김복순, 앞의 글, p.131.

원은 불교공인 이후 사원창건의 사회경제적인 배경도 있었지만, 신라인들의 불교사상이나 신앙과도 관련이 깊다. 아울러 신라가 불교와 지중한 인연을 지니고 있다는 7처 가람설이나 불국토설, 그리고 성전사원 설치와 왕과 왕실뿐만 아니라 귀족층에게 널리 유행한 원찰願刹에 대한 인식은 경주가 "하늘의 별처럼 사원들이 펼쳐져 있고 탑들은 기러기 행렬과 같다."는 인식을 갖게 된 근본적인 배경이라고 할 수 있다.

3 조선시대 경주지역 사원의 수적 증감

조선시대 경주지역 사원의 수적 증감여부를 검토하기 위해서는 조선 전기부터 후기에 걸쳐 편찬된 전국적 규모의 지리지나 경주읍지를 상세히 검토할 필요가 있다. 조선시대 지리지는 국가의 운영과 통치의 기본 자료로 활용하기 위한 의도로 편찬되었다. 본 논문은 『신증동국여승람』(1531)과 『여지도서』(1765)를 활용하였고, 도 단위의 사원수는 『경상도읍지慶尙道邑誌』(1832)를 분석하였다. 또한 경주지역 사원수의 증감은 『동경잡기東京雜記』(1670)와 『경주읍지慶州邑誌』(1932)를 대상으로 하였다. 이들 자료 가운데 전국적 규모의 지리지는 조선시대 전국 사원수와 경북지역 사원수를 검토하는 기초자료로 활용하였고, 읍지는 경주지역 사원수의 증감을 검토하고 분석하는 자료로 활용하였다. 요컨대 필자는 이들 자료를 기초로 조선시대 전시기 동안 경주지역 사원의 증감을 통해 불교계의 위상과 그 성격을 정리하고자 한다.

1) 경북지역 사원수의 증감

조선시대의 불교사원은 시기가 흐를수록 감소추세를 보인다. 아래의 표는 조선전기부터 말기까지의 전국 사원수의 변동을 정리한 것이다.

〈표 1〉 朝鮮時代 地理誌에 나타난 寺院數[19]

도명 \ 지리지	新增東國輿地勝(조선전기)	輿地圖書(조선후기)	朝鮮佛敎通史(조선말기)
경기도	212	139	189
충청도	260	186	136
경상도	284	331	338
전라도	280	217	213
황해도	213	129	61
강원도	113	158	114
함경도	75	143	98
평안도	75	234	134
계	1,658	1,537	1,283

조선전기에 편찬된 『신증동국여지승람』에 의하면 전국의 사원수는 모두 1,658개에 이른다. 영조英祖 후반기 각도各道에서 상송上送된 읍지邑誌·영지營誌·진지鎭誌를 기초로 편찬된 『여지도서』는 모두 1,537개의 사찰을 수록하고 있다. 이 수치는 금폐사원今廢寺院을 제외한 당시 현존하는 사원수이다. 아울러 『여지도서』가 편찬되고 150여 년 정도 경과한 1910년대에 간행된 『조선불교통사』는 1,283개의 사원수를 수록하고 있다. 왜란과

19 이병희, 「조선시기 사찰의 수적 추이」, 『역사교육』제61집, 역사교육연구회, 1997, p.54 <표 12> 재인용

호란 이후인 조선후기와 말기에 254개의 사원수가 감소하여, 121개가 감소되는 조선전기와 조선후기의 감소보다 큰 차이를 살펴 볼 수 있다. 이 가운데 경상도는 조선전기에는 284개, 조선후기에는 331개, 조선 말기에는 338개로 계속 증가했다. 『신증동국여지승람』이 편찬되고 『여지도서』가 편찬되기까지 270여 년 동안 47개가 증가하였고, 역시 『여지도서』가 편찬되고 『조선불교통사』가 찬술되기까지의 150년 사이에 7개가 증가하여 전체적으로 보면 54개의 사원이 증가하였다. 요컨대 <표 1>에 의하면 조선시대 불교의 쇠퇴로 사원이 감소하는 추세에서 경상도는 조선전기에서 말기까지 사원이 계속 증가하는 유일한 지역이다. 더욱이 『여지도서』에는 경상도의 11개 군현이 누락되어 있었다. 조선전기에는 사원과 승려의 수적 감소가 있었고, 양란 이후에는 산성축조와 방어, 종이 생산과 납부 등 각종 역과 공물貢物의 부담이 전가되어 승역의 부담이 더욱 전가되는 상황에서 사원수의 증가는 확실히 주목할 만하다.[20]

〈표 2〉 朝鮮時代 地理誌에 나타난 慶北地域 寺院數[21]

<table>
<tr><th colspan="2">新增東國輿地勝覽
(조선전기)</th><th colspan="2">輿地圖書
(조선후기)</th><th>朝鮮佛教通史
(조선말기)</th><th>嶠南誌
(1937년 증보)</th></tr>
<tr><td>佛宇條</td><td>古跡條</td><td>寺刹條</td><td>古跡條</td><td rowspan="2">113</td><td rowspan="2">413(88)</td></tr>
<tr><td>151</td><td>16</td><td>249(53)</td><td>17</td></tr>
</table>

(　)안은 今廢·今無로 기록된 사원수

20 경상도 사원수의 증가에 대해서는 지리지 편찬의 과정에서 경상도에 관한 정보가 타도에 비해 충실히 轉載되었음을 그 이유로 들고 있지만(이병희, 앞의 글, pp. 41~42 ; 이경순, 「조선시대 경북지역의 불교」, 『경북학의 정립과 정신문화사 연구』, 한국국학진흥원, 2007, p.181) 인구변화나 자연조건과 함께 지역민의 신앙심이나 승려들의 사원경제회복을 위한 자구책 마련과 같은 불교계 자체의 동향이 일차적인 연관성을 지니고 있다.

21 이 표는 이경숙의 논고(「조선시대 경북지역의 불교」, 『경북학의 정립과 정신문화사 연구』,

한편 <표 2>는 조선시대 경주부慶州府가 소속되어 있는 경북지역 사원수의 변동을 정리한 것이다. 『신증동국여지승람』에 기재된 전국의 사원수는 1,618개이며, 고적조古跡條에 기재된 사원은 70개이다. 경상도의 사원수는 전체 284개인데, 사寺가 256개, 암庵은 26개, 굴窟이 2개로 구성되어 있었다. 이 가운데 경북지역의 사원수는 151개이고 16개의 사원이[22] 고적으로 수록되어있다. 사원수가 10개 이상 되는 군현은 경주부(12), 영천군(11), 선산도호부(15) 3곳이다. 조선후기 『여지도서』는 『신증동국여지승람』보다 복잡한 구성의 사원수을 수록하고 있다. 예컨대 사원명을 기재한 다음 그 뒤에 작은 글씨로 '금폐今廢'·'신증新增'·'금증今增'과 같은 표기를 해두었다. 『여지도서』 고적조의 사원을 제외한 사원수는 1,902개에 이르는데 경상도가 475개로 가장 많다.[23] 이 가운데 경북지역 사원은 249개이다. 전국의 금폐사원은 365개인데 경상도가 144개로 가장 많은 수를 차지했다. 이 가운데 경북지역의 금폐사원은 53개였다. 또한 '신증新增'이나 '금증今增'사원은 전국적으로 173개에 이르는데, 경상도가 143개로 전국 173개 사찰의 80% 이상을 차지한다. 『여지도서』편찬 당시 금폐사원을 제외한 현존 사원수는 1,537개인데 경상도가 331개이다. 이 가운

한국국학진흥원, 2007, pp.175~180)를 기초로 정리하였다. 이경숙은 이병희의 연구 성과를 토대로 조선시대 경북지역 사원수의 변동을 정리하였는데, 영남지역에 관한 여러 정보가 수록된 사찬지리서인 『嶠南誌』에 수록된 사원수를 분석하여 전국적 규모의 지리서가 지닌 한계를 보완하였다.

22 이경순은 경주부의 '坤元寺 北淵' 역시 사원으로 인식하여 고적조에 수록하고 있다.(이경순, 앞의 글, p.175 <표 1>) 그러나 '곤원사 북연'은 사원을 지칭하는 것이 아니고 고려 무신난 당시 李義旼이 毅宗을 시해하여 시신을 가마솥에 넣어 던진 연못을 지칭하는 것이다.(『신증동국여지승람』제21권 경상도 경주부 고적조) 때문에 고적조의 사원수에서는 제외되어야 한다.

23 이병희, 앞의 글, p. 41. ; 이경순, 앞의 글, p.177.

데 사寺가 251개, 암庵이 76개, 전殿·탑塔·굴窟·대臺 등으로 구성된 기타가 4개이다. 이 가운데 경북지역의 사원수는 196개가 수록되었다. 경북지역에서 10개 이상의 사원이 기재된 군현은 경주(17)·안동(11)·선산(12) 등이다.[24]

조선 말기의 『조선불교통사』는 전체 1,475개 사원을 수록하였는데, 경상도 사원은 394개를 차지하며, 경북지역에서 10개 이상의 사원이 기재된 군현은 경주(14)·안동(22)·영천(22)·청도(15)·상주(12)·금산(19)·문경(18) 등이다.[25]

한편 1875년 경상도에서 편찬되었다가 1937년 증보, 첨삭되어 간행된 『교남지嶠南誌』는 경상도 관찰사가 편찬하여 조선 말기에서 일제시대 영남지역의 사원수를 수록하고 있다. 『교남지』는 전국적 규모로 편찬된 지리지 보다는 영남지역의 다양한 정보를 집중적이고도 구체적으로 수록하였기 때문에 사원수의 증감을 중심으로 한 불교계의 동향을 면밀히 검토할 수 있다는 점에서 주목된다.

〈표 3〉 朝鮮後期 慶北地域의 10개 이상의 寺院이 소재한 郡縣[26]

지 역	『교남지』 사찰조	
	현존사찰	금폐사찰(今無·舊廢)
경주군(23)	영묘사, 분황사, 불국사, 기림사, 감은사, 백률사, 천주사, 석장사, 법광사, 천룡사, 무장사, 용장사, 정혜사, 영흥사, 흥륜사, 애공사, 삼랑사, 숭복사(18)	사천왕사, 봉성사, 신원사, 고선사, 감산사(5)
경산군(10)	심천사, 망월사, 밀암사, 경흥사, 안흥사, 백자암(6)	구주사, 쌍계사, 조계암, 여불암(4)

24 이경순, 앞의 글, p.177 <표 2> 참조.
25 이병희, 앞의 글, pp.51~53.
26 이 표는 이경숙의 논고(「조선시대 경북지역의 불교」, 『경북학의 정립과 정신문화사 연구』,

자인군(16)	대흥사, 중암, 상암, 옥천암, 망천암, 석송암, 반룡사, 내원암, 취운암, 대적암, 은선암, 안적암, 신림사, 성재암(14)	명적암, 백운암(2)
상주군(22)	용암사, 승장사, 동해사, 남장사, 북장사, 용흥사, 대승사, 김룡사, 청계사, 미면사, 서산암, 견일암, 영수암, 갑장암(14)	용담사, 미륵암, 동관음사, 내원암, 명월암, 견일암, 정수암, 청용암, 성불암(9)
선산군(31)	도리사, 도선암, 주륵사, 수다사, 득익사, 접성사, 미봉사, 금당암, 용수암, 문수사, 죽림사, 옥림사, 진남사, 대둔사, 시정사, 석수암, 동양암, 용택암, 보봉암, 화암, 약사암, 원통암, 중암, 신대암(24)	대혈사, 정지암, 석천사, 죽장사, 원흥사, 쌍령암, 굴암(7)
안동군(18)	법룡사, 청량사, 개목사, 법흥사, 서악사, 현묘사, 봉정사, 광흥사, 중대사, 용담사, 애연사, 홍제암, 취서사, 황산사(14)	백련사, 임하사, 법림사, 삼백암(4)
성주군(16)	용흥사, 심원사, 안봉사, 적산사, 쌍계사, 수도사, 안국사, 달전사, 두모사, 청암암, 수도암, 용기사, 도원암, 일요암(14)	법수사, 태봉사(2)
청도군(14)	적천사, 운문사, 죽림사, 신둔사, 대비사, 대적사, 수암사, 천주사, 부령사, 용수암(10)	장연사(폐지), 억만사(구폐), 처성사(구폐), 칠엽사(구폐) (4)
인동군(21)	선봉사, 천수사, 비암사, 홍인사, 가섭사, 명적암, 향적암, 옥계암, 수둔암, 남동암, 영신사, 봉두암, 삽제사, 박곡암, 증동암, 천선암, 죽방사, 대흥사, 모가사, 향일암, 은선암(21)	
영천군(21)	정각사, 공덕사, 운부사, 거조사, 은해사, 원명사, 안흥사, 상원사, 죽방사, 백흥암, 상용암, 충효암, 중암암, 서운암, 백운암, 기기암, 백련암, 영지사, 묘각사, 선흥사, 정각사(21)	
의성군(12)	수량암, 백장사, 고운사, 주월사, 용연사, 지보사, 운남사, 광당, 보암사, 압곡사(10)	빙산사, 청학사(2)
영해군(10)	유금사, 장육사, 봉정사, 서왕사, 오현사, 성황사, 원신암(7)	범흥사, 위장사, 묘장사(3)
대구부 및 달성군(23)	동화사, 파계사, 용연사, 운흥사, 부인사, 남지장사, 북지장사, 대산사, 임수사, 은적암, 안일암, 편양암, 자화사, 선사암, 관음암, 지묘사, 심룡사, 연수사(18)	용천사, 보제사, 대비사, 만수사, 인흥사(5)

한국국학진흥원, 2007, pp.179~180)를 기초로 재구성하였다.

『교남지』에 수록된 경북지역의 사원은 41개 군郡에서 413개가 기재되었으며 당시 현존사원은 325개이다. 이 가운데 10개 이상의 사원이 기재된 군은 경주군(23), 경산군(10), 자인군(16), 상주군(22), 선산군(31), 안동군(18), 성주군(16), 청도군(14), 인동군(21), 영천군(21), 의성군(12), 영해군(10)이다. 413개의 사원수는 『교남지』가 비록 1875년에 편찬되고 1937년 증보의 과정을 거쳤지만, 1765년 편찬된 『여지도서』에 수록된 196개의 경북지역 사원수와는 매우 큰 차이를 보이고 있다. 양란 이후 일반 양민들의 국역부담은 대동법이나 균역법의 시행으로 점차 완화되었지만, 승려들의 부담은 가중되어 환속하는 일까지 빈번했다. 이와 같이 양란 이후 불교계는 암울한 상황이 진행되어갔지만, 경북지역은 꾸준히 증가하고 있음을 살필 수 있다. 이러한 사실은 1737년 "영남嶺南의 한 도道로 말하더라도 큰 사찰寺刹이 3백여 개이며, 절마다 각기 승려가 4,5백 명이나 된다."는 부호군副護軍 이목李穆의 상소문 내용[27]도 뒷받침하고 있다. 그러나 이러한 경북지역 사원수의 증가가 개별 군현차원에서 조사가 이루어졌을 때도 변함없이 나타날지는 의문이다.

2) 경주지역 사원의 수적 증감

조선전기 대표적인 관찬지리지인 『세종실록』 지리지의 경상도 경주부조는 경주의 사원 3개를 수록하고 있다. 예컨대 기림사祗林寺, 영묘사靈妙寺,

27 『영조실록』 45권 영조13년 9월 11일(병신), 국사편찬위원회, 42책, p.568.

봉덕사奉德寺는 신라시대에 창건되어 그 역사성과 함께 불교문화적 가치를 지니고 있는 사원이다.[28] 그러나 『세종실록』은 형식적인 조사를 기초로 매우 소략하게 수록하였다.

〈표 4〉『新增東國輿地勝覽』과 『東京雜記』에 記載된 慶州地域 寺院數

地理誌	古跡條	佛宇條	計
新增東國輿地勝覽(1531)慶州府	曇巖寺・天官寺・皇龍寺・四天王寺・奉聖寺・永興寺・興輪寺・神元寺・昌林寺・南山寺(10)	靈妙寺・芬皇寺・佛國寺・祇林寺・感恩寺・栢栗寺・天柱寺・錫杖寺・法光寺・天龍寺・鍪藏寺(新增)・茸長寺(新增) (12)	22
東京雜記(1670)	曇巖寺・天官寺・皇龍寺・四天王寺・奉聖寺・永興寺・興輪寺・神元寺・昌林寺・南山寺・哀公寺・北檢寺・虎願寺(13)	靈妙寺(今廢)・芬皇寺・佛國寺・祇林寺・感恩寺(今廢)・栢栗寺・天柱寺・錫杖寺・法光寺・天龍寺・鍪藏寺・茸長寺・淨惠寺(新增)・斗德庵(新增)・遠願寺(新增)・開善寺(新增)・深源寺(新增)・障川寺(新增)・黃龍寺(新增)・斷石寺(新增)・金谷寺(新增)・安谷寺(新增)・太華寺(新增)・大屯寺(新增)・巨洞寺(新增)・密谷寺(新增) (24)	37

성종은 1481년(성종 12)에 완성된 『동국여지승람東國輿地勝覽』을 김종직金宗直・성현成俔・채수蔡壽 등에게 명하여 『대명일통지大明一通志』의 체제에 따라 그 체제와 내용을 수정하도록 하였는데, 몇 차례 교정을 거쳐 1531년(중종 26) 6월에 간행하였다. 그러므로 『신증동국여지승람』은 『동국여지승람』을 기본으로 약간의 내용을 보완하였으며, 추가한 부분을 '신증新增'으로 표기하였다.[29] 『신증동국여지승람』은 용장사와 무장사 2개의 사원

28 『세종실록』지리지, 경상도 경주부, 국사편찬의원회, 5책, p.637.
29 정두희, 「조선초기 지리지의 편찬(1・2), 『역사학보』 69・70, 역사학회, 1976.

을 경주지역의 신증사원으로 수록하였다. 『신증동국여지승람』 고적조에 수록된 경주지역의 사원은 10개로 전체 70개의 고적조 사원 가운데 가장 많은 수를 차지한다. 그러나 경주는 『신증동국여지승람』 불우조에 11개의 사원이 기재되어 10개 이상의 사원이 소재한 31개 군현 가운데 포함은 되지만, 한성(18), 진주(19), 회양(23), 안주(20)와 비교하면 매우 적은 수치를 차지하고 있다. 이에 대해 이병희는 경주는 평양과 함께 "유서 깊은 고을이기에 많은 사찰이 있었지만, 그 위치가 하락하여 가면서 많은 사찰이 망사亡寺의 지경에 이른 것으로 이해된다."고[30] 하였다. 이러한 견해는 부분적으로 이해되지만, 『신증동국여지승람』이 경상도 지역에 관한 정보를 상세히 조사하여 수록하고 있음에도 불구하고 전국적 규모로 작성된 한계를 극복하지 못한 점을 감안한다면 구체적인 조사에서 적지 않은 문제점을 지니고 있다. 이것은 1670년(현종 11) 편찬 간행된 『동경잡기東京雜記』와 비교했을 때 주목할 만한 부분이다.

『동경잡기東京雜記』는 "경주부사 민주면閔周冕이 편찬한 것으로 읍지례邑志例를 본 따서 신라 혁거세 이후의 풍속과 사적을 기록하였다."[31] 즉 경주부사 민주면은 고도古都 경주의 충효, 절의, 민풍民風, 사적事蹟 가운데 민멸泯滅할 것을 염려하였다.[32] 그는 『신증동국여지승람』을 저본으로 하고 『삼국사기三國史記』, 『삼국유사三國遺事』, 『고려사高麗史』, 『동국통감東國通鑑』, 『경주선생안慶州先生案』, 『호구戶口·전결문서田結文書』 등의 문헌을 참고하여 3권 총 49개

차문섭, 「신증동국여지승람」, 『한국의 명저』, 현암사, 1969.
이태진, 「『동국여지승람』편찬의 역사적 성격」, 『한국고전심포지움』, 일조각, 1980.
30 이병희, 앞의 글, pp.36~37.
31 徐有榘, 「鏤板考」, 寶蓮閣, 1968, p.72.
32 尹 拯, 「閔周冕墓誌銘」, 『明齋集』 36(奎章閣所藏本, 奎4828) p.35.

조의 항목으로 구성된 『동경잡기』를 편찬 간행하였다.[33] 이 가운데 불우·고적조는 권2에 수록되어 있다. 결국 『동경잡기』는 『신증동국여지승람』을 저본으로 하였지만, 『신증동국여지승람』이 다루지 않은 소략한 부분을 여러 문헌과 문서, 그리고 당시에 채록한 것들을 이용해서 증보하여 편찬하였다.

<표 4>는 『신증동국여지승람』과 『동경잡기』에 수록된 사원을 정리해놓은 것이다. 『신증동국여지승람』에 수록된 경주지역의 사원수는 고적(10)과 불우(12)를 합해 전체 22개에 이른다. 그 후 약 100여 년 후에 편찬된 『동경잡기』는 고적(13)과 불우(24)조에 수록된 사원을 합해 전체 37개를 기재하고 있다. 이 가운데 『동국여지승람』과 『신증동국여지승람』 불우조에서는 2개의 차이를 보이지만, 『동경잡기』 단계에서는 『신증동국여지승람』 편찬 당시 조사되지 못한 사원을 '신증新增'으로 표기하여 무려 14개의 사원을 증보하여 수록하였다. 또한 영묘사靈妙寺와 감은사感恩寺는 『동경잡기』에서는 『신증동국여지승람』에서 보이지 않았던 '금폐今廢' 사원으로 표기되었다. 『동경잡기』의 '신증' 표기는 이전의 역사서뿐만 아니라 경주와 직접 관련된 다양한 자료를 참고한 결과이다. 예컨대 천용사天龍寺는 『신증동국여지승람』에서 "재고위산在高位山"으로만 표기되어 있지만,[34] 『동경잡기』는 "재고위산부남거이십오리在高位山府南距二十五里"라고[35] 하여 거리까지 구체적으로 표기하고 있으며, 분황사芬皇寺 역시 『신증동국여지승람』은 김극기金克己의 시詩를 마지막으로 수록하고 있지만,[36]

---

33 柳富鉉, 「『東京雜記』의 書誌學的 硏究」, 『書誌學硏究』 7, 서지학회, 1991, p.68.
34 『新增東國輿地勝覽』 卷21, 慶州府 佛宇條, 아세아문화사, 1983, p.369.
35 『東京雜記』 卷2, 佛宇條, p.145.
36 『新增東國輿地勝覽』 卷21, 慶州府 佛宇條, 아세아문화사, 1983, p.368.

『동경잡기』는 '신증新增'이라는 표기를 하고, "고려숙종조주약사동상중삼십만육천칠백근후개소지高麗肅宗朝鑄藥師銅像重三十萬六千七百斤後改所之"라고 하여 고려 때 주조하여 조성한 약사동상藥師銅像에 대한 사정을 수록하였다.[37]

> 哀公寺在府西十里羅時所創其下防梁作水田俗號哀公梁[38]
>
> 北檢寺在府南三十里今爲閭閻俗稱檢谷石塔猶在
>
> 虎願寺在府西川邊新羅金現所創事見異聞

인용문의 『동경잡기』 고적조에 수록되어 있는 애공사哀公寺, 북검사北檢寺, 호원사虎願寺는 모두 신라시대에 창건된 사원이지만, 『신증동국여지승람』에는 수록되어 있지 않은 사원들이다. 이와 같이 경주부사를 중심으로 한 경주지역민이 중심이 되어 편찬된 『동경잡기』는 『신증동국여지승람』에서 누락된 사원과 그에 대한 상세한 사정을 구체적으로 정리하였으며, 양란이후 경주지역 사원의 분포를 알 수 있는 기초를 제공하였다. 아울러 『동경잡기』의 경주지역 사원수 조사와 정리는 후대의 지리지에 기재된 경주의 사원수보다 상회하고 있다.

〈표 5〉『輿地圖書』 所載 慶州地域 寺院數

古跡條	寺刹條
曇巖寺・天官寺(今廢)・皇龍寺(今廢)・四天王寺(今廢)・奉聖寺(今廢)・永興寺(今廢)・興龍寺(今廢)・神元寺(今廢)・	靈妙寺(今廢)・芬皇寺・佛國寺・祇林寺・感恩寺(今廢)・栢栗寺・天柱寺(今廢)・錫杖寺(今廢)・法光寺・天龍寺・鍪藏寺(구증)・茸長寺(구증)・定惠寺(新增)・

37 『東京雜記』 卷2, 佛宇條, p.137.
38 『東京雜記』 卷2, 古蹟條, p.196.

昌林寺(今廢)・南山寺(10)	道德菴(新增)・遠願寺(新增)・開善寺(新增)・深源寺(新增)・障川寺(新增)・黃龍寺(新增)・斷石寺(新增)・金谷寺(新增,今廢)・安谷寺(新增)・大屯寺(新增,금폐)・巨洞寺(新增)(24)

<표 5>는 영조 후반기 전국의 각 관읍에서 편집編輯 상송上送한 읍지邑誌를 종합 편성한 『여지도서』 경주부의 사찰・고적조에 기재된 사원수다. 전체 사원수는 34개로 이 수치는 1670년에 편찬된 『동경잡기』에 기재된 사원수보다 적은 수치다. 다만 '금폐今廢'사원이 『동경잡기』단계에서는 불우조의 2개에 불과하지만, 『여지도서』단계에서는 고적조에 8개, 사찰조에 8개에 이른다. 또한 『여지도서』 사찰조는 무장사와 용장사 앞에 '구증舊增'의 표기가 있는데 이것은 『신증동국여지승람』 불우조에서 '신증'으로 표기되었던 사원이다. 그러므로 『여지도서』는 각 관읍의 읍지를 편집하였지만, 『동경잡기』를 참고하지 않은 듯하다. 불우(24), 고적(10)조의 사원수가 『동경잡기』의 불우(24), 고적(13)조에 기재된 사원수보다 적고, 신증 사원 역시 『동경잡기』에서 '신증'사원으로 기재된 태화사太華寺와 밀곡사密谷寺가 누락되어 있기 때문이다.

요컨대 『동경잡기』(1670)와 『여지도서』(1765)에 기재된 경주부의 사원수는 질적, 양적 측면에서 많은 차이를 보이고 있다. 첫째, 내용의 충실도는 『여지도서』 이전에 편찬된 『동경잡기』가 구체적이다. 『여지도서』는 후대의 기록임에도 불구하고, 그 수준은 『신증동국여지승람』의 단계를 극복하지 못하고 있다. 사원의 수적 증감 역시 이전 기록인 『동경잡기』가 구체적으로 서술하고 있다. 예컨대 『여지도서』는 정혜사定惠寺의 창건연대를 "몇 백 년인지 알 수 없다"고[39] 하였다. 그러나 『동경잡기』는

"자고전칭신라고찰불전탁자족유치화원년정월일조팔자自古傳稱新羅古刹佛前卓子足有致和元年正月日造八字"라고[40] 명기明記되어 있어 그 창건연대를 구체적으로 추정할 수 있는 실마리를 제공하고 있다. 정혜사는 옥산서원玉山書院이 세워진 후에는 서원을 내외적으로 지원하는 완호사完護寺가 되었다고 한다.

둘째, 『여지도서』는 『신증동국여지승람』의 내용을 그대로 수록하고 있다. 다만 『신증동국여지승람』을 인용한 근거로 『신증동국여지승람』의 불우조에서 불국사의 내용가운데 김종직의 시는 '신증'으로 표기되었지만[41], 『여지도서』는 '구증舊增'이라 하여 즉 옛 기록을 덧붙였다는 표기가 보인다.[42] 요컨대 『신증동국여지승람』의 '신증'이라는 표기는 『여지도서』에서는 '구증'이라 하고 있다.

셋째, 『여지도서』는 개선사開善寺의 경우처럼 '대승암大乘菴'으로 그 명칭이 바뀐 것을 설명하여 『동경잡기』 단계에서 누락된 부분을[43] 보충하고는 있지만[44], 전체적인 내용은 『동경잡기』의 내용을 충분히 수록하지는 못하였다. 예컨대 『여지도서』의 장천사障川寺에 대해서는 단순히 위치만 수록하고[45] 있을 뿐 "전유계수연계이남오리유반구대前有溪水沿溪而南五里有盤龜臺"라고 하는 『동경잡기』의 내용은[46] 빠져 있다.

39 『여지도서』 경주부 사찰조, p.346.
40 『東京雜記』 卷2, 佛宇條, pp.146~147.
41 『신증동국여지승람』, 앞의 책, p.368.
42 『여지도서』 경주부 사찰조, p.345.
43 『東京雜記』 卷2, 佛宇條, p.148.
44 『여지도서』 경주부 사찰조, p.346.
45 『여지도서』 경주부 사찰조, p.346.
46 『東京雜記』 卷2, 佛宇條, p.148.

〈표 6〉『慶尙道邑誌』 所在 慶州地域 寺院數

古跡條	佛宇條
曇巖寺・天官寺(今廢)・皇龍寺(今廢)・四天王寺(今廢)・奉聖寺(今廢)・永興寺(今廢)・興龍寺(今廢)・神元寺(今廢)・昌林寺(今廢)・南山寺(10)	靈妙寺(今廢)・芬皇寺・佛國寺・祇林寺・感恩寺(今廢)・栢栗寺・天柱寺(今廢)・錫杖寺(今廢)・法光寺・天龍寺(今廢)・鍪藏寺・茸長寺(今廢)・定惠寺(舊增)・道德菴(舊增)・遠願寺(舊增)・開善寺(舊增)・深源寺(舊增)・障川寺(舊增)・黃龍寺(舊增,今廢)・斷石寺(舊增,今廢)・金谷寺(舊增,今廢)・安谷寺(舊增)・大屯寺(舊增,今廢)・巨洞寺(舊增)(24)

<표 6>은 1832년(순조 32) 무렵 편찬된 것으로 추정되는 『경상도읍지』 제2책에 수록된 경주부의 사원수를 정리한 것이다. 『경상도읍지』는 『여지도서』보다 체계적이고 그 수록대상이 훨씬 광범위하며, 수록된 내용 또한 더 풍부하다.[47] 그러나 기재된 경주지역의 사원수는 『여지도서』와 동일하다.[48] 『경상도읍지』는 전체 34개의 사원수를 기재하고 있다. 이 가운데 '금폐'표기사원은 고적조 사원이 8개, 불우조 사원이 9개, 전체 17개로 『여지도서』보다 3개가 증가하였다. 그리고 『여지도서』에서 '신증'으로 표기된 사원은 『경상도읍지』 단계에서는 '구증舊增'으로 표기되었다.

요컨대 1832년 무렵 편찬된 『경상도읍지』는 전체적인 측면에서는 『여지도서』보다 체계적이고 광범위한 내용을 수록하고 있는 것이 사실이지만, 형식적으로 이루어졌으며 더욱이 『여지도서』 단계를 벗어나지 못한 한계를 지니고 있다.[49]

---

47 양보경, 「경상도 읍지 편찬의 추이」, 『邑誌』一 경상도①, 아세아문화사, 1986, pp.12~14.

48 예컨대 『경상도읍지』 불우조의 開善寺의 내용 가운데 개선사가 大乘菴으로 명칭이 바뀐 부분이 수록되어 있는데, 이것은 『동경잡기』에서는 볼 수 없는 『여지도서』 단계에서 증보된 내용이다.

49 『경상도읍지』가 『여지도서』 불우・고적조의 내용을 누락시킨 부분은 다음과 같다. 즉 『경

〈표 7〉『慶州邑誌』所在 寺院數

古跡條	佛宇條
曇巖寺・皇龍寺・哀公寺址・北楡寺址・佛國寺・石窟菴・高仙寺址・骨窟菴・鍪藏寺址・道林寺(10)	興輪寺・永興寺・皇龍寺・靈妙寺・芬皇寺・佛國寺・石窟菴・天龍寺・感恩寺・栢栗寺・天柱寺・錫杖寺・天官寺・鍪藏寺・弘孝寺・茸長寺・神元寺・昌林寺・四天王寺・開善寺・深源寺・障川寺・黃龍寺・朱巖寺・斷石寺・三郎寺・祇林寺・淨惠寺・斗德菴・望德寺・虎願寺・斷俗寺・避里寺・法光寺・安谷寺・金谷寺・太華寺・大屯寺・巨洞寺・密谷寺・普德菴・金井菴・金剛菴(43)

<표 7>은 1932년에 찬술된『경주읍지』의 고적과 불우조다.『경주읍지』는 1930년 4월 23일 조선총독부로부터 출판 허가를 받고 간행하였는데, 간행에 참여한 인물은 손상익孫祥翼・김용제金鎔濟・권혁세權赫世・이석규李錫奎 등이다. 1932년 9월 석인본 8권 4책이 간행되었다.[50] 1745년(영조 21)경 왕명에 의해 편찬된『경주부읍지』가 석실石室에 보관되어 왔는데, 1930년 읍지를 새로 만들면서 이 석실본『경주부읍지』는 그 저본으로 활용되었다. 1930년대 경주에서는『경주읍지慶州邑誌』(1932)・『동경통지東京通志』(1933)・『금오승람金鰲勝覽』(1935)의 이름하에 3종의 지리지가 간행되었다. 이것은 이전에 편찬된 전국적 규모의 지리지보다는 경주지역의 정보를 훨씬 상세하고도 광범위하게 수록하고 있다는 장점을 지니고 있다. 예컨대 인용참고제서引用參考諸書만 하더라도『삼국사기』와『고려사』등 역

상도읍지』의 영묘사부분은『신증동국여지승람』에 수록한 이후 여러 지리서에 수록하고 있는 金克己의 시가 빠져있다.(『경상도읍지』경주부 경주진 불우조, p.75) 불국사 역시『경상도읍지』는『신증동국여지승람』에 수록된 김종직의 시가 누락되어 있음을 살필 수 있다.(앞의 책, p.75) 또한 기림사의 내용은『신증동국여지승람』에 수록된 李達衷의 시가 누락되어 있다.(앞의 책, p.76)

50 조철제 옮김,『경주읍지』, 경주시・경주문화원, 2003, p.19.

대 대표적인 역사서뿐만 아니라 이전의 지리지를 총망라하였으며, <신라진흥왕북순비新羅眞興王北巡碑>와 <고구려영락태왕비高句麗永樂太王碑>와 같은 금석문, 그리고 경주부 제가諸家의 문집文集 및 보첩譜牒까지도 면밀히 검토하고 참고하였다. 불우와 고적조는 권3에 수록되어있다.

『경주읍지』가 비록 조선시대에 찬술되지 못해 본 연구의 시간적 범위에서 벗어나는 것은 사실이지만, 『동경잡기』(1670)나 『경상도읍지』(1832)를 저본으로 하여 찬술된 점이라든가, 이전 지리지에서 충분한 조사를 통해 기재하지 못한 신라시대에 창건된 사원을 기재했다는 점에서 본 연구에 직접적인 영향을 미치고 있다. 때문에 『경주읍지』는 『동경잡기』나 『경상도읍지』와 함께 경주지역 사원수를 정리하는 과정에서 비교 검토할 필요성을 지니고 있다.[51] 『경주읍지』는 빈터만 남아있는 사원까지도 불우조에 수록하였으며, 각 사원을 부연 설명하는 맨 앞에 '구舊'라고 표기하였다. 이것은 이전에 편찬된 『동경잡기』나 『여지도서』 등 경주지역에 관한 정보를 수록하고 있는 다양한 지리지를 참고했음을 의미하기도 한다. 또한 조선시대를 거쳐 1930년대까지 현존한 경주지역 사원에 대한 수적 검토와 조사를 거쳐 상세한 내용을 정리했다는 점에서 그 정형이라고 평가할 만하다.

『경주읍지』에 기재된 전체사원수는 53개다. 이 가운데 고적조에 기재된 사원수가 10개, 불우조에 기재된 사원수가 43개다. 고적과 불우조에 중복되어 나타난 황룡사皇龍寺·불국사佛國寺·석굴암石窟菴을 제외하더라도

51 『경주읍지』 고적조의 마지막에는 "以上考東京誌而間有增剛下附新增"이라고 하여 이상의 내용은 "동경지를 검토하였으며, 그 사이의 증강된 부분은 아래에 '신증'이라고 표기하였다." 고 하였다.(『경주읍지』, p.237.

50개로 이제까지 조사된 경주지역 사원수 가운데 가장 많은 수를 기재하고 있다. 사원 가운데 대부분은 『동경잡기』와 『경상도읍지』의 내용을 그대로 수록하고 있는데, 부수적인 내용이나 창건 이후 시기별 변화 혹은 이전 지리지에 나타나지 않은 창건시말 등을 기재하고 있는 특징이 나타나고 있다. 예컨대 불우조의 천용사天龍寺는 『동경잡기』[52]나 『경상도읍지』[53]에서는 "재고위산부남거이십오리在高位山府南距二十五里"라고 하여 단순히 위치와 거리만을 기재하였다. 그러나 『경주읍지』는 "남산 고위산 남쪽에 있고, 혹 고사高寺라고 한다. 옛적에 어느 단월이 두 딸이 있었는데, 천녀天女와 용녀龍女라고 하였다. 부모가 두 딸을 위하여 절을 짓고 이름을 붙인데서 비롯되었으니, 그 경지는 매우 이상異常하였다. 고려 정종 7년 경진(1040)에 시랑侍郎 최제안崔齊顔이 중수重修하였으며, 석가만일도량釋迦萬日道場을 설치하였고 진흙으로 불상을 조성하였다."고[54] 하였다. 또한 개선사開善寺에 대해서는 『동경잡기』가 "임진왜란 당시 화재가 있었지만, 숭정崇禎 신미년辛未年에 중수重修했다."고[55] 하였으며, 1832년에 편찬된 『여지도서』는 대승암大乘菴으로 불린다고[56] 하였다. 그러나 1932년에 찬술된 『경주읍지』는 '금폐今廢'라고 표기하고 있어 시기별 변화를 기재하였다.[57]

> 淨惠寺는 子玉山 아래에 있고, 晦齋선생이 어려서 이 절에서 공부하였다. 이 절을 처음 창건한 연대는 어느 때인지 알 수 없고, 옛날부

52 『동경잡기』 불우조, p.145.
53 『경상도읍지』 불우조, p.76.
54 『경주읍지』, 불우조, p.231
55 『동경잡기』 불우조, p.148.
56 『여지도서』 경주부 사찰조, p.346.
57 『경주읍지』, 불우조, p.231

터 신라고찰이라고 일컬어졌다. 그런데 불상 앞의 탁자 다리에 "致和元年(1328) 正月 日에 만들었다"는 여덟 글자가 있다. 그리고 회재선생이 직접 쓴 同遊錄은 법당 북쪽 벽 가운데 기둥에 있고, 七句 箴言은 북쪽 벽 동쪽 왼편에 있다. 후세 사람들이 그 글씨가 더럽혀질까 염려하여 마침내 그 글씨를 새겨 백분으로 칠하여 감춰두었다. 옥산서원이 창건된 후 서원을 完護하는 절이 되었다. 隋安白氏의 족보에 이르되, "당나라 白宇經이 소인의 참소를 받아 동쪽으로 와서 신라에서 벼슬하고, 자옥산 옥천동에 살았다. 그리고 이곳에 迎月堂·萬歲庵을 지으니 선덕왕이 일찍이 이 암자에 행차하여 암자를 고쳐 淨惠寺라 하였다. 또한 어필로 景春堂이라고 쓰고, 四韻의 시를 지으니 판각하여 걸어 두었다고 한다.[58]

정혜사淨惠寺 역시 『동경잡기』[59]나 『경상도읍지』[60]는 신라고찰이라고만 하였으나, 『경주읍지』는 수안 백씨隋安白氏의 족보를 증보하여 신라 선덕왕이 이 암자에 행차하여 만세암을 정혜사라 하고, 어필로 '경춘당景春堂'이라고 쓰고 시를 지었다고 하였다. 즉 이전 지리지보다 사원에 대한 구체적이고 상세한 정보를 기재하여 정혜사가 신라 선덕왕 이전까지만 해도 '만세암'이었다는 사실을 구체적으로 정리한 것이다.

58 『경주읍지』, 불우조, pp.235~236.
59 『동경잡기』, 불우조, p.146.
60 『경상도읍지』 불우조, p.76.

〈표 8〉『慶州邑誌』에 처음 記載된 寺院

寺院	典據
石窟菴	『三國遺事』 卷5 大城孝二世父母 神文代 『三國遺事』 卷4 義相傳敎
弘孝寺	『三國遺事』 卷5 孫順埋兒 興德王代
三郎寺	『三國史記』 卷4 眞平王 19年 『三國遺事』 卷5 憬興遇聖
望德寺	『三國史記』 卷8 神文王 5年 『三國遺事』 卷2 紀異 第2 文虎王 法敏
斷俗寺	『三國史記』 卷9 景德王 22年 『三國遺事』 卷5 信忠掛冠
避里寺	『三國遺事』 卷5 念佛師
普德菴	·
金井菴	·
金剛菴	『三國遺事』 卷5 善律還生
高仙寺址	『三國遺事』 卷4 蛇福不言
骨窟菴	『山中日記』
道林寺	『三國遺事』 卷2 四十八 景文大王

<표 8>은 1932년에 찬술된 『경주읍지』 고적과 불우조에 기재된 사원 가운데 이전 지리지에 수록되지 않은 12개의 사암寺菴이다. 비록 읍지가 일제시대에 찬술되었지만 1930년대에 창건된 사원이 아닌 이전 지리지에서 누락된 신라시대 창건된 사원수를 조사하여 수록한 것이다. 기재방식은 '신증'이나 '구증', '금폐'와 같은 이전 지리지의 형식을 따르지는 않았다.

避理寺는 남산 동쪽 기슭 피리라는 마을이 있었으므로 인하여 피리사라 불렀다. 이 절에 이상한 스님이 있었는데, 이름과 성씨를 말하

지 않았다. 일찍이 彌陀를 염불하니 그 소리가 왕성에 들렸다. 그리고 360坊 17만 戶에 모두 들렸는데, 소리가 높고 낮은 것이 없고 한결같이 낭랑하였다. 이를 이상하게 여겨 敬禮를 치르지 않는 사람이 없고, 모두 그를 念佛師라고 이름을 불렀다. 죽은 뒤에 塑像으로 眞容을 만들어 敏藏寺 속에 안치하였다.[61]

그러나 각 사원에 대한 직접적인 내용을 옛 기록을 기초로 상세히 정리하여 소개하였는데, 이전 전국적 규모의 지리지가 조사하여 수록한 내용보다 훨씬 상세한 것을 살필 수 있다. 인용문의 피리사에 관한 내용은 『삼국유사三國遺事』 권卷5 피은편避隱篇의 「염불사念佛師」조條를 인용하여 설명하였다. 또한 보덕암은 이전 역사서에서 그 전거를 살필 수 없는데, 『경주읍지』에 의하면 경주 양남면 나산리에 있으며, "세상에 전하기를 신라 때 왕이 이곳에 피난하였으므로 인하여 국구암國救菴이라 불렀다."고[62] 하였다. 그 창건연대를 구체적으로 살필 수는 없지만, 소위 '언전諺傳'을 기초로 사원이 신라시대에 창건되었음을 살필 수 있다. 요컨대 『경주읍지』는 이전 지리지와는 다른 자유로운 기재형식을 띠고 있으며, 각 사원에 대한 조사와 기재내용은 옛 기록뿐만 아니라 민간에서 전해내려 온 전설이나 민담民譚, 설화까지도 광범위하게 활용하였다.

61 조철제 옮김, 『경주읍지』 권3, 경주시 · 경주문화원, 2003, p.236.
62 조철제 옮김, 『경주읍지』 권3, 경주시 · 경주문화원, 2003, p.237.

〈표 9〉 朝鮮時代 慶州地域 寺院의 數的 增減

新增東國輿地勝覽 (1531)	東京雜記 (1670)	輿地圖書 (1765)	慶尙道邑誌 (1832)	慶州邑誌 (1932)
22	37	34	34	53

<표 9>는 조선시대 편찬된 지리지에 수록된 사원수를 정리한 것이다. 대체로 조선전기의 『신증동국여지승람』 단계보다는 조선후기로 갈수록 증가추세를 보이고 있음을 살필 수 있다. 또한 주목되는 것은 전국적 규모나 도 단위에서 편찬한 지리지와 경주부사나 지역민이 주체적으로 참여한 지리지가 수록한 사원은 수적 측면에서 현저한 차이를 보이고 있다. 예컨대 『신증동국여지승람』과 140여 년 후에 편찬된 『동경잡기』 사이에 보이는 사원의 수적 차이는 15개로 현저하다. 반면 『여지도서』와 『경상도읍지』가 수록한 사원수는 동일하다. 『경상도읍지』가 『여지도서』의 내용을 그대로 수록한 것에서 기인한다. 그러나 1932년에 편찬된 『경주읍지』는 불우와 고적조에 53개의 사원수를 기재하였다. 중복된 3개의 寺菴을 제외하더라도 이전 지리지가 소개하고 있는 사원수 가운데 가장 많은 수치를 수록하고 있는 것이다.

한편 『경주읍지』에 처음으로 소개한 12개의 사원이 읍지가 편찬된 일제시대나 조선시대에 창건된 사원이 아니고 대부분 신라시대에 창건된 사원이라는 점에서 주목할 만하다. 이것은 이병희나 이경순의 연구 성과와는 일정한 차이를 지니고 있기 때문이다. 조선시대 경주지역의 사원은 점차 증가추세를 보이지만, 이것은 어디까지나 지리지 편찬 당시 참여자의 적극적인 검토나 편찬태도와 직결된 문제라고 생각된다. 때문에 경주지역의 사원수 증가는 실제적인 사원 창건에 따른 증가와 함께 신라시대

때부터 현존했던 사원에 대한 정확한 검토라는 두 가지 문제가 결부되어 있다.

 조선시대 경주지역 사원의 수적 증감의 성격

신라의 사원은 500여개나 되었고, 경주지역의 사원 역시 200~224개 정도 되었다. 이 가운데 명칭이 밝혀져 있는 사원이 105개다. 그러나 이 가운데 신라시대 이후 조선시대까지 건재한 사원은 다음과 같다.

> 감은사, 개선사(대승암), 굴불사(굴석사), 장사, 사천왕사, 석장사, 영묘사, 원원사, 정혜사, 천용사, 황용사, 백률사, 분황사, 불국사, 석불사(석굴암), 기림사, 표충사, 금곡사, 거동사[63]

경주지역 지표조사에 의해 확인된 조선시대까지 건재했던 사찰은 19개라고 한다. 현재는 이 가운데 백률사, 분황사, 불국사, 석불사(석굴암), 기림사만이 법등法燈을 이어가고 있다고 한다.

필자의 조사에 의하면 조선시대 경주지역 사원수는 점차 증가한 것이기 보다는 전국적 규모의 지리지의 불우·고적조 편찬 당시 면밀한 조사가 온전히 이루어지지 못한데서 비롯되었다. 이것은 경주부사를 중심으로 한 경주 지역민들이 중심이 되어 편찬된 지리지와 비교했을 때 그 차

---

63 박방용, 「신라왕경의 사찰조영」, 『미술사학』 13, 한국미술사교육연구회, 1999, p.118.

이점을 분명하게 살필 수 있다. 그러므로 조선시대 경상도 지역의 사원수가 다른 지역의 사원수 증감과 비교했을 때 증가했다는 연구성과는 재검토의 여지가 충분하다.

한편 조선시대 경주지역의 사원은 억압과 소외 속에서도 법등法燈을 굳건하게 유지해갔고, 왜란 당시에는 재정적 지원과 함께 지역 방어의 선봉에서 활약하기도 하였다. 전란으로 전각이 소실되었을 때도 자구책을 마련하여 복구하였다. 사원과 승려가 대규모로 축소되고 정리되는 상황에서도 경주지역의 불교와 사원이 굳건하게 유지된 것은 몇 가지 이유에서 비롯된 것이다.

첫째는 경주지역의 오랜 불교전통이다. 신라는 삼국 중에서 불교를 가장 늦게 받아들였고, 우여곡절도 있었다. 그러나 수용 이후 불교는 왕실을 비롯한 모든 신라인들과 운명을 함께 했고, 신라가 불교와 지중한 인연을 지니고 있다는 의미인 7처處 가람설伽藍說이나 불국토설佛國土說까지도 유행하였다. 불교는 여기에 그치지 않고 삼국 중에서 대내외적으로 가장 열악한 신라가 삼국통일의 주역으로 등장하는 원동력을 제공해 주기도 하였다. 이와 같은 신라의 불교전통은 고려에서도 예외는 아니어서 몽고와 같은 외세의 침략당시 국난극복의 굳건한 정신적 기초로 작용하였다. 일연이 『삼국유사』를 찬술한 배경이나 그 내용이 그와 같은 사실을 뒷받침해주고 있다.

둘째, 조선시대 경주지역 불교계의 자구책모색이다. 조선 건국 이후 태종대에는 이미 불교를 전면적으로 정비하여 사원과 사사전민寺社田民의 혁거속공革去屬公, 승려도첩제僧侶圖牒制의 시행, 승려의 직접 징발 혹은 사역使役 등 그 세속권을 제약하여 조선의 인적·물적 자원의 확보를 꾀하였다.[64] 세종대에도 이와 같은 현상은 계속되어서 선교양종禪敎兩宗의 종파통

합宗派統合과 함께 전면적인 정비가 단행되었다. 예컨대 사원도 36사 만이 남게 되었는데, 경주 역시 예외가 아니었다. 사원을 242사로 정리했던 태종대에도 경주의 천왕사天王寺와 같은 명찰名刹을 자복사資福寺로 선정하여 지난날의 사원정리로 인한 승려들의 거처를 마련해 주는 우호적인 정책을 시행했지만[65] 세종 6년(1424)에는 "전지田地를 넉넉하게 급여하고 우거하는 승려의 인원을 작정하며 무리지어 사는 규칙을 작성하여 불도佛道를 정수精修하게 한다."는 명분하에 경주 기림사도 원속전元屬田이 100결인데, 50결을 더 주고, 70명의 승려를 거주하게 하였다.[66] 이것은 경주지역의 명찰이자 대찰인 기림사를 포함한 자복사만을 남겨두고 대부분의 사원을 폐지한다는 실질적 의미를 지니고 있는 것이다.

불교계의 암울한 상황은 임진왜란 이후에도 계속되었다. 전란 당시 의승군義僧軍의 활동과 전후戰後 산성방어와 각종 국역에 동원되어 조정과 사회로부터 우호적인 시선은 받았다. 그러나 호의적 태도는 인식에 불과할 뿐 조선후기 열악한 사회경제적 상황과 함께 불교계는 자구책을 모색해야 했다. 조선후기 경주지역 불교계 역시 예외는 아니었다.

〈표 10〉 壬辰倭亂後 佛國寺의 創建 및 重建[67]

重建	創建
대웅전(1564)·관음전, 장수사(1604)·범종각, 좌경루, 우경루, 남행랑(1612)·안양문(1626)·문수전, 향로전, 동서행랑(1628)·자하문, 양수암(1630)·설법전(1648)·보전(1659)·비로전(1660), 문수	만월당(1626)·현진당(1648)·조사전(1671)·시왕전(1674)·광목당(1689)·부도전(1703)·첨성각(1731)

64 한우근, 『유교정치와 불교』, 일조각, 1993, p.184.
65 『태종실록』 14권, 태종 7년 12월 2일(신사), 국사편찬위원회, 1책, p.425.
66 『세종실록』 24권, 세종 6년 4월 5일(경술), 국사편찬위원회, 2책, pp.591~592.

전(1674) · 서운당(1683) · 청운교, 백운교(1686) · 화엄전, 수미범종루(1688) · 좌경루(1690) · 광목당(1702) · 석굴암(1703) · 현진당, 만월당(1709) · 우경루, 청운교, 백운교(1715) · 광목당(1716) · 명월료, 석굴암(1718) · 화엄전(1720) · 조사전(1725) · 동행랑(1736) · 안양문(1737) · 광목당(1749) · 극락전(1750) · 명부전(1750) · 대웅전(1765) · 적광전(1768) · 비로전(1805)	

<표 10>은 왜란 이후 1805년(순조 5)까지 창건과 중건 작업이 진행된 불국사의 전각殿閣들이다. 불국사는 신라 경덕왕 때 재상 김대성이 751년 창건하기 시작하여 774년 그가 죽은 후에는 국가가 완성시켰다고 한다. 조선시대에는 임진왜란이 발발한 이듬해인 1593년(선조 26) 왜적에 의해 전각 2,000여 칸이 불에 탄 이후 불국사의 역사는 크고 작은 전각 중건의 역사가 지속되었다. 인적, 경제적 소모 역시 적지 않았다. 더욱이 관청에 종이납부를 위해 1702년(숙종 28)에는 지대동紙大同을 설립設立하여 대응해 나가기도 하였다. 이와 같은 상황에서 불국사의 재건은 대체로 사찰계를 통한 불국사 승려의 자구적 노력과 왕실원찰王室願刹의 기능을 통해 지원을 받은 것이다. 예컨대 1681년(숙종 7) 월송月松 인우印祐가 인현왕후仁顯王后 민씨閔氏의 칙명勅命을 받들어 비로전에 후불탱화를 조성하였는데, 대단탁의大端卓衣 1령領, 옥패玉佩 2쌍, 제불보살가곡경諸佛菩薩歌曲經 1건 등을 인현왕후로부터 하사받았다.[68] 이와 같은 왕실의 크고 작은 지원은 지속적으로 이루어진 것으로 보이며, 왕실의 경제적 지원은 전란 이후 폐허가 된 사원재건에 영향을 미쳤을 것이다.

67 경북불교협회, 『불국사고금창기』, 1937.
68 活庵東隱, 「佛國寺古今創記」, 『佛國寺誌』, 아세아문화사, pp.75~76.

한편 조선전기 대규모의 사원폐지 당시에도 36사에 포함되어 화를 모면했던 기림사는 조선중기와 후기부터 지속적인 중창불사를 통해 대가람의 면모를 지니게 되었다. 1501년(연산군 7)에는 건칠보살좌상乾漆菩薩坐像이 조성되었고, 1578년(선조 11)에는 축선대덕竺禪大德이 전각과 당우를 크게 중창하면서 사원의 규모를 확장시켰다. 이후 영산전靈山殿(1649), 금당金堂(1652), 사리각舍利閣(1653), 약사전藥師殿(1654) 등이 중건되었다.[69] 이러한 조선후기 기림사의 지속적인 중건작업은 기림사 승려들의 자구책 마련으로 이루어졌다. 예컨대 1802년(순조 2) 200여 명의 기림사 승려와 속인들이 염불계念佛契를 조직하여 정토왕생을 발원하였다.[70] 이들은 절이 퇴락하자 참봉參奉 김창윤金昌胤, 홍원사문洪遠沙門, 이관理寬 혜한惠閑, 천준天俊 태관泰寬 등이 주축이 되어 중건불사를 전개하기도 하였다. 결국 기림사의 염불계는 전란으로 황폐화된 사원의 전각을 중수하고, 승려들이 수행할 수 있는 경제적 기반을 마련하는데 중추적인 역할을 한 것으로 추정해 볼 수 있다.

이와 같은 경주지역 사원의 재정적 기반은 단순히 사원 중건과 수행여건 마련에만 집중되지 않았다. 예컨대 임진왜란 당시 군량미와 군자금 지원뿐만 아니라 의병과 함께 궐기하기도 하였다. 기림사는 "인성印性이 군량미 680량을 의병장 이안국李安國에게 지원하였고, 279명의 승려를 이끌고 왔다"고[71] 한다. 아울러 1594년(선조 27) 11월에는 의병장 이눌李訥이

69 이강근, 「기림사의 연혁」, 『기림사대적광전해체실측조서보고서』, 경주시, 1997, pp.51~52. 한상길, 「기림사의 역사와 사상」, 『불교미술』 15, 동국대박물관, 1998, pp.18~22.

70 月荷 戒悟「念佛契大成功碑」, 1814, 기림사 함월전시관 소장(한상길, 앞의 글, p.27에서 재인용)

71 李安國, 『龍蛇事蹟』 壬辰 4月 17日條. 최효식, 「경주사원의 항쟁과 활동」, 『임란기 경상좌도의 의병항쟁』, 국학자료원, 2004, p.279에서 재인용.

군사를 이끌고 기림사에 주둔하였으며[72] 경주부에 있던 열성조의 어필과 『호장선생안戶長先生案』·『강무당선생안講武堂先生案』 등 주요문서를 기림사로 옮기기도 하였다. 불국사 역시 찬홍贊弘과 인열仁悅이 쌀 260석을 의병들에게 내놓았고[73] 3,000명의 군병이 주둔하는 주둔지 역할도 하였다. 또한 불국사와 원원사 사이에 위치해 있던 백운암白雲庵은 의병들의 군량미를 비축하고 있었으며[74] 원원사遠願寺와 백률사栢栗寺 역시 주둔지와 무기생산의 거점 역할을 하였다.[75]

요컨대 조선시대 경주지역 대부분의 사원은 사원경제 유지를 위해 계를 결성하여 자구책을 마련하였으며, 이것은 왜란 당시 의병들에게 군량미를 지원하고 의승군을 조직하여 궐기하는 기반이 되기도 하였다.

셋째, 속사屬寺 기능이다. 조선시대 사원은 향청鄕廳·향교鄕校·서원書院 및 재지사족在地士族들과 밀접한 관계를 지니고 있었다.

> 鄕射堂卽龍興廢寺也[76]
>
> 大寺在中安里 今鄕射堂之基[77]
>
> 鹿峰書齋 在染谷上枝里 嘉靖辛酉(1561) 牧使黃俊良·教授吳健與州人 因淨土舊寺而創之[78]

72 李 訥, 『樂義齋實紀』 甲午 11月 25日條.
73 李彦春, 『東溪實紀』 癸巳 2월 26일·29일조.
74 李 訥, 『樂義齋實紀』 壬辰 4月 11日條.
75 최효식, 앞의 책, pp.287~292.
76 『嶺南邑誌』 星州 京山誌 卷1
77 『嶺南邑誌』 晋州(上) 寺刹條
78 『嶺南邑誌』 星州 京山誌 卷2 學校條

조선전기부터 단행된 사원에 대한 대대적인 정비작업은 사원이 폐지된 계기가 되었다. 인용문은 사원이 폐지되고 난 이후 재지세력에 의해 사원이 있던 자리에 향청·향사당·향교 등이 세워진 사례들이다. 더욱이 폐사廢寺가 재지사족들의 재사齋舍·정사精舍·서당書堂 등으로 탈바꿈하기까지 하였다.[79]

한편 『영남읍지嶺南邑誌』 안동부安東府 사찰조에 의하면 안동부에는 고래로부터 사원이 20개가 있는데 안동부安東府소속이 4개, 향교鄕校소속이 2개, 향청鄕廳과 작청作廳소속이 각 1개, 묘수호사廟守護寺가 3개, 안기역安奇驛소속이 2개, 서원書院·정자수호사亭子守護寺가 각 1개로 되어 있었다.[80] 이와 같이 지방관청과 향교·서원 등에 소속된 사원이 속사인데, 사원의 속사로의 존재형태는 전국적인 현상으로 향촌세력층에 광범위하게 존재하였다. 이들은 각종 수요물자需要物資를 소속처로 바치고 있었는데, 그 사역寺役의 내용은 조금씩 달랐으며 현물공납은 국가의 보호로부터 벗어난 작은 사원뿐만 아니라 국가의 보호를 받는 큰 사원의 경우도 예외는 아니었다.

경주의 정혜사定惠寺와 두덕사斗德寺 역시 속사屬寺기능을 담당하였다. 예컨대 경주부윤 이제민李齊閔은 옥산서원玉山書院의 설립 당시 정혜사와 두덕사 및 사기沙器, 수철水鐵, 야철冶鐵 각점各店을 서원에 소속시켜 그 경제적 기초를 마련하였다. 이 가운데 정혜사는 옥산서원 건립 후에도 완호사完護寺로 정속定屬되었다.[81] 예컨대 정혜사 승려는 서원에서 필요한 침장沈

79 실제로 『신증동국여지승람』 소재 각 군현의 학교·역·원 및 樓亭條, 각종 읍지의 사찰조와 학교조 등을 살펴보면 조선시대의 향교, 역, 원, 서당과 개인의 정사와 齋舍 가운데 상당수가 과거의 사원 건물을 개조했거나 절터에 세워진 것을 알 수 있다.(이수환, 앞의 글, p.9)
80 이수환, 「영남지방 서원의 경제적 기반(II)」, 『대구사학』 26, 대구사학회, 1984, p..227.

醬·조국造麴 및 포도葡萄·송화松花·산초山椒, 장지壯紙와 신발 등을 상납한 것이다.[82] 이에 대해 서원은 그 반대급부로서 사원에 시장가격에 해당하는 대가를 지급하였다. 그러나 이와 같은 정규定規는 제대로 지켜지지 않아 임사任司의 뜻에 따라 남징濫徵하고, 무상 혹은 헐값으로 구입하는 경우가 하다하였다고 한다. 더욱이 정혜사는 서원의 압박뿐만 아니라 지방관아와 감영, 산성山城 축조공사에 차출되기도 하였다. 예컨대 1675년 28명의 정혜사 승려들은 가산산성架山山城의 역役에 동원되기도 하였다. 그러나 정혜사는 지방관아로부터 침해를 받는 동시에 옥산서원에 소속되었다는 점에서 지방관의 보호를 받아 승역僧役이 면제되기도 하였다. 더욱이 정혜사는 회재 이언적이 역시 정혜사의 풍광을 좋아하여 자주 왕래 독서하였고, 정혜사의 승려와도 친교가 있었으며[83] 정혜사 또한 그의 수서手書와 문집文集 등을 수호할 수 있었다. 옥산서원 『정서등록呈書謄錄』에 의하면 그 대부분이 정혜사 승려의 승역면제, 현물관급면제現物官給免除 또는 서원소속 선척船隻·어염세魚鹽稅의 면제, 해부海夫, 격군格軍, 염간鹽干 등의 면역免役을 호소하고 있었다. 요컨대 정혜사를 중심으로 한 경주지역의 사원은 관아나 향교·서원 등의 속사기능을 통해 과중하게 부여된 국역부담을 면제받을 수 있었다. 이것이 경주지역 사원이 암울한 상황을 극복하면서 명맥을 유지할 수할 수 있었던 대표적 사례라고 할 수 있다.

---

81 『경주읍지』, 불우조, pp.235~236.
82 玉山書院 『謄錄』
83 『晦齋集』 卷1, 古今詩條 「向定惠寺吟錄卽景」

5 맺음말

경주는 삼국 중에서 가장 늦게 불교를 수용하였지만, 불교사상에 대한 이해와 돈독한 신앙심으로 불교자체의 발전뿐만 아니라 삼국통일의 원동력으로까지 향상시켰다. 신라의 불교국가다운 면모는 500여 개의 사원이 창건되었다는 점에서도 알 수 있다. 이들 사원 가운데 도성 내에 세워진 사원은 203~224개에 이르며, 105개 정도가 『삼국사기』·『삼국유사』, 금석문 등을 기초로 현재 그 명칭이 밝혀졌다. 이와 같은 신라의 수많은 사원수는 신라인들의 돈독한 신앙심에 기인한 것이었으며, 7처 가람설이나 불국토설과 같이 신라가 불교와 지중한 인연을 지니고 있음을 강조한 결과다. 더욱이 원효와 자장, 의상 등 고승들의 사원창건이나 성전사원의 건립, 그리고 귀족들의 원찰 창건 역시 신라의 사원이 증가되는 원인이 되기도 하였다. 성전사원은 왕실이나 국가의 안녕을 기원하는 기복처祇福處로서 기능하였다. 이와 같은 신라의 사원건립에 대한 배경이나 인식체계는 점차 강화되어 삼국시대에는 23개에 지나지 않던 사원수가 통일 후에는 181개로 증가되었다. 아울러 이와 같은 경주지역 사원수의 유지는 고려후기까지도 지속되었을 것이다.

조선시대의 불교는 억압과 소외가 연속되고 있었다. 조선전기에는 전국에 242寺만을 공인하고, 그 사원에 상주할 승려의 정원을 10~100명까지 책정하고 그 정원 승려수에 따라 승려 한 명당 전지田地 2결結과 노비奴婢 1구口의 비율로 지급하였다. 당시 몰수된 사원전만 해도 5~6만결이나 되었으며, 사원노비도 8만여 구가 몰수되었다. 세종대에는 상황이 더욱 악화되어 전국에 36사寺만을 본산사원으로 공인하여 선종 18사에 전지田

地 4,250결, 교종 18사에 전지 3,700결을 배당하였다. 결국 36사의 공인사원에만 7,950결의 수조권收租權을 부여한 것이다. 이와 같은 불교정책은 사원수 감소와 직접적으로 연결되었다. 36사를 제외한 대부분의 사원이 폐지의 위기를 맞고 있었기 때문이다. 『세종실록』 지리지에 기재된 경주 사원은 3개에 불과했으며, 조선전기 전국적 규모의 지리지를 증보한 『신증동국여지승람』의 고적과 불우조 역시 22개에 불과한 사원을 수록하였다. 『신증동국여지승람』에 수록된 이 수치는 조선후기에 편찬된 『여지도서』나 『경상도읍지』에도 영향을 미쳐 사원수 파악과 정리에 기초를 제공하였다. 그러나 더욱 심각한 한계는 불교에 대한 부정적 내지는 소극적 인식으로 정확한 실태조사가 이루어지지 못한 점이다. 이것은 1670년 경주부사가 중심이 되어 편찬한 『동경잡기』나 1932년 경주인들이 간행한 『경주읍지』에 기재된 사원수가 증명하고 있다. 이들 두 읍지는 전국적 규모로 편찬된 지리지보다 많은 수의 사원을 수록하고 있는데, 『경주읍지』는 53개의 사원을 수록하고 있다. 비록 읍지가 간행된 시기가 1932년으로 연구대상 시기인 조선시대에는 해당되지 않는다. 그러나 대부분의 사원이 『삼국사기』나 『삼국유사』 그리고 금석문 자료에 그 명칭이 보이는 신라시대 창건된 사원이며, 12개 사원은 처음 소개되기도 하였다.

본 논문의 이와 같은 연구결과는 조선시대 경상도 지역의 사원이 감소추세를 보인 다른 지역보다 사원수가 증가하고 있었다는 기존의 연구 성과와는 판이하게 다른 결과를 지니고 있다. 더욱이 조선전기 사원수의 정리와 폐지가 진행되었고, 사원이 폐지된 그 자리에 15세기 이후부터는 지방 재지사족의 향교, 서원, 향사당 등이 건립되었음을 감안한다면, 경상도 지역 사원수가 증가하고 있었다는 연구결과는 재검토의 여지가 있다. 요컨대 경상도 지역의 사원은 실재적 측면에서 증가한 것이 아니고 전국적 규모로 편찬된 지리지의 사원수에 대한 실태파악과 기재가 정확하지 못했던 것이고, 이전의 연구 성과는 이 점을 간과한 것이다.

한편 조선시대 경주지역의 사원은 오랜 불교전통의 영향으로 불교 억압의 시기에도 굳건히 그 위치를 유지해 갔다. 또한 경주의 불교계는 조정의 사원과 승려수 제한과 폐지, 사원전의 몰수 등으로 사원경제가 피폐해져 갔지만, 자구책을 모색하였다. 불국사나 기림사 승려들이 결성한 契는 수행을 일차적으로 강조하였지만, 전란으로 허물어진 전각을 중건하고 수행풍토를 마련하기 위한 것이었다. 식리殖利행위를 통해 얻은 이익은 목재와 기와로 변해 중창불사重創佛事의 기초가 되었다. 또한 경주지역의 사원은 서원이나 향교, 그리고 관청의 물자를 생산하고 상납하는 속사屬寺의 기능을 담당하면서 그 명맥을 유지해 나가기도 하였다. 예컨대 신라시대 창건되어 조선시대에 그 명칭이 바뀐 정혜사는 옥산서원玉山書院의 속사가 되어 포도와 송화가루, 혹은 종이 등 서원에 필요한 물자를 상납하였다. 서원은 정혜사가 상납한 물자를 시장가격에 구입하고, 각종 국역國役을 면제받았다. 요컨대 경주지역의 사원은 증감의 변화가 없는 상황에서 계조직과 속사, 원찰 기능을 통해 오랜 불교전통을 계승해 나갔다.

조선후기 승역의 유형과 폐단

1 머리말

조선후기 승역僧役은 전란 이후 사회경제 상황과 수취체제의 변화 속에서 전개되었다. 불교계는 왜란과 호란 당시 승군의 활동으로 그 동안의 부정적 인식을 우호적으로 변모시켰고, 탄압의 정도를 완화시켰다. 그러나 전란 이후 조정과 사회의 긍정적 인식은 결과적으로 공허한 것이었고, 실질적으로 변한 것은 거의 없었다. 승려들은 남북한산성을 비롯한 산성축조와 방비, 지역紙役을 비롯한 각종 잡역과 잡공을 담당하여 부족한 국가재정을 보충하는데 동원되었다. 승역의 가혹한 부담은 승려가 흩어지고 사찰이 황폐화되어가는 불교계의 위기를 초래하였다.

이와 같은 승역으로 인한 불교계의 위기는 조선 전 시기 동안 진행된 불교 탄압이 전제된 것이었지만, 전란과 혼란한 사회경제구조가 일차적인 원인으로 작용하였다. 전란은 국토를 황폐화시켰으며, 빈번한 자연재해는 기근과 전염병을 초래해 인구가 감소되는 결과를 낳았다. 생산구조의 파괴와 국가재정의 부족은 양역良役의 폐단으로 이어졌고, 백성들은 피역避役을 위해 승려가 되기도 하였다. 조선정부는 국가재정 보충을 위해 양역자원의 확보에 진력하였고 급기야 승려에게 잡역과 잡공을 부과하였다. 양역 경감을 위한 대동법과 균역법의 시행은 승역을 가중시켰고, 부분적이지만 그 부담을 덜어주는 효과 또한 지니고 있었다.

최근 조선후기 불교사 연구는 학계의 외면과 부진 속에서 괄목할 만한 양적 증가를 가져왔다.[1] 전란 이후 성리학의 가치체계가 동요되기 시작한 사상계의 변화와 그 탄력성이 일차적인 이유에 해당된다.[2] 아울러 조선시대 불교는 조정과 유자儒者의 극심한 탄압과 소외로 역사무대에서 사라졌다는 부정적 인식에 대한 변화가 일어나기도 하였다. 연구 분야는 탄압과 대응의 일차적인 문제를 벗어나 우리나라 불교사에 대한 자주적 인식의 문제라든지 유학자의 불교인식 등 다방면으로 세분화 되어가고 있는 실정이다. 그러나 연구 경향은 불교계 일부분에 국한된 사례나 표면적인 현상만을 규명하는 문제에 집중되어 여전히 초기단계에 머무르고 있고, 해명되어야 할 부분들 또한 산적해 있는 실정이다.

---

1 조선후기 불교사 연구 성과는 1945년 이후부터 1998년까지 64편에 불과했지만(김순석, 「조선후기 불교사 연구의 현황과 과제」, 『조선후기사 연구의 현황과 과제』, 창작과 비평사, 2000, pp.561~600) 1999년부터 2003년까지 국사편찬위원회가 펴낸 『한국사연구휘보』에 의하면 20여 편 이상이 발표되어 현재 100여 편에 이르고 있다.

2 조선후기 사상계의 동향은 실학을 위시한 탈성리학적 사조가 당시 조선이 안고 있는 정치사회적 모순을 직시하고 이를 극복하기 위해 노력하였으며, 불교·도교·민간신앙과 같은 전통 사상과 종교의 움직임 또한 활발하였다.(조광, 「조선후기 사상계의 전환기적 특성」, 『한국사 전환기의 문제들』, 지식산업사, 1993)

특히 승역에 관한 연구는 불교계에 대한 맹목적인 탄압과 수탈을 전제로 이해되어 온 것이 일반적인 현상이다.[3] 승려가 국가의 산성山城축조와 방어 등을 비롯한 각종 부역동원으로 인해 불교계가 존폐의 위기를 맞이하고 있었음을 소개하고 있다. 결국 승역僧役의 결과 가혹한 피해의 양상만이 진행되고 있었음을 지극히 단선적으로 제시하고 있을 뿐이다. 조선시대는 시종일관 숭유억불책이 진행되었고, 승역의 시행 역시 이러한 전제하에 이루어 졌다고 하는 것이 연구 성과의 주된 논지다. 그러나 승역을 단순히 탄압과 수탈의 차원에서 다룬 연구만 진행된 것은 아니어서, 승군동원이나 지물紙物를 중심으로 한 잡공雜貢 또한 역가役價를 받고 상업적 유통까지 이루어졌다는 연구도 진행되었다.[4] 이러한 연구 성과는 승

3 조선후기 僧役에 관한 연구 성과는 차상찬의 논고 이후 몇몇 연구 성과가 이루어졌지만, 연구방법론이나 논지는 뚜렷한 차이를 보이고 있지 않다.
車相瓚, 「朝鮮僧兵制度」, 『朝鮮史外史』, 明星社, 1947.
李光麟, 「李朝後半期의 寺刹製紙業」, 『歷史學報』 17·18합집, 歷史學會, 1962.
禹貞相, 「南北漢山城 義僧防番錢에 대하여」, 『佛教學報』 1, 동국대불교문화연구소, 1963.
鄭珖鎬, 「李朝後期 寺院雜役考」, 『史學論集』 2, 한양대사학과, 1974.
朴容淑, 「朝鮮朝 後期의 僧役에 관한 考察」, 『논문집 인문사회과학편』 31, 부산대학교, 1981.
金甲周, 「正祖代 南北漢山城 義僧防番錢의 半減」, 『素軒南都泳博士華甲紀念史學論叢』, 1983.
呂恩暻, 「朝鮮後期의 寺院侵奪과 僧契」, 『경북사학』 9, 경북대 사학과, 1986.
李炳熙, 「朝鮮時期 寺刹經濟 硏究의 動向과 課題」, 『裵鍾茂總長退任紀念史學論叢』, 1994.
金順圭, 「朝鮮後期 사찰 紙役의 변화」, 『青藍史學』 3, 한국교원대 청람사학회, 2000.
4 李炳熙, 「朝鮮時期 寺院經濟 硏究의 動向과 課題」, 『裵鍾茂總長退任紀念史學論叢』, 1994.
尹用出, 「朝鮮後期의 賦役僧軍」, 『부산대학교인문논총』 26, 부산대학교, 1984; 『조선후기 요역제와 고용노동』, 서울대학교출판부, 1998에 재수록.
河宗睦, 「朝鮮後期의 寺刹製紙業과 그 生産品의 流通過程」, 『歷史教育論集』 10, 역사교육학회, 1987.
金甲周, 「南北漢山城 義僧防番錢의 綜合的 考察」, 『佛教學報』 25, 동국대불교문화연구원, 1988.

역을 수동적인 입장에서 다룬 연구수준에서 확실히 진전된 것은 사실이지만, 여전히 불교계의 수탈을 중심으로 다루어져 당시 사회경제상황을 기초로 한 체계적이고 발전적인 연구는 진행되지 못한 한계를 지니고 있다.

본 논문은 기존의 연구성과를 폭 넓게 수용하면서 우선 승역 시행의 배경을 검토하여 양란 이후 진행된 승역僧役이 대표적인 불교계의 탄압과 수탈이었다는 기존의 시각을 재검토하고자 한다. 불교계에 대한 탄압과 수탈은 조선 전 시기 동안 진행되고 있었다. 그러나 왜란과 호란의 발발과 그 이후 조선의 사회경제 동향의 이해를 기초로 불교계를 고찰했을 때 僧役 자체를 불교계에 대한 탄압과 수탈만으로 해석하기에는 무리가 있음을 살필 수 있다. 필자는 우선 전란 이후 승려에게 부역이 전가된 배경과 과정을 조선이 당면한 사회경제적인 문제와 결부시켜 면밀히 검토하고자 한다. 당시 각종 부역으로 인한 폐해는 승려에게만 해당되는 것은 아니었다. 일반백성들 또한 대동법大同法과 균역법均役法이 시행되었음에도 불구하고 각종 잡역의 고통에서 벗어나지 못하고 있어[5] 승역으로 인한 고통이 불교계에 국한된 문제라고 만 볼 수 없다. 승려가 담당했던 잡역과 잡공 역시 광범위한 것이어서 그 유형을 고찰하고 수취체제의 개선에 따른 승역의 변화 또한 검토하고자 한다. 필자는 『조선왕조실록』과 『비변사등록』을 중심으로 한 여러 사료를 기초로 산성山城축조와 방어, 궁궐宮闕·산릉山陵공사를 위시하여 지역紙役과 각종 잡공雜貢에 이르기까지 승려들이 담당했던 부역의 유형을 정리하고자 한다. 각종 승역에 대한

5 金德珍, 「朝鮮後期 雜役의 分定」, 『전남사학』 11, 전남사학회, 1997.

대가 지금의 사례 역시 수취체제의 개선과 전연 무관한 것이 아니어서 승역에 관한 이해의 폭을 넓힐 수 있을 것으로 기대된다. 마지막으로 승역에서 비롯된 여러 폐단을 살펴보고 18세기 이후 승역이 현저하게 감소하게 된 원인 또한 수취체제와 함께 규명할 것이다.

요컨대 승역에 대한 이해는 양란 이후 조선의 사회경제구조 안에서 총체적으로 이해할 필요성이 있다. 이와 같은 조선후기 승역에 대한 기본적인 연구시각과 방법은 궁극적으로 변화와 모순의 사회경제구조 내에서 암울한 불교계의 자구적 노력과 주체적 면모를 이해하기 위한 기초가 될 것이다.

2 승역僧役 시행의 배경

1) 양역자원良役資源의 확보

양란 이후 조선 정부는 사원경제에 대한 통제를 대규모로 진행하였다. 승군 동원은 전란 당시부터 이루어졌고 점차 강화되었다. 현종 4년(1663)에는 능침사찰陵寢寺刹·원당願堂 등 왕패王牌 있는 사찰을 제외한 대부분의 사위전寺位田을 환수하기도 하였다. 이러한 조치는 사원경제의 근간을 흔들어 놓을 정도로 영향이 컸지만, 전란 이후 위기상황에 직면한 정부의 입장 또한 심각하였다. 왜란과 호란을 거듭하면서 생산구조가 파괴되고 국가 재정은 궁핍하여 위기의식이 팽배하였다. 특히 국가재정은 왕조의 체제와 질서를 유지하기 힘들 정도로 심각한 상태였다. 전국의 전결田結은 임란 전 170만8천결에서 광해군 3년에는 54만2천결로 감소되었다.[6]

현종 대와 숙종 대는 자연재해가 극심하기까지 하였다. 특히 현종 3년 영·호남의 심한 기근과 동왕 11~12년에 발생한 경신대기근庚申大饑饉은 사상유례가 없는 자연재해였고 전염병까지 돌아 100만 명 이상의 인명 피해가 발생하였다.

이러한 상황에서 정부는 국가재건과 재정확보를 위해 부족한 양역良役을 보충하고자 진력하였다. 인조 3년에는 호패법號牌法을 시행하여 남정男丁의 수를 103만 명에서 226만 명으로 증가시켰으며, 현종 대와 숙종 대는 양역제良役制 유지를 위해 호구戶口색출을 강력하게 추진하기도 하였다. 아울러 전란을 계기로 증가된 승려들을 국역國役에 적극적이고도 체계적으로 동원하였다.

> a 南原山城은 지형이 매우 험난할 뿐만 아니라 지경이 경상도와 면접해 있어서 한 도의 保障處가 되니 그 중요성이 全州와 다름없습니다. … 가을과 겨울사이 한가한 때에 승군을 시키든지 혹은 스스로 모집한 사람을 써서 서둘러 수축하게 하되 度牒과 告身·免賤·免役의 증명서를 나누어 주어 기어이 성사하도록 하고 …[7]

> b 中興洞에는 옛날 산성이 있었는데 지금까지 石築이 완연합니다. 이곳에다가 별도로 군영을 설치하거나 혹은 사찰을 짓고 자원하는 승려들을 모집했다가 免役의 도첩을 주게 되면 오래지 않아 멀고 가까운 곳의 승려들이 모여들 것입니다.[8]

---

6 『增補文獻備考』 권148, 田賦考 8.
7 『宣祖實錄』 제53권 선조 27년 7월 19일조.

인용문은 임진왜란 당시 비변사에서 남원산성과 북한산성 축조공사를 위해 승려를 동원하는 과정이다. 승군동원의 이러한 면모는 선조·광해군 대 승군의 조직이나 부역에 대한 문제가 강제적이거나 구체화되지 않았음을 보여주고 있다. 특히 "어렵고 근심스러운 때는 승려들을 모집하여 혹 방어하여 지키는 일에 힘을 보태게 하는 것도 무방하다"[9]라고 한 광해군의 언급은 당시의 승역이 자발적인 동원에 기초하고 있음을 시사하는 것으로 이후 승려들에게 가혹한 부담을 담당하게 한 승역 체계와는 다른 것임을 알 수 있다. 예컨대 산성축조를 위해 승려를 모집하고 그 대가로 도첩度牒이나 선과첩禪科牒을 지급했을 뿐만 아니라 전쟁에 참여하여 희생한 승려의 존재를 어느 정도는 인정한 것으로 해석할 수 있다. 적어도 선조와 광해군 대에는 승려의 국역 동원에 면역免役·면천免賤의 혜택과 부역의 대가까지 줄만큼[10] 매우 우호적이어서 승려인구가 증가할 수 있었던 원인이다. 더욱이 전란 이후 토지황폐화와 함께 진행된 권문세가·수령·서리의 농민에 대한 가혹한 수탈과 군역의 문란이나 방납防納의 폐단은 농민들로 하여금 유망과 함께 역을 피해 승려가 되게 한 결정적인 계기가 되었다. 인조 대 대사간大司諫 윤황尹煌은 "군역의 고통이 혹심하여 양민이 역을 피해 승려가 된 자가 10명 가운데 6~7명이나 되니 병사의 수가 적을 수밖에 없다"고[11] 지적하였다. 이와 같이 전란 직후 승려인구의 증가는 전란 당시 적극적인 승군동원과 전란 직후 백성들에게 과중하게 부과된 군역이 중요한 이유가 되었다.

8 『宣祖實錄』 제71권 선조 29년 1월 28일조.
9 『光海君日記』 제14권 광해군 원년 3월 27일조.
10 『光海君日記』 제130권 광해군 10년 7월 4일조.
11 『仁祖實錄』 제33권 인조 14년 8월 20일조.

副護軍 李穆이 글을 올려 아뢰었는데 그 요지는 이러했다. "우리나라의 군사제도에는 처음부터 田地를 준 일이 없었습니다. 한 남자에게 한 해에 받아들이는 베가 2필, 쌀이 12말, 돈은 4백여 錢으로 백성들이 곤궁하게 되니 가벼운 역을 받으려고 머리를 깎고 승려가 되는 것입니다. 영남의 한 도만 하더라도 큰 사찰이 300여 개이며 사찰마다 승려가 400~500명이나 되니 여러 도를 통틀어 논하면 포를 바치는 군사에 비해 오히려 많습니다.[12]

백성들이 피역지류避役之類가 되어 승려가 된 사례는 수취체제의 개선으로 백성들의 조세부담이 줄어 든 대동법 시행 이후인 영조 대에도 나타나는 현상이었다. 전국 사찰의 승려 인구는 군포軍布를 바치는 군사에 비해 훨씬 많다는 것이다. 불교계의 이러한 상황은 부족한 재정확보를 위해 양역자원을 보충하고자 했던 정부의 관심을 끌기에 충분하였다. 현종대 충청도 연산의 유학幼學 김채金寀가 '열읍산중列邑山中의 큰 사찰은 한 사찰에 승도가 수백 명이나 되므로 이 승도들을 환속시키면 하루아침에 10만의 군병軍兵을 얻을 수 있다[13]고 언급하기도 하였다.

결국 승역이 강화된 직접적인 원인은 전란 이후 혼란한 사회상황, 자연재해로 인한 토지의 황폐화 그리고 가혹한 수취체제였다. 여기에 호역戶役과 신역身役 등을 견디지 못한 백성들의 피역避役으로 부족한 양역을 승려들이 대신하면서부터라고 할 수 있다.

한편 양란 이후 승역이 강화될 수 있었던 또 다른 요인은 승려의 노동

---

12 『英祖實錄』 제45권 영조 13년 9월 11일조.
13 『承政院日記』 제201책 현종 8년 윤4월7일조.

력이 질적으로 우수하고, 농민들로 하여금 농사에 전념케 하기 위한 안정책의 의미도 지니고 있었다. 양란 당시 승려들의 탁월한 전투력은 국역國役에서도 여실히 드러났다. 현종 대의 광주부윤廣州府尹 심지명沈之溟은 '민정民丁이 3일 할 수 있는 역役이 승군僧軍 1일의 역을 미치지 못한다. 그것은 승군이 부역을 하면 반드시 사력死力을 다하기 때문'이라고[14] 하여 병자호란 당시 승군의 활약과 함께 그 노동력을 높이 평가하였다. 특히 많은 인력이 소요되면서 힘든 작업에는 조직적이고 기율이 엄한 승군이 적합하였다. 광해군 대 영건도감營建都監에서는 채석장의 승군들이 서로 호흡을 맞춰 일하기 때문에 각 소에서는 모집된 역군役軍은 원하지 않고 다투어 승군을 요청하였다. 일반 역군보다 부지런하며 작업에 능숙한 점 또한 승역이 상례화常例化된 요인이기도 하였다.

> 산성의 役事에는 대개 烟戶軍을 부렸는데, 그 수가 8천~9천명을 밑돌지 않았습니다. 이번에 동원한다면 농사에 방해가 될 듯하여 僧軍과 留衛軍만을 우선 啓請했던 것인데, 승군은 1천 명을 한달 기한으로 복역시켜야 하겠습니다.[15]

인조 대 병조兵曹는 산성의 역사에 농민을 동원하는 일은 농사에 방해가 된다하여 승군을 동원할 것을 아뢰고 있다. 당시 농민은 거의 모두 파산하여 생업을 잃고 타향을 전전하였고 각 고을에서는 유망자流亡者들에 대한 공부貢賦나 군포軍布징수를 남아 있는 이웃이나 친족에게 인징隣徵·

14 『顯宗實錄』 제17권 현종 10년 6월 20일조
15 『仁祖實錄』 제22권 인조 8년 4월 17일조

족징族徵의 형태로 전가시키고 있었다. 이와 같은 가혹한 수취체제와 자연재해 등으로 인한 농민층의 광범위한 토지이탈 현상은 그들을 각종 역사役事에 동원시키기에는 분명한 한계를 지니고 있었다. 더욱이 농번기의 역사동원은 폐농廢農의 요인이 되기도 한 것이다. 때문에 농사와 무관하고 질 좋은 노동력을 보유한 승려들을 각종 역에 동원할 수밖에 없었다.

2) 대동법大同法의 시행

광해군 즉위년(1608) 경기도에서 처음 실시된 대동법大同法은 군역軍役의 문란, 방납防納의 폐단과 같은 가혹한 수취체제를 개선하여 재정위기를 극복하고 동요하는 농촌사회를 안정시키고자 한 대책이었다. 백성이 호역戶役으로 부담했던 중앙의 공물貢物·진상進上과 지방의 관수官需·쇄마刷馬 등을 모두 전세화田稅化하여 1결結에 백미白米 12두斗씩을 징수하였다. 정부는 이를 경외 각 관청에 배분하여 각 관청으로 하여금 연간 소요물품 및 역역力役을 민간으로부터 매입·사용하거나 고용·사역하는 것을 골자로 한 것이다. 결국 백성들이 현물과 노역으로 부담하고 있던 진상進上·공물貢物·요역徭役 등을 전결미로 대신 수취하였다. 때문에 백성들은 다른 역役을 부담하거나 대동미大同米를 봄과 가을 외에 납부하지 않아도 되었으며, 역역力役과 잡공雜貢 납부 시에는 역가役價를 받았다. 양란 직후 대동법의 실시는 운영에서 여러 논란과 한계가 드러났지만, 백성들이 대동법의 실시를 청원할 정도로 성공적이었다.[16]

a 1년에 두 번 米를 거두는 것 외에는 백성들에게 한 되라도 더 거

두는 것을 허락하지 마소서. 오직 山陵과 詔使의 일에는 이러한 제한에 구애받지 말고 예전같이 시행하도록 하소서.[17]

b ① … 5道에서 各營과 邑의 소요되는 貢物을 백성으로부터 徭賦를 내게 하는 경우에는 모두 米로 환산한다. 각 읍의 油·淸蜜·紙地에 대하여도 또한 대동미로 환용해야 하며 …

② 山陵 및 詔使를 제외하고는 일체의 요역으로 다시 백성에게 번잡하지 않도록 하여야 한다.[18]

한편 대동법 시행에도 불구하고 산릉역山陵役과 사신을 접대하는 조사역詔使役, 지역紙役 등에 대해서는 예외규정을 두어 이전의 요역徭役이 분정分定되었다. 비록 방납을 방지하고 균역均役을 실현하여 민생을 안정시키고자 하였지만(a) 불시에 발생하는 역役으로 그 수요를 예측할 수 없는 경우에는 부득이한 예외규정(b)을 두었다. 대동법 시행은 백성들의 부담을 덜어주었지만, 대동법의 예외 규정은 백성들뿐만 아니라 승려들이 부담해야하는 역役이 광범위하고 그로 인한 고통 또한 심화되는 결정적 계기가 된 것이다. 승려들은 조선전기에도 국역을 담당하여 건국초기에는 신도영건新都營建을 위해 동원되거나 중앙관청에 소속되어 기와나 옹기를 굽거나, 서책을 만들고, 환자를 치료하기도 하였다.[19] 그러나 이때의 승역

16 韓榮國, 「大同法의 實施」, 『한국사』 13, 국사편찬위원회, 1984, pp.211~215.
崔完基, 「大同法實施의 影響」, 『國史館論叢』 12, 국사편찬위원회, 1990, pp.223~245.

17 『光海君日記』 제4권 광해군 즉위년 5월 7일조.

18 『續大典』 卷2 戶典 徭賦條, 법제처, 1965, p.113~115.

19 韓沽劤, 『儒敎政治와 佛敎』, 一潮閣, 1993, pp.135~147.

은 양란 이후처럼 그 유형이 광범위하지 않았으며, 사위전 또한 면세의 혜택을 받아서 불교계를 위협할 정도로 심화되지는 않았다. 조선전기의 승역은 일정한 주거지 없이 상가喪家 등을 찾아가 의식衣食을 해결하는 하급승려들만이 담당했을 뿐 모든 승려들이 담당한 것은 아니었다.

> 兩湖에 대동법을 실시한 뒤로 烟軍을 징발해 쓰지 못하기 때문에 公私의 土木이나 堤堰 축조 役事를 승려들에게 많이 맡기니 僧役이 이전보다 배나 무거워 탄식하고 원망하는 폐단이 있게 되었습니다.[20]

임진왜란 이후 대동법의 실시로 승려가 담당했던 역은 전란 당시부터 전투뿐만 아니라 산성축조와 방어, 산릉山陵·궁궐宮闕공사에는 기본적으로 대규모의 인원이 동원되었다. 숙종 6년(1680) 인경왕후산릉역仁敬王后山陵役에는 3,500명이나 동원되었고, 영조 7년(1731) 동래부東萊府의 부성府城 축성築城때는 경상도 65읍에서 동원된 승군만 도 7,901명에 달하였다고[21] 한다. 또한 승려들의 지역紙役은 전국 대부분의 사찰에서 담당할 정도로 광범위하였고, 그 부담은 사찰의 존폐를 좌우할 정도로 심각하였다. 지역紙役이 영건營建공사와 함께 승려들에게 많은 부담을 준 것은 대동법 실시가 직접적인 원인이었다. 예컨대 대동법이 전국적으로 실시되면서 공물貢物은 대동미大同米로 대체되었지만, 종이와 같은 공물은 물납物納만으로 징수하는 예외품목이 되었다.[22] 많은 양의 지물紙物이 조공품朝貢品으로 보내졌

---

20 『備邊司謄錄』 제27책 현종 9년 11월 6일조.

21 「本府各處扶助軍赴役記」, 『東萊府築城謄錄』(윤용출, 「17세기 이후 승역의 강화와 그 변동」, 『조선후기 요역제와 고용노동』, 서울대출판부, 1998, p.165에서 재인용).

22 각주 16) 참조.

고, 국가자체의 수용도 증가하였다. 대동법 실시 이후 종이원료의 중요 생산지였던 삼남지방의 저전楮田이 대동미 납부를 위한 종곡지지種穀之地가 되어 지물紙物이 귀하고 국가의 수요를 충족시킬 수 없었다.[23] 더욱이 대동작미大同作米된 역에는 모두 값이 지급되었지만 급가給價의 원칙은 제대로 지켜지지 않았다. 영조 30년 전라감사 조운규趙雲逵는 '조정에서 진상하는 일에 대하여 획급하는 것이 있기는 하지만 이것은 10분의 1에 지나지 않는다'고[24] 하여 그 대가가 본가本價에도 훨씬 미치지 못한 사실을 알 수 있다.

> 호남지방의 白綿紙와 霜華紙의 값을 鹽稅木으로 참작하여 결정했지만 그 세목이 몹시 거칠어 각 읍과 僧人들이 모두 괴로워하고 있으니 종이는 각 읍에 분담시키고 염세목은 잡용에 쓰게 하자고 하였는데 상께서 해조에 말하라고 전교하셨습니다. 염세목은 당초 소금 1석에 3필목으로 정하였으니 木品이 몹시 거칠어 지금은 반을 감하여 소금 1석에 1필 반으로 정하였으니 그 전처럼 몹시 거칠지는 않겠지만 또한 품질이 좋지도 못할 것입니다. 충청도에서는 이미 大同米 10두 중에서 변통 마련하여 각 읍에 분정하고 있습니다. 염세목으로 종이 값을 주면 겉으로는 값을 지급하는 것이 되지만 그 값이 부족하고 만약 각 읍에 분담한다면 白徵에 가까우니 어찌해야할지 모르겠습니다.[25]

23 『備邊司謄錄』 제50책 숙종 25년 12월 초1일조.
24 『英祖實錄』 제81권 영조 30년 5월 23일조.
25 『備邊司謄錄』 제17책 효종 5년 5월 4일조.

효종 5년(1654) 특진관 이시방李時昉의 말에 의하면, 지물紙物 값으로 포목을 지급하지만 그 품질이 조잡하여 백성과 승려들이 고통스러워 한다는 것이다. 때문에 지물을 지방군현에서 상납하기로 했는데, 숙종 26년(1700)에는 국가수요량의 절반은 공인에게 청부시켜 조달하고, 절반은 지방군현에서 부담토록 하였다. 그러나 이미 종곡지지로 변한 이상 지물의 조달은 쉽지 않은 것이어서 지방관부에서는 조달해야 할 지물의 일부를 사원에 부과하여 징수하였다. 조선후기 승역 가운데 산성축조나 방어와 함께 가장 고통스러운 것이 승려의 지역紙役이었다. 정조대에 작성된 것으로 추정되는 『부역실총賦役實摠』에 의하면 승려들이 잡공雜貢과 함께 백지白紙·피지皮紙·장유지壯油紙 등 각종 지물을 생산하여 납부하는 흔적을 어렵지 않게 살펴볼 수 있다.[26]

한편 인용문에서 주목되는 것은 지역紙役 등 잡역雜役으로 인한 고통이 승려뿐만 아니라 백성들 또한 예외가 아니었다는 점이다. 산릉山陵과 조사詔使 등의 국역國役 뿐만 아니라 각종 읍역邑役도 대동법 제정 때부터 대동세에 포함되지 않고 있었다.

> 三道大同廳에서 아뢰기를 대동의 역은 본디 백성의 고달픔을 구제하기 위한 것이었습니다. … 민간에서는 처음의 대동으로 하면 다시 다른 役이 없을 것이라고 들었는데, 지금 대동 이외의 여러 가지 역이 이처럼 복잡스러우니 백성이 불편하게 여기는 것은 당연합니다.[27]

---

26 『賦役實摠』 上·下.
27 『仁祖實錄』 제5권 인조 2년 3월 8일조

대동법이 백성들의 고통을 덜어주기 위해 시행된 것은 사실이지만, 제정 당시부터 여러 가지 잡역이 적지 않게 분정되어 폐단을 낳고 있었던 것이다. 영조 3년 능묘 조성 시 담지군擔持軍에게 대동大同 저치미儲置米를 1인당 5승씩 주도록 되어 있지만, 근래에는 대가를 주지 않고 백성들을 사역시키고 있었으며[28] 운송비運送費·작지비作紙費 등을 지급한다고 하더라도 잡비는 말할 것도 없고 본가本價에도 훨씬 미치지 못하는 실정이었다. 이유는 대동법의 원칙이 처음부터 모순을 지니고 있었기 때문이다. 중앙에서 필요한 것에는 상납미가 각 관사에 지급되어 공인貢人으로 하여금 조달하게 하였고, 지방에서는 상납하거나 필요한 것에는 유치미留置米가 각급 관청에 지급되어 납부·조달하게 하였다. 그러나 방대한 군현의 수요를 한정된 유치미로는 도저히 감당할 수 없는 제도적 한계를 드러낸 것이다.[29] 이러한 이유로 대동법 시행 초기부터 백성들의 부담은 가벼운 것이 아니었다. 대동법 시행이 백성들의 부담을 경감시킨 효과도 있었지만, 예외 잡역의 분정分定으로 그 부담이 더욱 가중된 것 또한 사실이다.

요컨대 조선후기 국역國役을 기초로 한 백성들의 생활은 대동법 시행에도 불구하고 크게 변하지 않았다. 대동법 시행에 따른 이러한 양상은 승역을 기초로 한 조선후기 불교사를 재인식할 수 있는 실마리를 제공한다. 승역이 당시 불교계에 대한 탄압이자 수탈의 표상이라는 기존의 연구시각은 국역國役 부담이 승려뿐만 아니라 백성들에게도 가혹한 부담으로 인식되었기 때문에 재검토의 여지가 충분하다.

---

28 『英祖實錄』 제13권 영조 3년 10월 10일조
29 金德珍, 「조선후기 雜役의 分定」, 『전남사학』 11, 전남사학회, 1997, pp.301~303.

3 승역의 유형

1) 산성축조山城築造와 방비防備

산성축조와 방어는 양란 이후 승려가 담당했던 부역 가운데 가장 대표적인 것이었다. 특히 남북한산성의 축조는 이후 승역을 중심으로 한 승군제도가 조직적으로 정비된 계기가 되기도 하였다. 남한산성의 축조는 인조仁祖 2년(1624) 이괄李适의 난과 후금後金의 조선에 대한 압력이 점차 가중되자 그해 7월에 공사를 시작하여 인조 4년(1626) 11월에 완성되었다. 당시 총융사摠戎使 이서李曙는 승려 각성覺性과 응성應聖으로 하여금 팔도의 승군을 모집케 하여 2년 4개월 만에 공사를 마쳤다[30] 축조 후 방어에 동원된 승려들은 하삼도下三道와 강원도江原道의 승려 가운데 도첩度牒이 없는 자를 뽑아서 3개조로 나누어 부역하게 하고 부역을 마친 이후에는 도첩을 지급하여 돌아가게 하였다.[31] 북한산성 또한 강화도와 남한산성에 이어 나라의 보장지처保障之處로 인식하여 숙종 37년(1711) 4월에 승려를 동원하여 공사를 시작하고 그 해 10월에 완성하여 축성내역에 관한 별단別單을 올렸다.[32]

두 산성이 축조된 이후 방어를 위한 조치가 내려졌다. 이유李濡의 건의에 따라 "외방外方 사찰에 있는 승도僧徒의 다소多少를 조사하여 남한·북한산성에 각각 의승 350명씩을 정하고 그 액수를 정하여 차례로 番을 서

30 李能和 「南漢山寺守城緇營」, 『朝鮮佛教通史』 下, p.828.
31 『備邊司謄錄』 제5책 인조 16년 2월 5일조
32 『備邊司謄錄』 제63책, 숙종 37년 10월 18일조

게 하였다."[33]

〈표 1〉 승군편성과 승영사찰[34]

	승군편성	승영사찰
南漢山城	僧軍摠攝 1, 僧中軍 1, 教鍊官 1, 哨官 1, 旗牌官 1, 原居僧軍 138, 義僧 356	開元寺, 漢興寺, 國淸寺, 望月寺, 長慶寺, 天柱寺, 玉井寺, 東林寺, 水鍾寺, 奉恩寺
北漢山城	僧大將 1, 中軍, 左右別將, 千摠, 把摠, 左右兵房 각1, 教鍊官, 旗牌官, 中軍兵房 각2, 五旗次知1, 都訓導, 別庫監官 각1, 射料軍10, 書記 2, 通引 2, 庫直 3, 冊掌務 板掌務 각1, 吹手 2, 各寺僧將 11, 首僧 11, 義僧 358	重興寺, 龍岩寺, 普光寺, 扶旺寺, 西岩寺, 元覺寺, 國寧寺, 祥雲寺, 太古寺, 鎭國寺, 輔國寺

그 구성은 평안도와 함경도를 제외한 전국에 할당된 의승군과 산성내외 사원의 원거승原居僧으로 이루어졌으며, 이들은 남한산성 10개 사원과 북한산성 11개 사원에 배치되어 1년에 2개월씩 6회에 걸쳐 윤번으로 복무하였다. 그러나 의승입번제義僧立番制는 시행 초기부터 지방의 각 사찰이나 승려들에게 적지 않은 부담이 되고 있었다.

① 남한(산성)의 義僧이 上番하는 것은 승도의 괴로운 폐단입니다. 본도는 큰 절이면 4~5명이고 작은 절도 1~2명인데, 한 명을 資裝하여 보내는데, 거의 100금이 소비되므로 한 절에서 해마다 4,500금의 비용을 책임지니 저 草衣木食하는 무리가 어찌 衣鉢을 메고 떠나 흩어지지 않을 수 있겠습니까?

33 『肅宗實錄』 권55, 숙종 40년 9월 25일조 ; 『비변사등록』 제67책, 숙종 40년 9월 27일조
34 李能和, 『朝鮮佛教通史』 下, pp.829~832.

② 8도의 의승이 上番하는 것은 保障하는 데에 그 뜻이 있다고 말하겠습니다만 兩廳의 軍官·卒隷도 모두 각 고을의 시골에서 사는 자에게는 쌀·베를 거두고 성 안에 사는 자를 대신 세우니 어찌 의승에게만 이 사례를 쓸 수 없겠습니까. 이제부터 정식하여 의승은 상번하지 말고 매명마다 돈 16냥을 代送하되 '義僧防番錢'이라 이름하여 각 고을로 하여금 軍布의 규례와 마찬가지로 거두어 모으게 하면 승도의 큰 폐해를 없앨 수 있을 것입니다.[35]

인용문은 산성방어에 따른 승려들의 가혹한 부담과 그 시정책으로 의승번전제의 시행을 언급한 호남이정사湖南釐正使 이성중李成中의 복명서계復命書啓의 내용이다. 매년 6차례에 걸쳐 교대로 입번入番하는 승려들을 보내야 하는 소속 사찰의 경제적 부담은 혹독한 것이었다. 더욱이 상번하는 본인에게 소요되는 비용 외에도 남·북한산성의 원거승原居僧의 접대비까지도 부담해야하는 폐단이 있었다. 영남의 균세사均稅使 박문수朴文秀도 방번防番하면 15냥이 드는데 승려가 스스로 상번하면 남·북한산성 의승군 수응접대酬應接待 등을 모두 의승군이 부담하게 되므로 비용이 30냥에 이른다고[36] 하여 호남과 영남을 중심으로 한 팔도의 부역승군의 부담이 시정의 대상이 되었다. 때문에 그 사찰과 승려의 부담을 덜어 주기 위해 전국의 입번승으로부터 번전을 징수하여 원거승原居僧을 포함한 고승입역자雇僧立役者에게 급대給代하는 의승번전제가 논의되기 시작하여 급기야 영조 32년(1756)에는 의승입번제義僧立番制에서 의승번전제義僧番錢制로 변천되었

35 『英祖實錄』 권81, 영조 30년 4월 29일조.
36 『備邊司謄錄』 제123책, 영조 27년 8월 초1일조.

다. 그러나 의승번전제는 입번제 당시에도 빈번하게 시행되고 있었다. 숙종 44년(1718) 정언正言 유복명柳復明은 북한산성의 방비에서 여러 도道의 의승이 350명에 이르는데 제번지전除番之錢을 징수하고 있다고[37] 하였으며, 경종 3년(1723) 도제조都提調 최석항崔錫恒은 의승義僧의 신역身役이 외방 사찰의 견디기 어려운 큰 폐단임을 지적하고, 큰 사찰은 50냥, 작은 사찰에서는 20~30여 냥을 거두어 북한산성에 보내 의승을 고용하여 입역立役시킬 계책으로 삼고 있다고[38] 그 폐단을 지적하고 있다. 이와 같은 사실은 번전제로 인해 외방 사찰의 부담이 증가하고 원거승의 횡포가 심화되는 내용을 포함하고 있지만, 17세기 이후부터 본격화된 고립제雇立制가 승역僧役에도 실질적으로 도입되고 있음을 시사하고 있다.

17세기 이후의 역제役制는 연군烟軍의 요역노동을 비롯한 부역노동이 쇠퇴하고, 모군을 고용하는 모립제募立制가 확대되어 갔다. 모립제는 관부官府에서 인부를 모집하여 각종 역사役事에 필요한 노동력을 고립雇立하는 제도였다. 즉 부역노동으로서가 아니라 고용노동으로서 노동력을 조달하는 방식이었다. 17세기는 연군烟軍의 분정分定과 차역差役 등 징발과정에서의 폐단과 부역노동의 고중苦重함, 사역의 비효율성 등 역역力役운영상의 많은 문제점이 노출되어 요역을 담당한 농민이 피역·도망·대립代立 등의 양상이 빈번히 나타났다. 더욱이 농번기에는 연군을 요역 징발하기 어려웠으며, 역량役糧을 스스로 지참한 채 먼 길을 왕래해야 하는 과중한 부담 등으로 부역노동이 쇠퇴하였다.[39] 숙종 18년(1692) 남한산성을 수축할 당

37 『肅宗實錄』 권62, 숙종 44년 윤8월 3일조
38 『備邊司謄錄』 제74책, 경종 3년 8월 초4일조
39 윤용출, 『조선후기 요역제와 고용노동』, 서울대출판부, 1998, pp.173~219.

시 정부는 남한南漢 소속의 양주楊州·죽산竹山 등지의 영군營軍을 동원하지 않고, 1,000명에 가까운 성내 주민을 소정의 료포料布를 지급하고 사역시켰다.[40] 성의 수축에 동원된 민정民丁들이 고가雇價를 받는 모군募軍이었다. 북한산성 축성 또한 모군募軍뿐만 아니라 삼군문三軍門 소속의 군인과 방민坊民이 함께 동원되어 역부役夫로 종사하였다.[41] 결국 모립제가 부분적으로 적용된 것이다. 이와 같은 역제의 변동은 상번제上番制를 원칙적으로 시행하고 있었던 승역 또한 그 부담을 덜기 위해 실질적으로 의승을 고용하는 번전제番錢制를 시행하고 있었다. 비록 북한산성 축조 후 초기부터 실질적으로 시행된 의승번전제는 외방사찰의 부담이 과중하다는 지적으로 영조 5년(1729) 종래의 상번제로 정착되었지만, 고립제雇立制가 운영되었던 동일한 시기에 번전제가 시행되고 있었다.

> … 외방의 의승은 상번을 정지하고 道里의 遠近을 참작하여 防番之價를 작성하고 山城居僧으로 代立시키며 그들에게 公費의 많고 적음을 헤아려 雇立之資로 劃給함으로써 鄕僧에게는 왕래하는 견디기 어려운 폐단을 제거해 주고 城僧에게는 代立하는 受價之利를 얻게 하되 …[42]

이후 의승상번제는 사찰과 승려의 고통이 더욱 가중되어 개정을 위한 논의가 지속되었다. 더욱이 백성들의 군역의 부담을 경감시키기 위한 균

40 『南漢謄錄』 城池.
41 『備邊司謄錄』 제61책, 숙종 37년 2월 9일, 3월 28일조.
42 『備邊司謄錄』 제130책, 영조 32년 정월 12일조.

역법均役法의 시행은 상번으로 인한 승역이 평민보다 많아 감필減匹한 이후부터는 위승자爲僧者가 현저하게 감소할 정도로 그 부담이 가중하였다. 박문수나 이성중의 지적처럼 직접 상번하는 것이 번전으로 대신하는 것보다 사찰이나 승려의 부담이 무거웠기 때문이다. 더욱이 균역법의 시행으로 군역軍役이 경감된 상황에서 승역은 여전히 감당하기 힘든 중역重役이었다. 급기야 영조 32년(1756) 입번제도대신 의승번전제를 실시하였다.

당시 「남북한산성의승방번절목南北漢山城義僧防番節目」은 정원 수와 번전의 액수를 도별로 책정하였다.

〈표 2〉 남북한산성의승방번전 각도별 배정액[43]

山城 / 道	南漢山城		北漢山城		도별총정원 / 총정액
	定員	定額	定員	定額	
경기도	14	10	6	10	20명 / 200냥
충청도	28	18	86	18	114명 / 2,512냥
강원도	14	18	46	18	60명 / 1,080냥
황해도	4	18	62	18	66명 / 1,188냥
전라도	136	22	62	22	198명 / 4,356냥
경상도	160	22	89	22	249명 / 5,478냥
총정원 / 총정액	356	7,480	351	6,874	707명 / 014,354냥

이상 <표>에 의하면 의승의 정원은 남한산성 356명, 북한산성 351명

43 <표 2>는 우정상(「南北漢山城 義僧防番錢에 대하여」, 『佛教學報』 1, 동국대불교문화연구소, 1963, pp.205~209)과 김갑주(「南北漢山城 義僧防番錢의 綜合的 考察」, 『佛教學報』 25, 동국대불교문화연구원, 1988, p.235)의 논고를 기초로 작성하였다.

으로 전체 707명이었으며, 의승이 부담해야할 번전은 남한산성 7,480냥, 북한산성 6,874냥으로 전체 14,354냥이었다. 이 가운데 태가駄價는 균역청사목에 따라 200냥을 1태駄로 하고, 1일을 1냥 5전으로 정하여 그 도정道程을 계산하여 실제 액수인 남한산성 423냥 2전 2푼, 북한산성 308냥 2전 1푼을 제하였다. 아울러 남한첨급전윤삭계용금南漢添給錢潤朔計用金과 조지서보조금造紙署補助金 1,603냥을 제하면 실제로 양 산성의 고립승雇立僧에게 지급된 액수는 약 12,000냥이 된다. 결국 양산성의 의승 전체 정원 707명은 1인당 17냥을 배당받게 되었다.[44] 「변통절목」에 의하면 의승번전은 사찰 중심으로 부과되어 각 사찰이 한 고을에 배당된 번전을 일시에 납부토록 하였다. 납부된 번전은 병조가 군포軍布를 총관하는 아문衙門이므로 의승번전도 하나의 고가雇價이므로 병조에 소속시켰다. 각 사찰에 한 번 정해진 번전은 비록 흉년이라도 감액減額없이 평년처럼 징수하였으며, 각 사찰의 사정에 관계없이 징수하였다. 이것은 당시 빈번한 자연재해와 승려들이 부담해야 했던 각종 잡역과 잡공을 염두했을 때 결코 의승상번제로 인한 부담을 경감시킨 조치라고 볼 수 없다. 이러한 모순은 번전제 실시 직후부터 노출되었으며, 급기야 정조대에 다시 논의되는 한계를 지니고 있었다.

44 『備邊司謄錄』 제130책, 영조 32년 정월 12일조 「남북한산성의승방번변통절목」 참조

2) 지역紙役

종이생산과 상납은 전란 이후 사찰과 승려가 담당했던 가장 광범위한 역이었으며, 그 폐단 또한 극심하여 유서 깊은 사찰이 쇠락하고 승려가 환속하거나 이탈하는 직접적인 원인이 되기도 하였다. 조선전기의 종이 생산은 관영제지소인 조지서造紙署가 담당하여 사찰은 불전간행佛典刊行 등 자급자족을 위해 종이를 생산하는 수준이었다. 그러나 양란 이후 조지서 혁파와 수취체제의 변화로 인해 승려의 종이생산과 상납은 본격화되었다. 더욱이 청淸의 조공품 요구는 그 수요를 가중시켰다.

양란 이후 대동법 실시는 불교계가 지역紙役을 부담하는 직접적인 계기가 되었다. 각종 잡역雜役은 대동미 흡수로 본색상납本色上納이 제외되었지만, 종이는 일부 품목과 함께 대동작미大同作米에서 제외되었다.[45]

> 이번 11월 30일 大臣과 備局堂上을 인견하여 입시하였을 때 行戶曹判書 閔鎭長이 아뢰기를 … 대체로 大同法이 설립된 뒤에 三南의 楮田이 모두 곡식을 심는 땅이 되었으며, 종이가 아주 귀하게 된 것은 사실 이 때문입니다. 만약 이런 일이 그치지 않는다면 앞으로 歲幣를 충당할 수 없을 뿐만 아니라 京外의 공용에도 대단하게 난처한 근심이 있을 것입니다. 종이 공물 한 가지는 참작하여 변통시키지 않을 수 없겠으니 廟堂으로 하여금 여쭙고 처리하는 것이 어떠하겠습니까[46]

45 『續大典』 戶典, 徭賦條.
46 『備邊司謄錄』 제50책, 숙종 25년 12월 초1일조.

대동법 실시 이후 주요 종이생산지인 삼남三南의 저전楮田이 종곡지지種穀之地로 변하고 각 지방에서는 지소紙所를 혁파하였다. 이러한 조치는 자연히 저楮의 생산을 감소시키고 종이의 품귀현상을 수반하였다. 이 때문에 숙종 26년(1700)에는 국가수요량의 절반은 지방 군현에서 부담하고, 나머지 반은 공인貢人에게 청부시켜 지급하게 하였다.[47] 지방 군현의 종이 납부는 지소紙所뿐만 아니라 지장紙匠과 봉족奉足이 혁파된 당시 상황에서 사찰의 부담을 가중하게 만들었다. 대동법의 시행과 함께 종이를 청나라 조공품으로 보낸 사실 또한 승려의 지역紙役이 가중한 원인이었다. 연행사신燕行使臣은 일반적으로 매년 3차례 정기적으로 왕래했는데, 이때 방물지方物紙는 백면지白綿紙 6,000권, 세폐대호지歲幣大好紙 2,000권, 소호지小好紙 3,000권을 합하여 총 11,000권을 보냈다. 인조 21년(1643)에는 백면지白綿紙와 후백지厚白紙를 합쳐 총 87,000권을 보냈으며, 동왕 27년(1649)에는 백면지白綿紙·상화지霜華紙, 세폐 및 동지冬至 등 삼기방물三起方物로 쓰일 수량을 합쳐 총 22,590권을 보내야 했다. 그리고 효종 1년(1650) 10월과 12월에는 각기 28,500권과 87,000여 권을 합쳐 총 115,500권을 생산해야 했다.[48] 이후 대청관계가 호전되면서 방물지의 수량도 점차 감소했지만, 한 해에 10만권을 초래한 사례는 전무후무하였다. 이와 같은 막대한 양의 종이생산은 종이 원료인 저산지가 집중되어 있는 전라·경상·충청도를 중심으로 분정分定되었다. 결국 양란 이후 국가 수용의 종이가 점차 사찰에 부과되기 시작한 것은 전란 이후 조지서 혁파를 비롯한 관제지官製紙 체계가 붕괴되고, 대동법을 시행한 것이 결정적인 계기가 된 것이다.

47 『備邊司謄錄』 제51책, 숙종 26년 1월 21일조.
48 宋贊植, 「三南方物紙貢考」, 『朝鮮後期社會經濟史의 硏究』, 일조각, 1997, pp.435~440.

사찰은 승려들의 제지기술과 함께 종이를 생산할 수 있는 자연적 여건이 잘 갖추어져 있었다. 조선시대의 사찰은 대부분 산간지역에 위치해 있었던 지리적 여건으로 제지원료인 저楮가 생육하기에 적합한 환경이었으며, 물이 풍부하고 건조하기에 적당한 기후조건을 갖추고 있었다. 특히 삼남지방은 저楮의 생육과 공급 등 제지製紙여건이 알맞아 종이생산과 납부가 활발하게 이루어졌다. 예컨대 영남지방은 그 토질이 저楮의 생육에 알맞아 얻기가 쉽고 용도가 넓고 이익이 크므로 사원의 업業이 되었다. 때문에 영남 70州의 사찰이 공사간公私間의 비용을 충당할 정도였다[49]고 한다. 그러나 예외도 있어서 저楮의 일부는 자급자족하고 일부는 외부에서 구입한 사찰도 있었으며, 저를 재배하지 않고 외부에서 매입하여 종이를 생산하는 사찰도 있었다.[50]

종이 원료인 저楮의 산지는 18세기 중엽까지 경상도 14곳, 전라도 12곳, 충청도 2곳에 불과하였다.[51] 대동법의 실시로 저전楮田이 종곡지화種穀地化로 감소되었기 때문이다. 그러나 정조의 적극적인 저楮재배 장려책이 시행되어 그 실효를 거두면서 저산지가 크게 확대되었다. 정조 년간에는 종상種桑과 종저種楮를 수령의 일곱 가지 소임중의 하나라고 규정할 정도로 중요시하였기 때문이다.[52]

지소혁파 이후 지방관청은 분정지물分定紙物을 사찰지소나 민영지소에서 징렴하거나 구매하여 확보하였다.

49 「孤雲寺善政碑閣記」, 『佛教』, 新第22호, 1940, p.35.
50 하종목, 「조선후기 사찰제지업과 그 생산품의 유통과정」, 『역사교육논집』 10, 역사교육학회, 1987, pp.56~58.
51 金紋敬, 『邑誌로 본 朝鮮後期 寺刹製紙의 實狀-三南地方을 中心으로』, 동국대 석사학위논문, 2002, pp.12~13.
52 『楮竹田事實』, 癸丑 12월 17일조.

① 安靜寺에 統營紙所를 설치하였다.[53]

② 총융청의승번전 36냥 가운데 18냥은 무량사 승도가 납부하고, 12냥은 還租 중에 매년 12석씩 會減하였으며 나머지 6냥은 無量寺紙所에서 10월에 납부한다.[54]

인용문은 19세기 말에 편찬된 전국『읍지』에 수록된 사찰지소에 관한 내용이다. 조선정부는 대동법 시행과 함께 관영제지수공업장인 지소를 혁파한 이후 사찰지소나 민영지소의 부담이 가중되는 폐단으로 지소를 복설復設하고자 하였다. 지장紙匠을 확보하여 다시 지장보紙匠保와 지장전紙匠田을 지급한다는 것은 국가수입을 감소시킬 우려가 있었지만,[55] 지물 납부를 담당해야 했던 지방관청에서는 지소를 복설해야만 하였다. 전라도의 경우 전주·남원·순천·광주·나주·담양 등 여러 지역에서는 지소가 복설되고 있었다.[56] 이러한 상황에서 분정된 지물을 생산해야 했던 사찰에서는 지소를 설치할 수밖에 없었다. ②의 무량사지소는 중앙과 지방관청에 지물을 납부하기 위해서 장지壯紙·공사지公事紙·백지白紙·피지皮紙·장유지壯油紙 등 다양한 지물을 생산하였다. 더욱이 무량사와 소속지소는 의승방번전義僧防番錢까지 부담해야 했다. 결국 전란 이후 지소가 공식적으로 혁파된 이후에도 지방에서는 지물납부를 위해 지소를 광범위하게 복설했고, 지물생산을 직접 담당해야 했던 사찰지소 또한 설치되기

53 『固城邑誌』, 佛宇條(『경상도읍지』 ①, 아세아문화사, p.387).
54 『鴻山縣誌』, 上納條(『충청도읍지』 ③, 아세아문화사, p.122).
55 『承政院日記』 제401책, 숙종 27년 12월 20일.
56 김덕진, 「조선시대 지방관영지소의 운영과 그 변천-전라도지방을 중심으로」, 『역사학연구』 12, 전남대사학회, 1993, p465.

에 이르렀다. 이러한 사찰지소의 설치와 지물 생산은 사찰이 패잔하게 된 결정적인 이유가 되었다.

삼남지방의 사찰이 담당한 지물생산과 납부방식은 다양하게 전개되었다. 우선 납부처는 여러 곳의 중앙 및 지방관청에 해당되었다. 중앙 납부처는 성균관成均館・교서관校書館・예조禮曹・병조兵曹・군기시軍器寺뿐만 아니라 대전大殿과 중궁전中宮殿 등에도 납부하였다. 지방의 경우는 병영兵營과 공방工房 등에도 납부되었으며, 서원에도 축문지祝文紙의 용도로 납부하기도 하였다. 특히 전라도 승평부의 대광사는 지물 납부처가 중앙 7곳과 소속관청 3곳이나 되었으며, 납부하는 지물의 양도 184권卷 33첩貼이나 되었다.[57] 사찰의 지물납부는 대부분 현물납부가 일반적이었지만, 현물 대신 돈으로 대납한 경우도 있었다. 예컨대 <표 3>에 제시된 경상도 청송부의 쌍계사는 성균관에 납부해야 할 지물 대신 돈으로 대납하였으며[58] 성주목의 안봉사安峰寺・용기사龍起寺 또한 현물 대신 본가本價를 납부하였다.[59] 이밖에 분정된 현물을 5개 사찰이 나누어서 납부하거나[60] 사찰의 사정에 따라 현물 대신 돈으로 대납한 경우도 있었다.[61]

---

57 『昇平志』 卷1(『邑誌』 全羅道 ①, 아세아문화사, p.461).
58 『青松府事例』(『邑誌』 慶尚道 ③, 아세아문화사, p.312).
59 『星州牧邑事例』(『邑誌』 慶尚道 ③, 아세아문화사, p.145).
60 『星州牧邑事例冊』(『邑誌』 慶尚道 ③, 아세아문화사, p.138).
성주목의 진상물목 가운데 細繩과 皮紙를 이 지역의 雙溪寺・安峰寺・達田寺・遜洞寺・梨洞寺 5개 사찰이 나누어서 납부한 사례가 보이고 있다. 이러한 사례는 성주목 뿐만 아니라 다른 지역에서도 나타나고 있다.
61 『清風府邑事例』(『邑誌』 忠清道 ②, 아세아문화사, p.582).
청풍부의 신륵사는 임진왜란 당시 화재로 인해 이전 시기부터 행해왔던 지물 납부가 어려워지자 대납액을 배정하기도 하였다.

〈표 3〉 삼남지방 사찰의 종이납부

지역	지명	사찰	납부처	전거
慶尙道	淸河縣	寶鏡寺	兵營	淸河縣邑誌
	尙州牧	미상	미상	尙州邑誌
	靈山縣	미상	工房	靈山縣事例
	安東府	進臺寺	미상	安東府邑誌
	星州牧	雙溪寺	工庫	星州牧邑事例冊
	靑松府	雙溪寺	成均館	靑松府事例
	奉化縣	覺華寺	鎭營	奉化縣事例
忠淸道	淸風府	神勒寺	兵營	淸風府邑事例
	石城邑	正覺寺	兵曹	石城邑事例
	鴻山縣	無量寺	鄕衙門	鴻山縣誌
	溫陽郡	風谷寺	各殿	溫陽郡邑摠
	恩津縣	雙溪寺	楝軒冊房	恩津縣邑誌
全羅道	長城府	鷲棲寺 · 望月寺	미상	長城府邑事例
	潭陽府	龍湫寺 · 龜巖寺 · 玉泉寺	미상	潭陽府邑事例
	昇平府	大光寺	軍器寺 · 校書館 · 禮曹 · 觀象監	昇平志 卷1
	同福縣	미상	巡營	同福縣事例
	長水縣	新光寺	미상	長水縣事例冊
	高山縣	云門寺 · 安心寺	衙舍 · 客舍	高山邑誌事例

① 紙匠僧의 雇價는 50냥이며, 紙物의 本錢은 20냥이다.[62]

② 皮楮 100坮는 서쪽 3곳에서 생산되어 槐丁 · 望月 등 각 고을에서 담당하였으며, 100대는 서쪽 2곳에서 생산되었는데 上通 ·

62 『光陽邑誌』(『邑誌』 全羅道 ①, 아세아문화사, p.198).

> 中通·下通·金洞 등의 고을에서 담당하였다. 모두 200대로 각 대마다 1냥 7전씩 本價를 지급하여 납부케 한다. 돈으로는 340냥이다. 또한 64냥이 鷲西·望月 두 사찰의 浮紙貢價이다.[63]

한편 지방관청은 사찰의 지물납부에 대가를 지불했는데, ①은 전라도 광양에서 지장승紙匠僧을 고용한 대가로 50냥을 지불했음을 보여주고 있다. ②의 장성부의 사례에서도 취서·망월 두 사찰의 승려들이 종이를 떠서 공물로 바친 '부지공가浮紙貢價'로 64냥을 지급하였다. 이러한 지방관청의 지물생산과 납부에 따른 대가 지급은 매우 저렴한 것이 일반적인 현상이었지만, 이미 시행되고 있었던 대동법에 의한 것이기도 하였다. 대동법의 시행으로 납부된 상납미와 포는 중앙의 각종 경비와 공물貢物, 그리고 각 지방의 모든 경비에 사용되었다. 이른바 <호서대동사목湖西大同事目>에 의하면 중앙 각사各司와 관서官署에 지급되는 미米와 포布는 공인貢人을 거쳐 현물로 수납되는 것이 일반적인 현상이었다. <호서대동사목湖西大同事目>에는 중앙의 여러 관서에 지물紙物값을 상납하였는데 예조각양지지가禮曹各樣紙地價·비변사유備邊司糯·지의가紙衣價 등이 배정되었다. 이 가운데 예조에는 의지儀紙·상지上紙·중지中紙·장지壯紙·공지公紙 등의 다섯 가지의 지물이 상납되었다. 이러한 사례는 충청도의 각 관청의 수요를 비롯한 여러 경비와 공물에 사용하기 위하여 유치된 대동미의 사용 목록에도 나타나고 있다. 예컨대 각영各營·관수물가官需物價라든가 사액서원폐백가賜額書院幣帛價·본도잉정진상방물가本道仍定進上方物價 등 여러 제향祭享과 진

63 『長城府誌邑事例』(『邑誌』 全羅道 ①, 아세아문화사, p.52).

상물가進上物價에는 지물 값이 포함되어 있었다.[64]

지방 관청이 사찰에 지물납부에 대한 대가를 지급한 것은 선대제先貸制 방식을 취하고 있다. 지방 관청은 사찰에 처음 사들일 때의 값인 본가本價를 미리 지급하고 완제품을 공급받기도 하였으며, 이미 생산된 완제품을 관청에서 구매해 가기도 하였다.[65] 이밖에 사찰에서 생산된 지물은 공인을 통해서 납부되기도 하였다. 국가 수요량의 절반을 공인貢人에게 청부시켜 지급하는 시책에 따라 공인이 관청에서 지물 값을 받아 생산지에 내려가 사찰과 지장紙匠 등에게서 종이를 구매하여 중앙과 지방 관청에 납부한 것이다.[66] 영남의 경우는 공인들이 매년 쌍계사雙溪寺와 해인사海印寺 등 여러 사찰의 지승紙僧과 함께 지가紙價나 지물의 종류, 공급기한 등을 약정하고 수거해 갔다.[67] 그러나 공인들은 이윤추구를 위해 저렴한 지가紙價를 지급하고 지물을 구입하였다. 그들은 국용지國用紙 납부라는 측면에서 관청의 비호를 받았으며, 더욱이 궁핍한 사찰경제의 약점을 이용하여 시중가격의 1/5 정도의 헐값을 주고 지물을 구입하는 것이 일반적이었다. 이러한 상황은 승려들로 하여금 사상私商과의 거래를 통해 지물을 유통시키게끔 하였다. 송상松商들이 승려와 체결하여 별장지別壯紙·설화지雪花紙 등 여러 지물 가운데 가장 좋은 물건을 매입하여 책문후시柵門後市무역에서 지물을 유통시켰다.[68] 승려들은 헐값에 지물을 매입하려는 공인보다 그 값을 후하게 지급한 송상들과 거래하고자 하였을 것이다. 이밖에 승

64 韓榮國, 「湖西에 실시된 大同法(하)-대동법연구의 一齣」, 『역사학보』 14, 역사학회, 1960, pp.84~107.

65 金紋敬, 앞의 글, p.48.

66 『承政院日記』 제305책, 숙종 10년 9월 3일조.

67 『備邊司謄錄』 제111책, 영조 23년 4월 16일조.

68 『備邊司謄錄』 영조 23년 4월 16일조.

려들은 보사補寺를 위한 식리행위로 직접 지물을 유통시키기도 하였다.

조선후기 승려들이 담당했던 지역紙役은 대동법의 시행으로 그 부담이 가중되어 불교계를 크게 위축시키는 결과를 초래했지만, 한편으로는 대동법 체제하에서 지물에 대한 생산과 납부를 통해 그 대가를 지급받은 것 또한 사실이다. 이러한 사실은 승역僧役이 중앙과 지방관청의 수탈과 착취의 대상만으로 인식되었던 기존의 연구 성과를 재검토해야 하는 중요한 문제다.

3) 잡역雜役

왜란과 호란 이후 승려가 담당해야 했던 잡역은 산성축조와 방어, 지역紙役뿐만 아니라 여러 분야에 걸쳐 진행되었다. 특히 전란과 자연재해로 인한 국가재정의 부족과 백성들의 부담을 덜어 주기 위한 조치는 승려의 각종 잡역과 직결되었다. 전란 이후 실록에 수록된 잡역을 정리하면 다음과 같다.

〈표 4〉 양란 이후 각종 승역

분야	유형
自然災害	屍身매장 · 도토리 수습
土木工事	堤堰공사 · 伐木과 운송 · 石材운송 · 벽돌 굽는 일
軍事	軍糧운송, 山城 및 墩臺축조, 屯田경작, 烽軍
國家財政	銀 채취
王室	御眞수호, 文昭殿位版수호, 魯山君墓수호, 山陵役

승려들이 시신을 매장하는 역에 동원된 것은 전란 중인 선조 대와 이후 현종 대에 집중적으로 나타나고 있다. 전쟁과 혹심한 기근·추위가 엄습한 선조 26~27년에는 "경성京城 안팎에 시체가 많이 쌓여 있었지만 인력이 모자라 묻어주지 못하고 있는 실정이었다."[69] 이에 선조는 승려들을 모집하여 중앙과 지방에 널려 있는 시체와 해골을 묻어 주게 하고, 그 대가로 선과첩禪科牒과 도첩度牒을 주었다. 전란 이후 사망자가 지속적으로 속출하고 있었던 것은 전쟁과 자연재해로 인한 기근이 주요 요인으로 작용한 것이다.[70] 조선은 임진왜란(1592)이 발발한 이후 정유재란(1597), 정묘호란(1627), 병자호란(1636) 등의 전쟁이 있었고, 이 시기 동안에 해당되는 1601년부터 1750년 무렵까지의 기간에는 자연재해의 피해가 장기적으로 계속되었다. 전쟁과 자연재해로 인한 기근과 전염병은 많은 희생자를 초래하여 사회적으로 큰 타격을 입혔다. 특히 기온강하로 인한 우박·서리·대설大雪과 같은 자연재해는 농작물에 영향을 미쳐 전지田地의 결수結數가 감소되는 결과를 초래했다. 임진왜란이 끝난 뒤 선조 34년 처음 조사된 전국의 전결 수는 이전의 150~170만 결에 크게 못 미치는 30만결로 급감하였다. 이후 광해군 3년(1611)에는 542,000결, 인조

69 『宣祖實錄』 제43권, 선조 26년 10월 2일조

70 나종일, 「17세기 위기론과 한국사」, 『역사학보』 94·95합집, 1982.
이태진, 「小氷期(1500~1750년)의 天體 現象的 원인-『朝鮮王朝實錄』의 관련 기록 분석-」, 『국사관논총』 72, 국사편찬위원회, 1996 : 『한국사』 30, Ⅳ.자연재해·전란의 피해와 농업의 복구, 국사편찬위원회, 1998.
김호, 「16세기 말 17세기 초 '疫病' 발생의 추이와 대책」, 『한국학보』 71, 일지사, 1993.
이상의 연구는 조선후기 장기적인 사회경제 위기가 전란뿐만 아니라 기온강하로 인한 우박·서리·때 아닌 눈과 같은 자연재해와 기근에서 비롯되었음을 강조하였다. 이러한 연구 경향은 조선후기 사회경제사 뿐만 아니라 僧役을 중심으로 한 사원경제사 연구에도 주목할 만 하다.

13년(1635)에는 895,491결로 점차 증가추세를 보이지만, 이전 시기의 전결 수가 쉽게 회복되지는 못했다.[71] 실제로 승려가 시체매장에 동원된 선조 26년(1593) 12월 11일 실록의 기사는 "경성京城에 겨울 추위가 닥친 이래 굶어 죽고 얼어 죽은 사람이 언덕을 이루고 있으며, 여염의 빈집과 외진 곳에도 시체를 쌓아 놓았다"[72]고 한다. 때문에 비변사는 한성부와 병조로 하여금 방坊과 이里의 군대와 백성들을 차출하여 묻어 주게 하고 인력이 부족하자 승려들을 모집하여 운반하게 했다.

한편 농산물이 감소하여 기근이 들면 신체의 면역력이 떨어져 전염병이 돌기 마련이다. 전란을 겪었던 시기의 전국적인 기근과 질병의 발생은 '근고소무近古所無'할 정도로 그 피해가 막대하여 백성들의 유리걸식이나 질병의 발생으로 인구감소를 야기시켰다.[73]

> 올해에 굶주림과 돌림병으로 사망한 사람을 수레에 포개어 싣고 나아갔지만, 먼 곳에 가서 묻을 수가 없어 도성의 사방 10리 안에다 풀무덤을 만든 것이 여기 저기 널려 있습니다. 주인 없는 시체라 가져다 묻어줄 사람도 없으니 먼 곳으로 옮겨 묻지 않을 수 없습니다. 혹 승려들 가운데 이 일을 담당하겠다고 자원하는 사람이 있다면 불과 200여 명의 승려가 열흘정도 일거리라 합니다. 이장할 만한 친족이 있는 사람은 푯말을 세워 표시하게 하고 그 외에 주인 없는 시체는 경기지방의 승려 200여 명을 선발해 모두 이장하게 하십시오.[74]

71 박종수, 「16·7세기 전세의 정액화 과정」, 『한국사론』 30, 서울대, 1993.
72 『宣祖實錄』 제46권, 선조26년 12월 11일조
73 김호, 앞의 글, p.124.
74 『顯宗實錄』 제24권, 현종 12년 9월 12일조

현종 12년(1671) 좌의정 정치화鄭致和는 거적에 싸서 임시로 도성 주변에 장사지낸 주인 없는 시신을 이장할 것을 건의하였다. 추위와 기근으로 죽은 시체들이었다. 그의 건의로 훈련대장 유혁연柳赫然이 승군 200명을 동원하여 동·서·남 교외의 세 장소에 수습하여 매장하였다. 이때 매장한 임자 없는 시체는 모두 3,968구였지만, 구덩이에 함몰되어 수습하지 못한 해골이 얼마나 되는지 알 수 없는 형편이라고[75] 하였다. 사실 현종 12년 한 해 동안 전체 기민 수는 680,993명, 동사 및 아사자 58,415명, 전염병 사망자 34,326명으로 집계되지만, 실제로는 이보다 훨씬 많은 100만 명에 달했다고 한다.[76] 이밖에 승려들은 식량부족으로 인한 기근을 해소하기 위해 도토리를 수습하기도 하였다.[77] 이들이 수습한 도토리는 삼남지방을 중심으로 평안도와 함경도에 이르기까지 호조에서 사목事目을 만들어 시행할 정도로 전국적인 규모로 진행되었다. 굶주린 백성이나 관원과 더불어 승려들이 8월 이후에 수습하면 가을과 겨울에 백성을 구제할 수 있었다고 한다.

승려들이 동원된 잡역에는 전란 직후 대규모로 진행된 토목공사도 예외는 아니었다. 전란으로 폐허가 된 궁궐과 관아의 중건공사뿐만 아니라 명나라 원병 장수의 공을 찬양하기 위한 생사당生祠堂 건립[78]이나 파괴된 왜관倭館을 신축하는 공사[79]에 동원되기도 하였다. 평안도平安道 안주安州와 구성龜城에서는 성을 쌓기 위해 벽돌 굽는 일을 하였는데, 이것은 농사일

75 『顯宗實錄』 제24권, 현종 12년 9월 30일조.

76 이태진, 「Ⅳ.자연재해·전란의 피해와 농업의 복구」, 『한국사』 30, 국사편찬위원회, 1998, p.329.

77 『宣祖實錄』 제53권, 선조 27년 7월 15일조.

78 『宣祖實錄』 제117권, 선조 32년 9월 26일조.

79 『肅宗實錄』 제6권, 숙종 3년 2월 12일조.

로 바쁜 역부役夫를 대신하여 군역에서 빠진 사람이나 영속營屬 등과 함께 동원되었다. 역부役夫로 동원되는 백성들이 농사일로 바쁜 시기에 역사役事로 농사를 망치지 않도록 승려를 동원한 것이다.[80] 또한 승려들은 제언공사堤堰工事에도 동원되었다. 자연재해와 전염병으로 피해가 아사자가 급증했던 현종 대에는 민유중閔維重의 건의에 따라 승군僧軍이 연군烟軍과 함께 동원되어 100~400석을 수확할 만한 땅을 개간하기 위해 제방을 쌓기도 하였다.[81] 전란 이후 경작지의 황폐화로 곡창지대인 전라도는 평시 경작면적인 44만결 가운데 6만결만 경작되었으므로 국가재정에 심각한 손실을 주었다. 때문에 황폐화된 농지 개간은 백성들의 안정뿐만 아니라 부족한 국가재정을 보충하기 위해서도 중요한 일이었다. 당시 승군이 조수간만의 차가 큰 전라도의 해안지역뿐만 아니라 팔도의 해택海澤이나 산야山野의 제언공사에 대규모로 동원된 것은 쉽게 짐작할 수 있는 문제다. 이밖에 승려들은 전란 이후 대규모 토목공사가 진행된 광해군 대에는 축성築城과 영건營建에 동원된 것은 기본이었고, 벌목伐木과[82] 산에서 돌을 떠내는 일[83]뿐만 아니라 나무와 돌을 운반하는 힘겨운 일까지 담당해야만 했다.[84] 승려들이 이와 같은 각종 잡역에 동원된 것은 부족한 양역자원을 보충하는 것이 일차적인 요인이었지만, 조직을 구성하여 일을 효율적으로 하였으며,[85] 더욱이 현종대의 광주부윤 심지명沈之溟이 "승군은 일반 백성이 3일 동안 할 일을 하루에 마친다"[86]고 언급한 것처럼 노역勞役에

80 『宣祖實錄』 제186권, 선조 38년 4월 13일조.
81 『顯宗實錄』 제21권, 현종 14년 12월 18일조 : 『현종개수실록』 제27권, 현종 14년 12월 18일조.
82 『光海君日記』 제157권, 광해군 12년 10월 2일조.
83 『光海君日記』 제126권, 광해군 10년 4월 15일조.
84 『光海君日記』 제126권, 광해군 10년 4월 7일조 : 제126권, 4월 19일조 : 제126권, 4월 23일조.
85 『光海君日記』 제126권, 광해군 10년 4월 28일조.

사력死力을 기울이기 때문이었다. 때문에 역사役事가 시행되고 있었던 각소所에서는 일반 역군을 원하지 않고, 다투어 승군을 요청하였다.[87]

한편 승려들이 담당했던 산릉역山陵役[88]은 장기간에 걸쳐 비교적 많은 인원이 동원되는 노역勞役이었다. 산릉역은 15・16세기에는 연호군烟戶軍이라고 불리는 요역농민이 담당했지만, 17세기 이후는 모립제募立制가 적용되어 고용인부인 모군募軍이 동원되었다. 여기에 산릉山陵과 조사詔使는 대동법의 예외규정으로 연호군 또한 분정分定되었다.[89] 그러나 모군의 동원은 국가재정의 부족으로 고가雇價지출의 재정 부담이 상존하여 역승役僧을 동원해야 하는 상황이 연속되었다. 산릉역에 동원된 역승은 광해군 1년(1608)부터 영조 33년(1757)에 이르는 150여 년 동안 총 40,000여 명에 이른다.[90] 승군은 8도에서 징발되었는데, 숙종 6년(1680) 인경왕후산릉역仁敬王后山陵役에서는 최대 3,600명이나 동원되었다. 당시 전라도와 경상도의 승려들이 1,200명씩이나 대규모로 동원되었는데, 두 지역의 승려들은 산릉역이 진행되는 동안 8도 가운데 가장 많은 인원이 동원되었다.

> 품획사 李慶全이 아뢰기를 "당초 승군을 설치할 때 소신이 영건도감의 軍匠당상으로 있었습니다. 역군을 모집하면 역사가 부실하게 될 뿐만 아니라 田結과 戶口에 따라 身役을 바치게 하자니 이미 布를

86 『顯宗實錄』 제17권, 현종 10년 6월 20일조.
87 『光海君日記』 제126권, 광해군 10년 4월 28일조.
88 조선후기 승려의 山陵役에 관해서는 윤용출의 논고가 참고된다.
윤용출, 「조선후기의 부역승군」, 『인문논총』 26, 부산대학교, 1984 : 『조선후기의 요역제와 고용노동』, 서울대학교 출판부, 1998에 재수록.
89 『續大典』 卷2, 戶典 徭賦條.
90 윤용출, 앞의 책, p.142의 <표 1> 참조.

거두었으므로 형세상 다시 부역을 시키기가 어려웠습니다. 그래서 부득이 僧軍에게 값을 주고 부역을 하게 하였더니 역군을 모집하여 역을 시키는 것 보다 나았습니다.[91]

산릉역을 비롯한 승역은 선조 대와 광해군 대에는 비교적 그 처우가 관대했다. 동원된 승군들에게는 역량役糧과 포布를 지급하였으며[92] 오랜 기간동안 동원된 승군들을 위로하고 사찰에 폐해를 끼치는 일이 없도록 경계하기도 하였다.[93] 그러나 인조 대 이후에는 승군을 무상으로 징발하고 사역케 하였으며, 현종 대 이후에는 강화되었다. 이 시기 무상 징발된 승역의 강화가 억불책抑佛策이 전제가 된 것은 사실이지만,[94] 전반적인 국가재정의 감소로 인한 모립군募立軍 동원의 한계와 기근·추위·전염병과 같은 자연재해로 인한 인구감소가 일차적인 요인으로 작용하였을 것이다. 즉 사회경제상의 열악한 조건이 승려의 무상징발을 더욱 강화시킨 것이다. 이후 인조·숙종 대 승군의 군량을 마련하기 위해 공명첩空名牒이나 고신첩告身牒을 발급한 것은 이러한 주장과 대조적인 사례라고 할 수 있다.[95]

역승들은 산릉역에 직접 동원되는 것이 일반적이었지만, 임승賃僧이나 직업적인 경중대립인京中代立人을 역소役所로 대신 보내기도 하였다. 승역의 대립은 원칙적으로 금지되었지만 당시 널리 행해지고 있었다.[96] 이것은

91 『光海君日記』 제130권, 광해군 10년 7월 4일조.
92 『宣祖實錄』 제208권, 선조 40년 2월 30일조.
93 『光海君日記』 제173권, 광해군 14년 1월 27일조.
94 윤용출, 앞의 책, pp.143~146.
95 『仁祖實錄』 제13권, 인조 13년 9월 29일조 : 『숙종실록』 제23권, 숙종 17년 윤7월 7일조.

남북한산성南北漢山城 의승입번제가 시행되는 상황에서도 입번승으로부터 번전을 징수하여 고승입역자雇僧立役者에게 급대給代하는 현상과 동일한 것이다. 승역제僧役制가 당시 확대되어 가는 모립제募立制에 영향을 받아 동일한 방식으로 진행된 것으로 해석할 수 있다.

이밖에 승려들은 중앙과 지방의 다양한 잡역에 동원되었다. 은광銀鑛에서는 은채역銀採役에 동원되었으며[97] 사고史庫 수직守直과[98] 둔전屯田을 경작하기도 하였다.[99] 결국 승려들은 양란 이후 궁궐 수리공사를 비롯한 대규모 토목공사와 잡역에 동원되었으며, 세승細繩·석이石茸버섯·송화松花가루 등을 지방 군현에 예납例納하는 등 각종 잡공雜貢을 담당하기도 하였다.

4 승역의 폐단과 완화

1) 의승군제義僧軍制의 폐단과 완화

영조 32년(1756)에 실시된 남·북한산성 의승방번전제는 변통變通 후 승려들에게 타역他役을 부담시키는 일을 엄금할 정도로[100] 승역의 여러 가지 모순을 제거해 주는 것이 목적이었다. 그러나 승려들의 役役으로 인한

---

96 『孝宗寧陵山陵都監儀軌』 啓辭, 己亥 9월 6일, 9월 9일, 10월 1일(윤용출, 앞의 책, p.150에서 재인용).
97 『仁祖實錄』 제8권, 인조 3년 2월 18일조.
98 『仁祖實錄』 제19권, 인조 6년 7월 18일조.
99 『宣祖實錄』 제46권, 선조 26년 12월 16일조.
100 「南北漢山城義僧防番變通節目」.

부담은 여전하였고, 그 정도가 심화되어 갔다. 때문에 숙종대 참찬관 권지가 언급한 의승義僧의 번상番上, 승군僧軍의 조발調發, 지지紙地의 첨납添納 등 국가를 위한 부역에서 나타나는 총체적인 폐단은[101] 이후에도 번전제 시행과는 무관하게 진행되었다.

> 도내 義僧의 폐단입니다. 승역이 치우치게 고통스러운 것이 평민보다도 극심하지만, 그들의 자취가 公門과 멀기 때문에 품은 마음이 있어도 伸理할 길이 없습니다. ① 대저 良役의 減布가 있은 이후 民人 가운데 山門에 자취를 의탁하는 사람이 거의 없고 어쩌다 하나 있는 정도이기 때문에 이름난 巨刹도 남김없이 殘敗되었습니다. 이 때문에 여러 營邑이 策應하는 身役은 편의에 따라 고치고 감하고 있습니다만, 의승의 番錢에 이르러서는 감히 변통할 수 없습니다. … 대저 良丁의 身役도 1필씩을 넘지 않고 樂工·匠保의 부류도 신역의 多少가 한결같지 않지만, 어찌 의승 한 명의 番錢이 22냥이나 될 수 있습니까. 이러한 이유로 쇠잔해진 緇徒들이 바리때를 버리고 머리를 기르고서 기꺼이 還俗하기 때문에 百僧의 身役이 十僧에게로 귀결되고, 十寺의 身役이 一寺로 집중되어 있습니다. 혹시 두어 명의 가난한 승려가 한곳의 草庵을 지키고 있어도 1~2명의 번전을 면치 못하고 있는 탓으로 寺田과 佛器가 이미 온전히 남아 있는 것이 없습니다. ② 그리하여 징수가 俗親에게 파급되고 폐해가 閭里에 두루 입혀져 간혹 온 境內에 사찰이 없는 고을이 있게 되었고 그것이 장차

101 『備邊司謄錄』 제59책 숙종 34년 2월 30일조.

民夫의 大同의 身役이 되게 되어 있으니 폐단의 혹독함이 어찌 이같이 극심한 지경에 이를 수 있습니까. … 南漢(山城)에 이르러서는 신이 일찍이 상세히 알고 있는 것이 있습니다. 이른바 番僧에게 摠攝과 함께 柴·油·饌價 등을 마련하게 하는 것은 너무 지나친 것과 관련되며, 9개 사찰을 修補하기 위해서라는 名色을 添給한 것도 虛張임을 면할 수 없는데, 대개 이것은 받아들이는 것이 많아서 이렇게 지나친 定例가 있게 된 것입니다. 남한(산성)이 이러하니 북한(산성)은 미루어 알 수 있습니다. ③ 신의 의견에는 두 산성의 排用가운데 너무 외람된 것과 冗費 가운데 제거해도 되는 것은 사의를 헤아려 삭제시키고 나서 本道의 의승 30~40명을 특별히 減額시키거나 每名當 번전의 수효를 감하게 주게 하되, 삼가 여러 사찰 가운데 그 殘盛의 정도에 따라 番錢의 수효를 감해 주게 하되 삼가 여러 사찰 가운데 그 殘盛의 정도에 따라 헤아려 存減시킴으로써 僧徒가 일분이나마 힘을 펼 수 있는 방도가 되게 하소서.[102]

장황한 인용문은 정조 5년(1781) 경상도 관찰사 조시준趙時俊이 도내 10개의 폐단 가운데 시정해야할 번전제에 대해 지적한 상소문이다. 이 상소문은 정조가 의승번전을 반감시키는 조치를 내리게 한 시발점이 되고 있고 있어 주목할 만 하다. 즉 조시준은 승역僧役의 고통을 덜어 주기 위한 번전제가 시행되고 있지만, 그 부담으로 인한 고통은 평민보다 극심하다는 것이다. 균역법均役法이 실시된 이후로 양역良役의 폐단은 시정되었

102 『正祖實錄』 제12권, 정조 5년 12월 28일조.

지만, 역시 균역법의 영향으로 시행된 의승번전제義僧番錢制의[103] 폐단은 오히려 심화되었던 것이다. 영조 26년(1750)에 시행된 균역법은 과중한 양역良役의 폐단에 따른 양정良丁감소 방지와 국가재정 확보가 목적이었다.[104] 균역법의 실시로 양정良丁의 부담은 역役을 대신하여 바치던 군포軍布를 2필에서 1필로 줄이고, 그 부족액은 함경도와 평안도를 제외한 전국의 전결田結에 부과하여 1결結당 미米 2두씩, 혹은 5전씩을 부과했다.[105] 군포軍布의 경감은 22냥을 방번전으로 납부해야 했던 승려들에게 영향을 미친 것은 당연한 일이었다. 이 때문에 불교계는 환속자還俗者가 속출하고, 번전 납부의 부담은 남아있는 출가승의 몫이 될 수밖에 없어 고통을 더욱 가중시켰다.(①) 결국 균역법은 의승군의 부담을 덜어 주기 위한 조치에 중요한 영향을 미쳐 의승번전제가 시행되는 요인이 되었지만, 역을 피하기 위해 환속자가 속출하는 모순이 현저하여 역승들의 부담과 사패승잔寺敗僧殘을 가속화시키는 결과를 가져왔다.

승도들은 번전 납부의 부담을 감당하지 못해 유산流散과 피역避役, 그리고 부담이 비교적 적은 역처役處에 투속하기도 했다. 그러나 지방관은 승려의 피역을 단속하기 위해 본향승本鄕僧만을 역의 대상으로 삼았다. 피역승避役僧의 번전은 부모나 친속이 부담해야 했고 극단적인 상황에서는 구금을 당하기도 하였다. 아울러 그 피해는 해당 고을에도 미쳐 인징隣徵의 양상으로 나타나기도 하였다.(②) 승려들이 사찰에서 유산流散해버리면 백

103 각주 35)·36) 이성중과 박문수의 상소 참조.

104 김진봉·차용걸·양기석, 「조선시대 군역자원의 변동에 대한 연구－호서지방의 경우를 중심으로－」, 『호서문화연구』 3집, 충남대호서문화연구소, 1983, pp.72~74.

105 차문섭, 「임란이후의 양역과 균역법의 성립」, 『사학연구』 11, 한국사학회, 1961, pp.134~135.

성들이 승려의 신역을 대신 부담해야 했는데, 그만큼 민역民役이 증대될 지경이었다. 조시준은 남·북한산성을 방비하는 원거승原居僧과 고립승雇立僧의 접대비와 시柴·유油·찬가饌價가 너무 지나치며, 사찰을 수리하는 명목으로 징수하는 첨급조添給條가 유명무실하다고 지적하였다. 때문에 그는 무익無益하여 방비에 도움이 되지 못하는 비용을 없애 경상도 의승 30~40명을 감액시키고, 승려 1인당 부담하고 있는 번전 역시 현실화시켜 줄 것을 요청하였다. 당시 경상도의 의승 정원 배당은 남한산성 160명, 북한산성 89명으로 전체 249명이었으며, 승려 1명이 부담해야하는 번전의 정액 또한 22냥이었다. 이 수치는 6개도에서 가장 많은 인원과 분담액으로 그로 인한 고통 또한 가장 심각했다.(③)

조시준의 이와 같은 번전제의 폐단에 대한 지적과 시정 요구는 당시 사회문제화 될 정도로 심각하여 묘당廟堂에서 논의되었지만, "변통의 도리가 없기 때문에 의승의 감액이나 번전의 감수를 허가할 수 없으며, 도내 자체에서 조정 운영하라"는[106] 공허한 대답뿐이었다. 이후 번전에 대한 논의와 부분적인 정감停減이나 정면停免이 실시되어 번전제에 대한 변통의 징후가 나타나기 시작하였다.[107]

번전제의 폐단에 대한 본격적인 조치는 정조 9년(1784)에 와서야 시행되었다. 당시 경상도 관찰사였던 이병모李秉模는 장계를 통해 "수어청守禦廳과 총융청摠戎廳 두 군영에 둔전屯田을 설치하고 점차 늘려 그 세금으로 번전의 명목 액수를 줄이자"고[108] 제안하였다. 비록 이 요청은 둔전 설치의

---

106 『備邊司謄錄』 제164책, 정조 6년 1월 15일조.

107 김갑주, 「남북한산성 의승번전의 종합적 고찰」, 『불교학보』 25, 동국대불교문화연구원, 1988, pp.241~242.

108 『正祖實錄』 제19권, 정조 9년 2월 1일조.

실속이 없다하여 받아들여지지 않았지만, 비변사의 복주覆奏를 통해 정조의 하교를 이끌어 내기에 이르렀다.

> 근래 승려들의 힘이 어느 곳에서나 다 凋殘하여 불필요한 비용은 옛날에 비해 거의 완전히 감면시킨 것과 같지만, 번전을 마련하여 납부할 길은 지금에 와서 더욱 더 어렵고 힘들게 되었다. 혹은 사찰은 있어도 독촉하여 납부할 돈이 없으며, 혹은 승려는 있어도 독촉하여 내게 할 돈이 없으며, 심지어 마을의 평민들이 승려의 身役을 대신 부담하게 되었으니 한두 해 만에 수습할 수가 없을 것이다. 이제 만일 입번을 면제시키는 것이 전에 없던 혜택이라고 말하면서 수습할 대책을 생각하지 않는다면 이것이 어찌 때에 따라 변통하여 德意를 받드는 도리이겠는가. … 남북한산성에 비용을 지출하는 밑천은 혹시 유리한 대로 구분하여 처리할 방도가 있으면 거의 이제부터 개혁할 수가 있으니, 여러 도에 두루 물어 볼 필요가 없이 후일 次對할 때 일찍이 수어청과 총융청의 두 군영의 장수를 지낸 신하와 현재 장수로 있는 신하가 따로 잘 토의하고 헤아려서 같이 登對하여 품신하고 처리하도록 하라.[109]

정조의 하교는 잠저潛邸 당시 영조 대 의승군 문제의 시정을 요구한 암행어사와 도신道臣의 상소를 비롯해서 여러 폐단이 논의된 경험에서 비롯된 것이기도 하였다. 때문에 그는 "승려들이 쇠잔해져서 돈을 마련하는

109 『正祖實錄』 제19권, 정조 9년 2월 1일조.

것이 거북이 등에서 털을 깎아내는 것과 다름없다"고[110] 하였다. 정조의 이와 같은 번전 반감조치는 불교에 대한 그의 우호적인 태도에서도 이해할 수 있다.[111] 그는 "불교가 비록 이단이지만 인국人國에 이익이 있으며, 인적이 드문 산중에 사찰과 승려가 없다면 수어守禦의 공로를 누가 본받겠는가"라고[112] 하여 승려의 사회적 역할을 긍정적으로 인식하였다. 이러한 불교관의 면모는 번전의 반감조치뿐만 아니라 여러 곳에서도 그 흔적을 발견할 수 있다. 예컨대 대둔사와 보현사의 서산대사 사당에 '표충表忠'과 '수충酬忠'이라는 편액을 내리고[113] 장안사長安寺와 신륵사神勒寺를 중창케 하였다.[114]

정조의 하교가 있은 직후 영의정·좌의정·수어사·총융사 등이 번전의 양감量減과 보충책補充策을 논의하였다.

> 을사년 봄에 특별히 명하여 그 돈을 반으로 감해주도록 하고, 公穀을 덜어내어 加分하고 그에 대한 耗穀을 취하여 감해 준 절반을 보충하게 하는 것으로 절목을 만들어 준행하였다. 6도 의승 701명의 半番錢 14,312냥 8전 중에서 6708냥 6전 5푼은 給代하고, 1164냥 7전 5

---

110 『日得錄』 4 文學4(國譯 『弘齋全書』 제164권, 민족문화추진위원회, 2000, pp.198~199).
111 정조의 불교관과 정책에 대해서는 다음의 논고가 참고된다.
이장열, 「正祖의 佛敎觀 變化와 佛敎政策에 관한 一硏究」, 고려대 교육대학원석사학위논문, 1995.
김준혁, 「조선후기 정조의 불교인식과 정책」, 『중앙사론』 제12·13합집, 중앙대 중앙사학회, 1999.
______, 「정조의 불교인식변화」, 『중앙사론』 제16집, 중앙대 중앙사학회, 2002.
112 『日得錄』 17(國譯 『弘齋全書』 제177권, 민족문화추진위원회, 2000, p.217)
113 『大芚寺志』 卷3, 강진문헌연구회, 1997, p.334.
114 『正祖實錄』 제31권, 정조 14년 8월 23일 : 『正祖實錄』 제44권, 정조 20년 6월 10일조

푼은 官에서 防給하고, 472냥은 보인이 갖추어 바치고, 6012냥 4전은 승도들이 갖다 바쳤다.[115]

『일득록』은 당시 번전 분담에 관한 대체적인 사항을 정리하고 있는데, 구체적인 내용은 「의승번전감반급대사목義僧番錢減半給代事目」에 수록하고 있다.[116] 번전 총액은 14,312냥 8전으로, 승군의 부담은 약 42.01%에 해당하는 6,012냥 4푼이었다. 감반減半으로 인한 결손액은 급대給代, 관방급官防給, 보인납保人納 등을 통해 충급充給토록 하였다. 결국 영조 대에 시행된 번전제와 비교했을 때 정조 대 반감 조치 이후에는 전체 정원이 707명에서 701.5명으로 5명반이 감소되었으며, 번전의 정액 또한 60% 정도가 감축되었다. 결국 번전 감반減半조치는 의승義僧의 정원定員보다는 번전番錢만이 감반減半된 것을 볼 수 있다.[117]

그런데 의승번전의 반감으로 인한 결손을 보충하는 양상은 균역법에서 영향을 받은 듯하다. 균역법은 양역부담을 줄이고 그로써 부족한 재원財源을 마련하여 보충하였다. 예컨대 급대給代(보충)비용을 줄이기 위해 영營·진鎭을 통폐합하여 군사수를 감축하는 감혁減革을 실시했고, 이에 급대에 소요되는 비용을 확보하는 세원인 급대재원給代財源을 마련하였다. 급대재원은 이획移劃, 선무군관포選武軍官布, 은여결세隱餘結稅, 어염선세魚鹽船稅, 결미結米 등의 명목으로 확보하였다. 균역청은 감필減疋에 의해 재정 결

115 『日得錄』 4 文學4(國譯 『弘齋全書』 제164권, 민족문화추진위원회, 2000, p.199)

116 「義僧番錢減半給代事目」에 구체적으로 수록되어 있다. 「사목」은 정조 9년 2월에 간행되었는데, 전체 1책 26장으로 구성되어 있다.(奎12343) 여기에서는 김갑주의 논고에 소개된 부록을 참고하였다.(김갑주, 앞의 글, pp.257~259).

117 김갑주, 앞의 글, pp.245~254의 <표 5·6>참조.

손을 보게 된 아문과 지방의 영·진에 급대해 주어야 할 액수를 규정하였던 것이다.[118] 이와 같은 균역법의 시행 내용은 의승번전제의 그것과 명목상 차이가 있지만, 대체적으로 내용이 유사한 것으로 보아 균역법에 영향을 강하게 받은 것으로 해석할 수 있다. 이것은 영조 대에 시행된 의승번전제가 균역법의 영향을 받아 시행되기는 하였지만, 피상적인 차원에서 승역의 부담을 감소시키는 정도로 마무리되었음을 알 수 있다. 그러나 균역법이 시행되자 불교계는 환속자가 속출하여 번전의 납부뿐만 아니라 각종 잡역·잡공을 담당하는 것조차도 용이하지 못하였다. 비록 정조대의 번전반감조치가 정원수는 종전과 다름없고 정액의 부담만을 감소시키는 결과를 가져왔지만, 실질적인 형태의 폐단을 시정하려는 노력으로 평가할 만 하다. 그러나 번전의 반감조치에도 불구하고 각종 잡역이 여전히 사찰에 부과되어 승역의 부담을 경감시키고자 한 취지를 무색하게 만들었다. 번전반감 조치 후 승역이 민역民役보다 무거워 승려는 점차 산망散亡하고, 명산거찰이 조폐凋廢되었다거나, 지역紙役 등 각종 잡역이 혹심하여 승려들이 고통스러워하고 있는 흔적은 당시 여러 기록에서 어렵지 않게 찾아 볼 수 있다.

2) 잡역의 폐단과 완화

조선후기의 사찰은 잡역雜役과 잡공雜貢을 부담하여 중앙과 지방의 관

118 차문섭, 앞의 글, pp.117~145.

부, 군영의 수요를 조달하였다. 그 범위는 지역紙役에서부터 다듬잇돌(搗衣砧) 납부에 이르기까지 광범위하였다. 승려들은 양반이나 지방의 토호土豪, 심지어 군현의 이속배吏屬輩들의 요구에 응하지 않을 수 없는 상황이었다.[119]

> 백성의 徭役 가운데 白綿紙 등이 가장 무거운데, 각 읍에서는 모두 僧寺에 책임지워 마련케 하고 있습니다. 승려의 힘도 한계가 있으니 이들만 침탈하는 것은 옳지 못합니다. 全羅監營에 例納하는 紙物이 적지 않은데, 근래에 또 새로운 규례를 만들어 1년에 올리는 것이 大刹은 80여 권, 小刹은 60여 권이 되므로 승려들이 도피하여 여러 사찰이 蕭然합니다.[120]

대동법이 시행된 이후 현종 11년(1670) 사헌부 집의 신명규申命圭 등의 상계上啓는 조선후기 승려들이 부담한 지역의 폐단으로 불교계가 어느 정도 황폐화되었는지를 알 수 있다. 사찰이 각 읍에서 부담해야 할 지물紙物을 감영에 예납하는 것도 부족해 새로운 규례를 만들어 지물을 추가로 부과한 것이다. 결국 지역을 견디지 못한 승려들은 역을 피해 도망가 버

119 조선후기 승려의 紙役을 비롯한 雜役의 수탈상에 대해서는 다음의 논고가 참고된다.
李光麟, 「李朝後半期의 寺刹製紙業」, 『歷史學報』 17·18합집, 歷史學會, 1962.
鄭珖鎬, 「李朝後期 寺院雜役考」, 『史學論集』 2, 한양대 사학과, 1974.
朴容淑, 「朝鮮朝 後期의 僧役에 관한 考察」, 『논문집 인문사회과학편』 31, 부산대학교, 1981.
呂恩暻, 「朝鮮後期의 寺院侵奪과 僧契」, 『경북사학』 9, 경북대 사학과, 1986.
金順圭, 「朝鮮後期 사찰 紙役의 변화」, 『靑藍史學』 3, 한국교원대 청람사학회, 2000.

120 『顯宗實錄』 제18권, 현종 11년 10월 7일조.

리고 사찰은 황폐화되기에 이른다. 이러한 현상은 불교계의 고통으로만 끝나지 않고, 고을의 분정액을 조달하기 위해서는 백성들을 동원하여 부담을 경감시키기 위해 시행한 대동법의 취지를 무색케 하는 것이 된다. 현종 대의 일은 다행히 금지조치가 내려졌지만, 상황은 호전되지 못했다. 지역의 폐단이 가장 극심했던 삼남지방뿐만 아니라 심지어 지물紙物을 생산할 수 없었던 평안도와 함경도도 예외는 아니었다. "일찍이 한 장의 지물도 바친 적이 없는 묘향산 사찰에도 지역이 고중高重하여 사찰과 암자 10곳 중에 7~8곳이 조잔凋殘하고 승도가 드물어 지역을 부과한지 10년이 못되어 폐단이 자행된다."고[121] 하였다. 더욱이 영조 3년(1727) 양산군수梁山郡守 김성발金聲發은 통도사와 같은 천년 명찰名刹이 지역紙役으로 하루아침에 공허해 졌음을 지적하고, 지역을 혁파한다면 흩어진 승도가 다시 환집還集할 것이라고[122] 하였다. 당시 지역紙役의 폐단은 팔도의 목민관 역시 심각하게 인식하여 『조선왕조실록』이나 『비변사등록』과 같은 관찬사서에서도 그 시정을 요구하는 상소문을 쉽게 찾아볼 수 있다. 더욱이 지물생산과 납부에 따른 대가는 지불되었지만, 시세가의 1/3에 불과하여 무상징발이나 다름없었다.[123]

> 사찰의 폐단으로 말하면 사찰이 타락하고 승려의 수가 적기는 어느 곳이나 마찬가지입니다. 그 원인을 따져보면 종이감의 배정, 길잡이를 세우는 것, 하인들을 침해하는 것, 肩輿를 메는 군정, 돌을 다듬

121 「萬合寺扁額」, 『朝鮮寺刹史料』 下, pp.207~210.
122 「完文」(高橋亨, 『李朝佛教』, pp.747~748에 수록).
123 『備邊司謄錄』 제169책, 정조 10년 7월 24일조.

고 나무를 조각하는 등 갖가지 부역과 이러저러한 갖가지 관청공납이 번다하여 과중하기 때문이었는데, 이미 조정에서 없애고 금지하였습니다. 지금에 와서 바로잡아야할 폐단은 종이감과 미투리 같은 물건의 상납에 불과하니 이는 臣의 감영에서도 금지할 수 있습니다.[124]

승려들의 고통은 지역紙役에 한정되지 않았다. 더욱이 잡역은 정조 9년(1784) 의승방번전의 반감 조치와 함께 혁파되었지만, 여전히 부과되고 있었다.

〈표 5〉 법주사의 잡역과 잡공

납부처 및 대상	잡공
官用	메주(燻造)・山果・山菜
鄕校・書院・鄕廳	山果・山菜
郡司作廳・通引廳・官奴廳・使令廳	山果・山菜
士大夫家・遊人・過客	松茸・木節・繩鞋・素膳・山果・山菜・빨래돌(洗踏砧)・다듬잇돌(搗衣砧)・
京官・地方官의 巡審行次	供饌
京官・地方官・遊人・過客	藍輿擔負(잡역)

<표 5>는 철종 2년(1851) 예조판서 윤정현尹定鉉이 내린 법주사法住寺 완문절목完文節目[125]이다. 법주사는 원종元宗과 선희궁宣禧宮의 원당願堂이자 순종純宗의 태실胎室을 봉안하던 사찰로 다른 사찰에 비해 잡역과 잡공의 부

124 『正祖實錄』 제31권, 정조 14년 8월 23일조

125 「報恩郡俗離山法住寺判下完文節目」, 『朝鮮寺刹史料』 上, pp.129~135.

담이 비교적 가볍다.[126] 그러나 잡공의 품목은 버섯·산채山菜·산과山果에서부터 빨래 돌이나 다듬잇돌에 이르기까지 다양하다. 승려들은 현물뿐만 아니라 매년 가을 통인청에 2냥, 관노청에 2냥 5전, 사령청에 3냥씩의 돈까지 납부하고 있었다. 승역이 완화되어 가는 시점임에도 불구하고, 법주사는 중앙과 지방 관청뿐만 아니라 향교·서원, 심지어는 관리들의 순행시 역참驛站까지 환송을 나가야 했으며, 수행 하인에게까지 양찬가粮饌價를 주어야 했다. 때로는 남여藍輿를 메야하는 경우도 있었는데, 이 남여역藍輿役은 당시 가장 빈번하게 자행되어 승려가 자살하는 경우까지도 있었다.[127] 이밖에 관리와 사대부들의 횡포는 극에 달해 정약용은 "사찰에서 마련하는 고을 수령의 접대비는 승려들의 반년 동안의 생활비에 달한다"고 지적하고 있다. 그들의 횡포는 단순히 접대뿐이 아니어서 토색질을 자행하고 광대 등 많은 사람들을 접대해야 하는 등 그 고통이 혹심했다.[128]

이러한 잡역·잡공과 같은 수탈에 대해 불교계는 원당願堂[129]이나 관청으로 편입하는 형태로 대응하였다. 이른바 속사제도屬寺制度는 사찰이 관청이나 향촌세력층에 잡역이나 잡공을 제공함으로써 여타의 수탈로부터 보호를 받는 것을 의미한다. 예컨대 송광사는 영조 31년 영조가 생모인

126 예천 용문사의 物納(「醴泉龍門寺 西岳寺守番革罷完文」)이라든가, 통도사의 잡공 부담실태(「梁山通度寺紙役革罷及各樣雜役存減節目」)는 법주사와는 비교가 되지 않을 정도로 광범위하다.

127 李能和, 「輿地勝覽寺社事蹟」, 『朝鮮佛敎通史』 下, p.783.

128 丁若鏞, 「律己六條」, 譯註『牧民心書』 卷2, 창작과비평사, 1988, pp.104~105.

129 조선후기 원당에 대해서는 다음의 논고가 참고된다.
박병선, 「朝鮮後期 願堂考」, 『白蓮佛敎論集』 5·6, 백련불교문화재단, 1996.
______, 『朝鮮後期 願堂研究』, 영남대 박사학위논문, 2001.

숙빈淑嬪 최씨崔氏(毓祥宮)의 원당을 설립하면서 사세가 급속히 성장하였다. 비록 원당 설립 이후에도 크고 작은 잡역과 잡공을 담당하였지만, 지소紙所가 혁파되고[130] 순조 28년에는 향교나 서원에 소용되는 여러 가지 물종物種이 혁파되었다.[131] 곡성의 태안사 역시 지역紙役으로 인해 잔폐의 위기에 있었지만, 숙종 39년 종친부宗親府 완문完文으로 과중한 지역紙役이 혁파되기도 하였다.[132] 비록 현종대와 정조대 승려들이 관역으로 인한 곤궁함을 회피하고자 한다는 이유로 원당혁파 논의가 이루어지기는 했지만[133] 왕실 원당은 전시기에 걸쳐 지속되었고, 원당사찰 또한 그 부담을 줄일 수 있다.

> 영남의 法華寺는 丙子年間에 校書館에 속하였는데 1년에 바치는 백지는 3塊입니다. 요즈음 御史의 別單으로 인하여 각 읍의 사찰로서 京司 및 宮家에 속하는 것은 모두 폐지케 하였는데 법화사는 다른 사찰과 다릅니다. 교서관은 해마다 啓下書冊을 印出하는데 만약 종이가 없다면 반드시 일이 되지 않습니다. 또 폐지한 뒤에는 법화사 승도가 監·兵營에서 부담을 지우는 폐단을 우려하여 본관 및 비변사에 진정하여 교서관에 다시 소속되기를 자청하였으니 이는 그대로 교서관에 소속되게 하는 것이 어떠하겠습니까.[134]

130 「紙所革罷等狀」, 『曹溪山松廣寺史庫』, 아세아문화사, pp.917~919.
131 「諸般節目撮錄」, 『曹溪山松廣寺史庫』, 아세아문화사, pp.961~963.
132 「願堂完文」, 『泰安寺誌』, 아세아문화사, pp.129~131.
133 박병선, 『조선후기 원당연구』, 영남대 박사학위논문, 2001, pp.144~179.
134 『備邊司謄錄』 제71책, 숙종 44년 윤8월 6일조.

숙종 44년(1718) 우의정 이건명李建命은 교서관의 소속사였던 법화사를 속사제 폐지 이후 관서官署의 성격상 다시 소속시키자고 요청하였다. 더욱이 법화사는 본도의 감영과 병영이 부과하는 잡역을 우려하여 소속을 자청하기까지 하였다. 결국 법화사는 속종의 허락으로 다시 교서관의 속사기능을 담당하였다. 이와 같은 지방관청의 승역 부과는 지나치게 과중하여 영조 5년(1729) 정언 나학천羅學天은 승역을 유사有司에 소속시켜 지방수령들의 침학侵虐을 방지하자는 상소를 올리기까지 하였다.[135] 이밖에 당시의 사찰들은 지방관청으로부터의 잡역 부담을 피하기 위해 서원과 향청 등에 소속되기도 하였다. 예컨대 경주 정혜사는 1572년 옥산서원의 창건과 함께 소속되어 1834년 화재로 소실되기 이전까지 약 260여 년간 서원의 경제적 기초를 이루었다. 서원 유생의 공궤供饋 및 서원 소용의 지물紙物·신발·침장沈醬 및 포도 등 현물 상납을 담당한 것이다. 정혜사는 그 대가로 산성 축조나 관청으로부터의 잡공 상납과 같은 침탈을 모면할 수 있었다.[136] 서원 유생들은 수령이 교체되어 잡역 및 잡공의 침책이 있을 때마다 정혜사 승려의 면역免役을 호소하기도 하였다. 이와 같은 속사 형태는 지방관청이나 서원·향청 등의 경제적 기초를 제공하는 과정에서 피폐되기도 하였지만[137] 한편으로 사찰이 침탈을 피해 존속하는 방편이 되기도 하였다.

한편 승역은 왕조말기까지도 꾸준히 진행되었지만, 18세기 이후부터는 '급량부역給糧赴役'이라든가 '급가모승給價募僧'의 형태로 변화되어 승역

135 『備邊司謄錄』 제85책, 영조 5년 6월 22일조.
136 『玉山書院誌』, 영남대 민족문화연구소, pp.46~49.
137 여은경, 「조선후기 사원침탈과 승계」, 『경북사학』 9, 경북대 사학과, 1986, pp.22~23.

이 강화된 17세기와는 다른 양상을 띠었다.[138] 이러한 현상은 균역법 이후 양역의 경감으로 인한 승려인구의 감소에서 기인한 것이기도 했다. 지속적인 대규모의 시행과 그로 인한 역승의 피역증가는 승역의 양역화良役化와 세수稅收 감소를 야기할 수도 있었기 때문이다.

> 대체로 백성은 한가지인데, 육지의 백성은 어찌하여 2필에서 감하여 1필의 신역으로 만들고 해변의 민호는 어찌하여 1년에 1인에게 징수하는 것이 거의 30냥 내외를 넘는다고 하는가. 이런 포악한 정사가 또 어디에 있겠는가.[139]

인용문은 균역법이 시행되고 난 이후 양역의 부과가 불공평하게 적용된데 대한 정조의 비판이다. 전란 이후 양역의 폐단은 지속적으로 전개되었다. 그에 대한 개선책은 조선정부의 화두였다. 개선책이 마련되어 시행되었지만, 백성들의 피역避役양상은 끊임없이 진행되고 있었다. 승역뿐만 아니라 양역 또한 그 모순이 지속되었다면, 이 시기 승역을 불교계의 탄압과 수탈상으로 볼 수만은 없다. 전란 이후 조선 사회경제가 지닌 구조적인 모순 속에서 재검토할 필요성이 있는 것이다. 부역으로 인한 폐단은 승려뿐만 아니라 일반 백성들에게도 예외가 될 수 없었기 때문이다.

138 윤용출, 앞의 글, p.168.
139 『正祖實錄』 제31권, 정조 14년 8월 23일조.

5 맺음말

조선후기 불교계가 담당했던 승역은 전란 이후 열악한 조선의 사회경제적 구조 속에서 이루어졌다. 왜란과 호란 이후 조선은 전쟁과 자연재해로 인한 전염병과 기근이 만연하였다. 그것은 인구감소를 초래하였고, 인구의 감소는 전후 복구사업과 국가재정 회복에도 막대한 손실을 가져올 수밖에 없었다. 특히 현종 대 발생한 대기근으로 100만 명 이상의 인명피해가 발생하여 생산구조가 파괴될 지경이었다. 더욱이 전란 이후 부세제도의 모순으로 백성들이 담당해야 했던 고통은 혹심한 것이어서 승려인구가 급증하는 사태가 연속되고 있었다. 이러한 상황에서 조선정부는 백성들의 부담을 덜어주기 위해 영정법永定法이라는 전세田稅의 정액화定額化, 공물貢物을 전결화田結化한 대동법大同法, 군역변통, 의무노역제의 폐지와 고립제의 채택 등 부역체계에 대한 일대 변화조치를 취하였다. 이와 같은 당시 조선의 사회경제적 변화는 승려들에게 고통을 줄 수밖에 없었다. 즉 백성들의 줄어든 부담이 사찰과 승려들의 몫이 된 것이다. 특히 양역자원의 감소 현상과 농촌사회를 안정시키기 위한 대동법의 시행은 승역이 강화된 결정적 계기가 되었다. 그동안 백성들이 담당하고 있던 대부분의 잡역과 잡공이 대부분 승려들에게 전가된 것이다. 승려가 일반 백성보다 노동력이 질적으로 우수하다는 것이 또 다른 이유이기도 하였다. 사력死力을 다하기 때문이었다.

당시 승려의 산성 축조와 방비, 지역紙役은 광범위하게 전개되었으며 그 폐단 또한 심화되었다. 남북한산성을 중심으로 한 산성 방어는 선조와 광해군 대까지만 해도 승려들의 자발적인 동원의 형태로 진행되어 도첩과 선과첩을 지급하는 혜택도 주어졌다. 그러나 17세기 이후부터는 무상징발의 형태로 강화되어 승려를 동원하는 경비를 사찰에 부과했기 때문에 경제적 부담과 함께 피역의 사태까지 발생하였다. 승려가 직접 동원되는 것이 모립승募立僧을 보내는 것보다 더 많은 비용을 감당해야 했기 때문이다. 이러한 폐단은 의승번전제義僧番錢制가 시행되기 이전에 이미 고립승雇立僧을 보내는 양상으로 이어졌다. 17세기 이후 관부에서 인부를 모집하여 각종 역사에 필요한 노동력을 동원하던 고립제雇立制 현상이 승역에도 동일하게 나타난 것이다. 비록 고립승으로 대체한 의승군제는 일시적으로 금지되었지만, 영조 32년(1756)에는 의승입번제에서 의승번전제로 변천되었다. 양역의 부담을 경감시키는 균역법이 영조 26년(1750)에 시행되었고, 이로 인한 불교계의 위기를 지적하는 상소문이 계속되었기 때문이다. 균역법 시행 이후 승역은 양역의 현저한 경감과는 달리 그 가혹함이 심화됨에 따라 역을 피해 환속자還屬者가 속출하여 승려는 흩어지고 사찰은 황폐화되었다. 급기야 전국의 입번승으로부터 번전番錢을 징수하여 원거승原居僧을 포함한 고승입역자雇僧立役者에게 급대給代하는 의승번전제가 시행되었다. 번전제는 변통 이후 승려들에게 다른 역役을 부담시키는 일을 엄금할 정도로 승역이 지닌 모순을 제거하는 것이 목적이었다. 그러나 승역으로 인해 불교계가 안고 있는 폐단은 번전제 시행과는 무관하게 진행되었다. 즉 승역으로 인한 고통이 백성보다 극심했던 것이다. 정조 5년(1781) 경상도 관찰사의 문제제기를 시작으로 의승번전제에 대한 반감조치가 이루어졌다. 반감조치는 비록 정원에서는 변화가 없었지만, 번전의 정액이 60% 정도 감소되는 효과를 보였다. 반감조치로 인한 결손액은 급대給代, 관방급官防給, 보인납保人納 등을 통해 충급하였는데, 이것은 양역부담을 줄이고 부족한 재원을 마련하여 보충한 균역법의 급대방식과 동일하였다. 반감조치는 일차적으로 승역의 부담을 경감시키는 목적이 있었지만, 환속자還俗者의 증가와 피역避役으로 인한 결과가 백성들에게 전가될 우려성이 있었기 때문이다. 즉 승역僧役의 양역화良役化 현상은 균역법 시행의 취지를 무효화시킬 수 있었던 것이다. 비록 정조대의 번전반감番錢半減조치가 정원수는 종전과 다름없고 정액의 부담만을 감소시키는 결과를 가져왔지만, 실질적인 형태의 폐단을 시정하려는 노력으로 평가할 만하다.

한편 승려의 지역紙役은 대동법의 시행으로 본격화되었다. 종이 원료인 저전楮田이 모두 곡식을 심는 땅으로 변했기 때문이다. 더욱이 지소紙所혁파 이후 지물紙物은 국가수요량과 청의 조공품 조달이라는 수요에 비해 그 공급이 부족한 실정이었다. 이러한 상황에서 지방 관청은 사찰에 종이생산과 납부를 부과하였다. 사찰은 저楮가 생육하기에 알맞고, 물 공급이 풍부한 산간지역에 위치해 있으며, 건조하기에 적당한 기후조건을 갖추고 있었다. 특히 삼남지방은 이러한 조건을 잘 갖추고 있어 종이생산과 납부가 활발하게 이루어졌다. 사찰은 저楮를 자급자족할 수 없는 경우 외부에서 구입하여 종이를 생산하기도 하였다. 사찰에서 생산된 지물紙物은 성균관·교서관과 같은 중앙뿐만 아니라 지방관청에도 납부되었다. 또한 납부형태는 현물납부가 일반적이었지만, 성주목星州牧의 안봉사安峰寺나 용기사龍起寺와 같이 현물대신 돈으로 대납한 경우도 있었다. 이밖에 分定된 지물을 여러 사찰이 나누어서 납부하기도 하였다. 지방관청은 지물 납부에 대해 시세의 1/5~1/10에 불과한 저렴한 액수를 그 대가로 지불하기도 하였다. 대동법 시행으로 여러 경비와 공물에 사용하기 위해 유치된 대동미가 지물 값으로 지불된 사례를 찾아 볼 수 있다. 이밖에 공인貢人이 청부받은 국가수요량을 사찰에서 구매하거나, 승려들이 사상私商과의 거래를 통해 생산한 지물을 유통시키기도 하였다. 이제까지의 연구

성과는 승려가 생산한 지물紙物에 대해 관부官府의 무상징발만이 이루어졌음을 강조하였다. 그러나 무상징발현상이 불교계의 위기를 초래한 것은 사실이지만, 대동법 시행으로 그 대가가 지불되기도 하였다. 그 저렴한 액수 또한 일반 지장紙匠도 예외는 아니어서 반드시 승역에만 해당된 것은 아니다.

한편 이 시기에 진행된 승역은 산성축조와 방비, 지역紙役에만 해당되지 않고 전란과 자연재해로 희생당한 시체를 매장하거나 기근을 면하기 위한 도토리 수습에도 동원되었다. 조선은 전란의 시기동안 자연재해의 피해가 장기적으로 계속되고 있었다. 특히 기온강하로 인한 우박·서리와 같은 자연재해는 농작물에 영향을 끼쳐 전지田地의 결수가 감소되었다. 이로 인한 기근과 전염병은 희생자가 속출할 정도로 그 피해가 막대한 것이었다. 승려들은 희생자를 매장하고, 식량부족으로 인한 기근을 해소하기위해 도토리를 수습하였으며 수확할만한 땅을 개간하기 위해 제언공사堤堰工事에도 동원되었다. 산릉역山陵役 역시 장기간에 걸쳐 많은 인원이 동원되는 노역勞役이었다. 산릉역은 15·16세기에는 요역농민이 담당했지만, 17세기 이후에는 모립제의 확산으로 고용인부인 모군募軍이 동원되었다. 그러나 산릉역은 대동법의 예외규정으로 연호군과 승려가 동원되었다. 산릉역에 동원된 승려는 팔도에서 징발되었는데, 특히 경상도와 전라도의 승려들이 대규모로 동원되었다. 역승役僧들은 직접 동원되지 않고 임승賃僧이나 직업적인 경중대립인京中代立人을 역소役所로 대신 보내기도 하였다. 이러한 현상은 입번제가 시행되는 상황에서도 번전제가 진행되고 있었던 남북한산성 의승군제의 추이와 동일한 사례를 보이고 있다. 이밖에 승려들은 중앙과 지방에 다양한 잡역에 동원되었다. 대규모 토목공사를 비롯하여 은채역銀採役이나 둔전屯田을 경작하기도 하였다. 뿐만 아니라 신발이나 세승細繩·버섯과 같은 잡공雜貢을 지방 군현에 예납例納하기도 하였다.

당시 불교계는 이와 같은 잡역과 잡공의 부담을 덜기 위해 관청이나 향촌세력층에 소속되어 잡역을 제공함으로써 여타의 징발로부터 보호받기도 하였다. 예컨대 왕실 원당願堂과 속사屬寺의 기능은 종이 생산을 담당하고 있던 지소紙所가 혁파되고, 납부하는 물종物種이 현저하게 감소하는 효과를 지니고 있었던 것이다. 승역은 전란 이후인 17세기에는 강화되지만, 18세기 이후부터는 '급량부역給糧赴役' 등의 형태로 변화되었으며, 그 폐단이 완화되고 소멸되는 현상이 나타났다.

이상의 조선후기 승역에 대한 전반적인 이해는 다음과 같은 해석을 가능케 한다. 첫째, 조선후기 승역은 전란과 자연재해에 기인한 생산구조의 파괴와 국가재정의 부족이라는 당시의 열악한 사회경제 현상이 일차적인 배경이 되었다. 둘째, 백성들의 부담을 덜어 주기 위한 수취체제의 지속적인 개선은 승역의 증감增減을 가져오는 직접적인 요인이 되기도 하였다. 대동법의 시행은 승역이 강화되는 계기가 되었으며, 무상징발과 함께 역가役價가 지급되는 현상도 나타났다. 아울러 균역법과 모립제는 의승입번제가 번전제의 과정을 거쳐 반감 조치되는데 결정적인 영향을 미치기도 하였다. 셋째, 이 시기 승역이 양역자원을 확보하고 국가재정을 보충하는 조선후기 사회경제 구조 속에서 이루어졌다면, 불교탄압을 전제로 한 수탈일변도로 이해한 그 동안의 연구성과는 재검토의 여지가 있는 것이다.

광해군 · 인조 년간 승역의 실제

머리말

정조正祖는 그의 일기 『일득록日得錄』에서 "승려들이 쇠잔해져서 돈을 마련하는 것이 거북이 등에서 털을 깍아 내는 것과 다름없다."고 하였다. 그는 즉위 9년(1784), 70여 년간 불교계의 존립을 위협했던 의승방번전義僧防番錢을 반감시켰다. 사찰과 승려가 조선에 기여한 공功을 인정한 것이다.

조선후기 불교계는 이른바 '급가모승給價募僧'이라 하여 승려들에게 부역의 대가를 지불했던 18세기 이전까지는 이름난 거찰巨刹도 남김없이 잔패殘敗되는 암울한 상황의 연속이었다. 존립조차도 어려웠던 불교계의 이 상황은 조선의 총체적인 불운과 직결되어 있다. 두 차례에 걸친 전란과 계속되는 자연재해, 기근으로 인한 인구감소 등이 원인이었으며, 이를 극복하기 위한 조선정부의 수취체제 개선은 사찰과 승려들의 삶을 더욱 곤궁하게 만들었다. 불교계의 이와 같은 빈곤과 격동기의 서막은 조선후기가 시작되는 광해군·인조 대에서부터 시작되었다. 왜란이 끝난 직후인 광해군대는 필요한 상황에 따라 승려를 부역에 동원하였지만, 대동법이 확산되어 시행되고 국가재정의 빈곤이 심화되고 국역자원國役資源이 광범위하게 필요했던 인조 대와 이후부터는 승려의 동원이 일반화되었다.

그동안 학계는 의심의 여지없이 조선시대 불교가 수탈과 착취로 일관되었고, 그것은 탄압의 차원에서 기인한 것이라고 단정해왔다. 어떠한 의심이라든가 시대상황에는 관심조차 기울이지 않은 것이 사실이다. 임진왜란 당시 승군의 호국이라든가 내재적 변화와 발전에만 주목했을 뿐이다.

이 글은 광해군과 인조 대 승역僧役의 동향과 그 성격을 고찰했다. 다만 왜란과 호란, 그 후 조선의 사회경제상황을 주목하는데 무게중심을 두었다. 이 시기 불교는 여전히 오랑캐의 종교이고, 무위도식자의 종교로 낙인찍힌 지 오래였지만, 승려는 부족한 국가재정과 운영에 없어서는 않될 필요한 존재들이었다. 수취체제의 공백을 막았고, 부족한 국가재정을 보충해주는 질 좋은 노동력이었다. 조선시대의 불교가 공인한 종파가 사라지고, 전성기만큼 고승석덕高僧碩德의 수는 적었지만, 강한 종교성으로 존립했던 만큼 승려 역시 사회적으로 없어서는 않될 존재들이었다. 이와 같은 의미에서 이 글은 맹목적인 호교론적 차원이 아닌 일반사적 시각, 즉 조선후기 사회경제적 측면에서 광해군대와 인조대의 승역의 유형과 그 성격을 살피고자 한다.

2 양란 전후 승역 강화의 배경

왜란과 호란 이후 조선은 전쟁과 자연재해로 혼란과 격동의 연속이었다. 전란이 거듭되면서 생산구조는 파괴되고 국가재정은 궁핍하여 위기의식이 팽배하였다. 흉년·기근·전염병은 인구감소의 직접적인 원인이었다.[1] 조선은 임진왜란(1592)이 발발한 이후 정유재란(1597), 정묘호란(1627), 병자호란(1636) 등의 전쟁이 있었고, 이 시기 동안에 해당되는 1601년부터 1750년 무렵까지의 기간에는 자연재해의 피해가 장기적으로 계속되었다. 전쟁과 자연재해로 인한 기근과 전염병은 많은 희생자를 초래하여 사회적으로 큰 타격을 입혔다. 특히 기온강하로 인한 우박·서리·대설大雪과 같은 자연재해는 농작물에 영향을 미쳐 전지田地의 결수結數가 감소되는 결과를 초래했다. 임진왜란이 끝난 뒤 선조 34년(1601) 처음 조사된 전국의 전결田結 수는 이전의 150~170만 결에 크게 못 미치는 30만결로 급감하였다. 이후 광해군 3년(1611)에는 542,000결, 인조 13년(1635)에는 895,491결로 점차 증가추세를 보이지만, 이전 시기의 전결 수가 쉽게 회복되지는 못했다.[2] 농산물이 감소하여 기근이 들면 신체의 면

1 나종일, 「17세기 위기론과 한국사」, 『역사학보』 94·95합집, 역사학회, 1982.
이태진, 「小氷期(1500~1750년)의 天體 現象的 원인-『朝鮮王朝實錄』의 관련 기록 분석」, 『국사관논총』 72, 국사편찬위원회, 1996 : 『한국사』 30, Ⅳ. 자연재해·전란의 피해와 농업의 복구, 국사편찬위원회, 1998.
김 호, 「16세기 말 17세기 초 '疫病' 발생의 추이와 대책」, 『한국학보』 71, 일지사, 1993.
이상의 연구는 조선후기 장기적인 사회경제 위기가 전란뿐만 아니라 기온강하로 인한 우박·서리·때 아닌 눈과 같은 자연재해와 기근에서 비롯되었음을 강조하였다. 이러한 연구 경향은 조선후기 사회경제사 뿐만 아니라 僧役을 중심으로 한 사원경제사 연구에도 주목할 만하다.

역력이 떨어져 전염병이 돌기 마련이다. 전란을 겪었던 시기의 전국적인 기근과 질병의 발생은 '근고소무近古所無'할 정도로 그 피해가 막대하여 백성들의 유리걸식이나 질병의 발생으로 인구감소를 야기시켰다.[3]

> 올해에 굶주림과 돌림병으로 사망한 사람을 수레에 포개어 싣고 나아갔지만, 먼 곳에 가서 묻을 수가 없어 도성의 사방 10리 안에다 풀 무덤을 만든 것이 여기 저기 널려 있습니다. 주인 없는 시체라 가져다 묻어줄 사람도 없으니 먼 곳으로 옮겨 묻지 않을 수 없습니다. 혹 승려들 가운데 이 일을 담당하겠다고 자원하는 사람이 있다면 불과 200여 명의 승려가 열흘정도 일거리라 합니다. 이장할 만한 친족이 있는 사람은 푯말을 세워 표시하게 하고 그 외에 주인 없는 시체는 경기지방의 승려 200여 명을 선발해 모두 이장하게 하십시오.[4]

현종 12년(1671) 좌의정 정치화鄭致和는 거적에 싸서 임시로 도성 주변에 장사지낸 주인 없는 시신을 이장할 것을 건의하였다. 추위와 기근으로 죽은 시체들이었다. 그의 건의로 훈련대장 유혁연柳赫然이 승군 200명을 동원하여 동·서·남 교외의 세 장소에 수습하여 매장하였다. 이때 매장한 임자 없는 시체는 모두 3,968구였지만, 구덩이에 함몰되어 수습하지 못한 해골이 얼마나 되는지 알 수 없는 형편이라고[5] 하였다. 사실 현종 12년 한 해 동안 전체 기민 수는 680,993명, 동사 및 아사자 58,415

2 박종수, 「16·7세기 전세의 정액화 과정」, 『한국사론』 30, 서울대, 1993.
3 김호, 앞의 글, p.124.
4 『顯宗實錄』 제24권, 현종 12년 9월 12일조.
5 『顯宗實錄』 제24권, 현종 12년 9월 30일조.

명, 전염병 사망자 34,326명으로 집계되지만, 실제로는 이보다 훨씬 많은 100만 명에 달했다고 한다.[6] 승려가 시체매장에 동원된 선조 26년(1593) 12월 11일 실록의 기사 역시 "경성京城에 겨울 추위가 닥친 이래 굶어 죽고 얼어 죽은 사람이 언덕을 이루고 있으며, 여염의 빈집과 외진 곳에도 시체를 쌓아 놓았다"[7]고 한다. 때문에 비변사는 한성부와 병조로 하여금 방坊과 이里의 군대와 백성들을 차출하여 묻어 주게 하고 인력이 부족하자 승려들을 모집하여 운반하게 했다. 결국 왜란·호란 후 전국인구는 200만 명이었다가, 현종 10년대의 조사에서 500만 명을 상회하고, 숙종대 초반에는 700만여 명에까지 이르렀으며, 이후 600~700만여 명을 왕래하는 고정적이고 정체적인 현상을 보였다.[8]

조선정부는 이와 같은 총체적인 난국을 타개하기 위해 양역자원을 확보하기 위해 진력하였다. 군사력 증강의 필요성이 높아짐으로써 군역 대상자 파악을 위해 광해군 2년(1610)에 군정軍丁 확보를 목적으로 호패법號牌法 시행을 시도하였고[9], 인조 3년(1625)에도 시행하여[10] 남정男丁의 수를 103만 명에서 226만 명으로 증가시켰다. 승려 역시 그 대상이 되어 군정에 귀속되거나 국가적인 토목공사에 동원된 부역승에게 도첩度牒 또는 승인호패僧人號牌가 지급되었다. 그러나 지속적인 인구감소와 함께 군역을

6 이태진, 『한국사』 30(과천:국사편찬위원회, 1998), p.329.

7 『宣祖實錄』 제46권, 선조26년 12월 11일조.

8 이태진, 『한국사』30(과천:국사편찬위원회, 2003) pp.359~360. 이태진은 조선중후기를 중심으로 한 조선시대의 인구추정을 호구총수의 조사결과, 인구학적 연구방법, 농업경제사적 연구 등 다양한 선행연구를 기초로 소개하였으며, 『조선왕조실록』과 『戶口總數』를 저본으로 戶數와 口數를 포로 작성하기도 하였다.

9 『광해군일기』 제35권, 광해군 2년 11월 6일조

10 『인조실록』 제9권, 인조 3년 7월 20일조.

중심으로 한 영역기피 현상은 국방강화와 대규모 토목공사 등을 더욱 어렵게 만들었다.

전란을 계기로 승역이 강화된 것은 광해군 즉위년(1608) 경기도에서 처음 실시된 대동법大同法이 시행되면서부터이다. 대동법은 군역軍役의 문란, 공물貢物 납부를 대행하던 방납防納의 폐단과 같은 가혹한 수취체제를 개선하여 재정위기를 극복하고 동요하는 농촌사회를 안정시키고자 한 대책이었다. 백성들이 현물現物과 노역勞役으로 부담하고 있던 공물·진상·요역徭役 등을 전결미田結米로 대신 수취하였다. 그 부담이 경감된 것이다. 이와 같은 수취체제의 개선은 제도적인 보완을 했지만, 그 공백은 적은 것이 아니었다. 승려들의 종이생산과 납부, 산릉 역과 다양한 잡역雜役 동원은 대동법 시행으로 인한 공백을 메꾸기 위한 것이었다.[11] 이밖에 승려들이 지닌 노동력은 일반 백성들의 그것보다 우수하여 관리들조차도 승려들을 요청하였다.

요컨대 두 차례의 전란과 자연재해, 기근, 전지田地와 인구감소, 이에 따른 정부의 백성들의 부담을 경감시키기 위한 대동법 실시는 승역 강화의 구조적인 원인이 되었고, 사원경제는 피폐해져 갔다.

3 광해군대의 승역

광해군이 재위했던 시기(1608~1623)는 내우외환으로 혼란이 거듭되었

11 대동법의 시행은 승역 강화의 원인이자 지속이기도 하였다. 때문에 대동법이 시행된 광해 군대 승역을 검토하는 과정에서 구체적으로 살펴보고자 한다.

다. 우선 조선과 명나라가 임진왜란으로 국력이 피폐해진 틈을 타서 여진족의 건주위建州衛 추장 누르하치(奴兒哈赤)는 세력을 형성하고 후금을 세워 조선의 위협적인 존재가 되었다. 후금을 제압하기 위한 명나라의 공동출병의 요구가 있었고, 이에 대해 광해군은 중립외교정책을 펴면서 안으로는 국방강화와 전란으로 인한 전화戰禍를 복구하는 데 대동법과 양전量田실시라는 과단성 있는 정책을 펴기도 하였다.

1) 승역의 유형

(1) 국방강화

광해군은 명明이 후금을 정벌하기 위해 조선에 출병出兵을 요청했던 즉위 10년(1618)을 기점으로 국방강화를 서둘렀다.

> 江華를 保障의 땅으로 만들 만하다는 이전부터의 의논이 한 번이 아니요, 修繕에 관한 계획을 본사에서도 재삼 진달하여 바야흐로 거행하고 있으나, 다만 거리가 멀지 않은 곳에 서로 掎角의 세를 이룰 곳이 있어야 표리가 서로 의지하고 聲勢도 서로 응원이 되어 만전을 기할 수 있습니다. 강화와 水原에 이미 조치하였으니 南漢山城의 修築은 곧 連珠의 형세로 兵法에 있어 마땅히 먼저 해야 할 곳입니다. 더구나 本城의 형세가 험고한 것은 과연 箚子 내용의 서술과 같으니 오늘날 제 때의 수선을 하지 않을 수 없습니다. 다만 畿內 物力의 결핍이 매우 심하여 坡州 · 강화 · 수원 · 竹山 등 외에 또 이 성을 설치

한다면 아마도 쉽게 이루어내지 못할 듯합니다. 곧 본도 巡察使로 하여금 직접 巡審하게 하여 城子가 퇴락한 곳에 인력 얼마를 사용해야 하고, 人民을 모아들이는 일의 便否, 糧餉·器械의 조치에 있어서의 難易를 하나하나 啓聞하도록 한 뒤에 따로 논의, 처치할 것입니다.[12]

판돈녕判敦寧 민형남閔馨男이 출병에 즈음하여 도성을 중심으로 한 요충지의 방비에 대한 견해를 올린 글이다. 예컨대 파주·강화·수원·죽산 등 국방상 요충지를 보수하여 적을 견제하거나 협공하는 형세로 만들 것을 건의한 것이다. 더욱이 남한산성의 중요성이 제기되어 수선修繕의 필요성을 제기하기도 하였다. 그러나 민형남도 지적했듯이 왜란 직후의 인구감소로 인한 군정軍丁확보의 미비, 전지田地 감소로 인한 군량미軍糧米 부족과 전쟁물자의 불충분으로 실행에 옮겨지지는 못하였다. 승군의 필요성이 대두된 것은 이로부터 기인한 것이다.

어렵고 근심스러운 때에는 僧徒를 모집하여 守禦에 힘을 보태게 하는 것도 무방하다. 惟政이 전에 국사에 공로가 있었으니, 지금 僧將의 호칭을 주어 승도를 불러 모아 官兵과 합세해서 西路의 要害處한 곳을 지키게 하는 것이 어떻겠는가? 비변사는 의논해 처리하라."[13]

인용문은 적어도 선조·광해군 대까지만 해도 승군 동원이 강제적이거나 체계화되기 보다는 필요한 상황에 따라서 자원하는 승려를 동원하

12 『비변사등록』 제1책, 광해군 10년(1618) 6월 1일조.
13 『광해군일기』 14권, 광해군 1년 3월 27일조.

였고, 그 대가로 도첩度牒과 고신告身, 면천免賤·면역免役의 증명서를 나누어주었음을 시사하고 있다. 광해군은 왜란 당시 승군의 기여와 헌신을 인정하여 유정惟政을 승장의 호칭을 주고 승려를 모집하여 군사상 요충지를 수비하는 임무를 맡기고자 하였다. 그러나 유정은 즉위 2년(1610)에 입적하였다. 또한 즉위 13년(1621)에는 후금이 조선으로 들어와 명明의 모문룡毛文龍을 공격하여 위기감이 조성되자 임진왜란 당시 승장僧將으로 많은 전공戰功을 세운 바 있는 의엄義嚴으로 하여금 승군僧軍을 모집케 하기도 하였다.[14]

이와 같은 승군의 필요성은 당시 백성들의 삶에서도 짐작할 수 있다.

> 대개 백성은 나라의 근본이니 만약 백성을 사랑하여 길러서 나라의 근본을 견고하게 하지 않는다면 군사를 훈련하고 성을 쌓아보았자 소용이 없습니다. 오늘날 보건대 강을 따라 있는 列邑의 백성들이 조석으로 난리를 대비하느라 생활이 형편없는데, 進上 貢物에 고통을 당하고 또 중국에 가는 사신과 서울 각 衙門의 요구에 곤욕을 치른 바람에 피부가 깎이고 뼈가 깎이어 膏血이 이미 다해 노약자는 구렁에서 뒹굴고 젊은이는 뿔뿔이 흩어졌습니다. 이 때문에 강변의 열읍이 거의 다 텅텅 비어 民戶가 百家가 되는 곳도 드뭅니다. 궁중노비와 사찰노비가 내지에 살면서 삼수군이 되어 防戍에 들어간 자에게는 혹 그 공물을 면제해 주기도 하는데 원래 변상에서 살면서 오랫동안 딱따기를 치며 방수의 고역을 해 온 자에게는 도리어 공물을 징

14 『광해군일기』 173권, 광해군 14년 1월 27일조.

수하고 있으므로 원성이 대단하며 그 참혹함은 차마 들을 수가 없습니다.[15]

평안도를 중심으로 한 서북변경에 다녀 온 부사용副司勇 한교韓嶠의 지적이다. 왜란 이후 토지황폐화와 함께 진행된 권문세가·수령·서리의 백성에 대한 가혹한 수찰과 군역의 문란이나 방납防納의 폐단은 백성들로 하여금 유망流亡의 원인이 되었고, 역役을 피해 승려가 되게 한 결정적인 계기가 되었다. 결국 백성들은 군역뿐만 아니라 공물 진상과 같은 이중고에 시달리고 있었다는 것이다. 이와 같이 백성들의 부담이 경감되는 상황에서 승군의 존재는 절대적으로 필요한 노동력이었다.

(2) 궁궐영건

광해군 대의 대표적인 승역은 궁궐영건宮闕營建에 동원된 것이었다. 광해군은 임진왜란으로 소실된 창덕궁昌德宮을 복구하였지만, 잇따른 변괴의 발생과 풍수지리가의 청에 따라 즉위 9년(1617) 정사를 돌보기 위해 인경궁仁慶宮의 광정전光政殿·홍정전弘政殿을 서둘러서 지을 것을 명하였다.[16] 승려 성지性智의 건의에 따른 것이었다. 그러나 인경궁의 역사가 마무리되기도 전에 술인術人 김일룡金馹龍이 새문동塞門洞에 있던 정원군定遠君 이부李琈의 옛 집이 왕기王氣가 있다하여 이궁離宮을 건립하기를 청하여 경

15 『광해군일기』 39권, 광해군 3년 3월 29일조.
16 『광해군일기』 118권, 광해군 9년 8월 3일조.

덕궁慶德宮을 짓게 했다.[17] 이 궁궐의 영건은 당시 국내외 상황을 고려했을 때 국가재정과 민심의 이탈이라는 측면에서 중대한 실책이었다.

> (성지가) 이에 새로운 궁궐을 짓자는 의견을 올리고, 營建都監을 설치하고, 경덕궁과 자수궁을 지었다. 민가 수천 채를 부수고, 八路의 백성들을 징집하고 結(토지세)을 거두어 재목을 공급하였다. 그때 宮役이 겹쳐 몹시 괴로웠고, 백성은 곤궁해지고 재산은 다 떨어져 원망과 비난의 소리가 동시에 일어났다. 그래서 백성을 위협하여 관직을 팔았다. 금이나 은, 소금, 쇠, 집터를 헌납하는 자들은 높은 벼슬에 올라 금띠를 허리에 두르고 이마에 玉貫子를 단 자들이 잇달았다.[18]

이능화가 신흠申欽(1566~1628)의 시문집인 『상촌집象村集』의 내용을 소개한 글이다. 궁궐공사를 위해 8도의 백성들을 동원하였으며, 민가 수천 채를 허물었다는 것이다. 이 때문에 백성은 더욱더 곤궁해지고 원망과 비난의 소리가 끊이질 않았다. 광해군은 공사를 지속하기 위해 관직官職을 팔기도 하였다. 실록 역시 "강원・황해 양兩 도道로부터 호서湖西・기전畿甸에 이르기까지 열 집 가운데 아홉 집은 비어 있으며, 닭이나 돼지까지 해침을 당하고 있는 실정"[19]이었다.

> "당초에 승군을 설치할 때에 소신이 영건 도감의 軍匠 당상으로

17 『광해군일기』 118권, 광해군 9년 8월 13일조.
18 이능화, 「浮休善修」, 『朝鮮佛敎通史』上(경성:신문관, 1918), pp. 486~487.
19 『광해군일기』 125권, 광해군 10년 3월 25일조.

> 있었습니다. 역군을 모집하면 역사가 부실하게 될 뿐만이 아니라 田結과 戶口에 따라 身役을 바치게 하자니 이미 布를 거두었으므로 형세 상 다시 부역을 시키기가 어려웠습니다. 그래서 부득이 승군에게 값을 주고 부역을 하게 하였더니 역군을 모집하여 역을 시키는 것보다 나았습니다."[20]

좌부승지 이명남이 궁궐 역사役事에 승려를 동원했을 때의 상황을 아뢴 대목이다. 글의 내용으로 보아 승려의 동원은 궁궐 역사役事가 시작될 때부터였으며, 그 대가로 미포米布를 지급한 것이다. 이미 대동법이 시행되었으므로 백성들에게 대동미와 포를 징수하여 부역을 시킬 수 없었으므로 승려에게 대가를 지급하고 동원한 것이다. 당시 승려들은 토지세를 거두어 공급된 재목材木을 높고 건조한 곳으로 끌어 올리는 일에 동원되었으며[21] 영남에서 동원된 승군들은 오로지 채석장에서 석재石材를 운반하기도 하였다.[22] 승군의 채석장 동원은 한번에 4백 50명까지 동원된 사례도 있다. 이것은 일반 백성을 동원하지 못한 한계에서 비롯된 것이지만, 노역勞役의 현장에서 돌을 다듬는데 숙련된 승군을 요청하기 때문이었다.[23] 심지어 광해군은 공사기간을 단축시키기 위해 더 많은 승군을 동원시키지 않으면 안 되는 상황임을 강조하고 빨리 올려 보낼 것을 재촉하기까지 한다.[24] 이밖에 승군은 신궐新闕에 사용할 기와를 굽기 위한 목

20 『광해군일기』 130권, 광해군 10년 7월 4일조.
21 『광해군일기』 126권, 광해군 10년 4월 7일조.
22 『광해군일기』 126권, 광해군 10년 4월 24일조.
23 『광해군일기』 126권, 광해군 10년 4월 28일조.
24 『광해군일기』 136권, 광해군 11년 1월 8일조.

재를 벌채하기 위해서도 동원되었다. 예컨대 즉위 12년(1620)에는 영건도감의 낭청 권오權澳를 강원江原·충청忠淸 두 도로 내려 보내 승군僧軍 50명씩을 지정해 원주原州·횡성橫城·충주忠州·제천堤川 등 물과 가까운 곳에서 한 달간만 부역으로 벌채하여 강가로 끌어놨다가 재목감과 장작감을 잘 구별하도록 하였다.[25] 승군들은 굶어 죽은 백성을 묻어주고 장례를 지내주기까지 하였다.[26]

2) 승역의 성격

광해군 대의 승군동원은 후금의 위협에 대한 국방강화와 광해군의 궁궐 조영이 주류를 이루었다. 그러나 근본적인 요인은 왜란과 자연재해로 인한 인구와 전결 수 감소, 그리고 대동법의 실시였다. 국가재건에 필요한 군정軍丁을 중심으로 한 양역자원의 확보방안은 대동법의 시행으로 더욱 악화되었다.

광해군 대는 우선 대동법의 시행으로 승역僧役이 강화되는 단초를 제공해주었던 시기로 규정할 수 있다. 대동법은 호역戶役으로 부담했던 중앙의 공물貢物·진상進上과 지방의 관수官需·쇄마刷馬 등을 모두 전세화田稅化하여 1결結에 백미白米 12두斗씩을 징수하였다. 정부는 이를 경외 각 관청에 배분하여 각 관청으로 하여금 연간 소요물품 및 역역力役을 민간으로부터 매입·사용하거나 고용·사역하는 것을 골자로 하였다. 결국 백성

25 『광해군일기』 139권, 광해군 11년 4월 25일조
26 『광해군일기』 153권, 광해군 12년 6월 22일조

들이 현물과 노역勞役으로 부담하고 있던 진상進上·공물貢物·요역徭役 등을 전결미로 대신 수취하였다. 때문에 백성들은 다른 역役을 부담하거나 대동미大同米를 봄과 가을 외에 납부하지 않아도 되었으며, 역역力役과 잡공雜貢 납부 시에는 역가力價를 받았다. 양란 직후 대동법의 실시는 운영에서 여러 논란과 한계가 드러났지만, 백성들이 대동법의 실시를 청원할 정도로 성공적이었다.[27]

> a. 1년에 두 번 米를 거두는 것 외에는 백성들에게 한 되라도 더 거두는 것을 허 락하지 마소서. 오직 山陵과 詔使의 일에는 이러한 제한에 구애받지 말고 예전 같이 시행하도록 하소서.[28]

> b. ① … 5道에서 各營과 邑의 소요되는 貢物을 백성으로부터 徭賦를 내게 하는 경 우에는 모두 米로 환산한다. 각 읍의 油·清蜜·紙地에 대하여도 또한 대동미로 환용 해야 하며 …
>
> ② 山陵 및 詔使를 제외하고는 일체의 요역으로 다시 백성에게 번잡하지 않도 록 하여야 한다.[29]

인용문은 대동법의 시행세칙이다. 그러나 대동법 시행에도 불구하고 산릉역山陵役과 사신을 접대하는 조사역詔使役·지역紙役 등에 대해서는 예

27 韓榮國, 「大同法의 實施」, 『한국사』13, 국사편찬위원회, 1984, pp.211~215.
崔完基, 「大同法實施의 影響」, 『國史館論叢』12, 국사편찬위원회, 1990, pp.223~245.

28 『光海君日記』 제4권 광해군 즉위년 5월 7일조.

29 『續大典』 卷2 戶典 徭賦條(서울:법제처, 1965), pp.113~115.

외규정을 두어 이전의 요역徭役이 그대로 분정分定되었다. 비록 방납을 방지하고 균역均役을 실현하여 민생을 안정시키고자 하였지만(a) 불시에 발생하는 역役으로 그 수요를 예측할 수 없는 경우에는 부득이한 예외규정(b)을 두었다. 대동법 시행은 백성들의 부담을 덜어주었지만, 대동법의 예외 규정은 백성들뿐만 아니라 승려들이 부담해야하는 역役이 광범위하고 그로 인한 고통 또한 심화되는 결정적 계기가 된 것이다. 승려들은 조선전기에도 국역을 담당하여 건국초기에는 신도영건新都營建을 위해 동원되거나 중앙관청에 소속되어 기와나 옹기를 굽거나, 서책을 만들고, 환자를 치료하기도 하였다.[30] 그러나 이때의 승역은 양란 이후처럼 그 유형이 광범위하지 않았으며, 사위전寺位田 또한 면세免稅의 혜택을 받아서 불교계를 위협할 정도로 심화되지는 않았다. 조선전기의 승역은 일정한 주거지 없이 상가喪家 등을 찾아가 의식衣食을 해결하는 하급승려들만이 담당했을 뿐 모든 승려들이 담당한 것은 아니었다. 그러나 대동법 시행 이후의 승역은 대동법의 모든 예외규정에 해당되는 것이었다.

> 兩湖에 대동법을 실시한 뒤로 烟軍을 징발해 쓰지 못하기 때문에 公私의 土木이나 堤堰 축조 役事를 승려들에게 많이 맡기니 僧役이 이전보다 배나 무거워 탄식하고 원망하는 폐단이 있게 되었습니다.[31]

대동법 실시 이후 승려가 담당했던 역役은 전란 당시부터 전투뿐만 아니라 산성축조와 방어, 산릉山陵·궁궐宮闕공사에는 기본적으로 대규모의

30 韓沽劤, 『儒教政治와 佛教』(서울:一潮閣, 1993), pp.135~147.
31 『備邊司謄錄』 제27책 현종 9년 11월 6일조.

인원이 동원되었다. 인조 25년(1647)에는 창덕궁수리역昌德宮修理役에 2,840명의 승군이 동원되었고[32] 숙종 6년(1680) 인경왕후산릉역仁敬王后山陵役에는 3,500명이나 동원되었으며, 영조 7년(1731) 동래부東來府의 부성府城 축성築城 때는 경상도 65읍에서 동원된 승군만 도 7,901명에 달하였다고[33] 한다. 대동법 시행 이후 승려들이 역役을 피해 환속하여 대찰大刹이 텅 비고, 뱀의 소굴이 된 직접적인 배경이 된 것이다.

두 번째, 광해군대의 승역을 그 이후 승역과 비교했을 때 나타나는 차이점은 역가役價를 지급한 점이다. 광해군은 왜란 당시 승군의 공헌을 인정하였다. "어렵고 근심스러운 때는 승려들을 모집하여 혹 방어하여 지키는 일에 힘을 보태게 하는 것도 무방하다."는[34] 표현은 모든 역사役事에 승군을 의무적으로 동원하지 않았음을 의미한다. 아울러 궁궐 조영造營의 과정에서 동원된 승군들에게 미포米布를 지급한 것은 적어도 광해군대에는 역역과 공물 납부 시에는 역가役價를 받았음을 의미한 것이다. 승역이 점차 가중되었던 인조仁祖 대代나 남북한산성 축조 후 의승입번제義僧立番制[35]와 영조 32년(1756) 시행된 번전제番錢制와는 다른 것이었다. 적어도 본인에게 소요되는 비용 외에 원거승原居僧의 접대비까지 부담해야 하고 제번지전除番之錢을 마련해야 했던 폐단이 완화되었던 정조 9년(1784)까지 이 악순환은 계속된 것이다. 그러나 승려에 대한 수탈과 착취로 인식된 당시의 승역은 지속된 국가재정과 양역자원의 고갈이라는 조선후기 사

---

32 윤용출, 「17세기 이후 승역의 강화와 그 변동」, 『조선후기 요역제와 고용노동』(서울대출판부, 1998), p.165의 <표 2>참조

33 「本府各處扶助軍赴役記」, 『東萊府築城謄錄』(윤용출, 앞의 책, p.165에서 재인용).

34 각주 13)참조

35 『숙종실록』 제55권, 숙종 40년 9월 25일조

회경제가 근본적이고 직접적인 원인이라고 생각한다.

4 인조대의 승역

1623년 인조仁祖는 반정反正으로 광해군을 폐위시키고 즉위하였다. 왕은 반정의 명분으로서 전왕前王의 명明에 대한 배은망덕과 노이奴夷(후금)와의 통호를 들었다. 이때부터 숭명사대崇明事大와 척화론斥和論이 대두되어 호란胡亂을 일으키는 요인을 만들었다. 이에 대해 청淸 태종太宗은 집권한 지 얼마 안 된 인조 5년(1627)에 조선을 침입하여 정묘호란丁卯胡亂을 일으켰다. 왕은 강화도로 피신하고 우여곡절 끝에 후금과의 맹약을 체결하였다.[36] 그러나 조선에 대하여 세폐歲幣의 증액增額과 군신君臣관계의 수립을 강요하는 등 온갖 위협을 거듭하던 청 태종은 조선의 완강한 거절에 부딪치자 인조 14년(1636) 12월에 다시 조선침입을 위한 군사를 일으켰다. 남한산성에서 항전하였지만, 강화도가 함락되었음을 확인한 인조는 출성出城하여 삼전도三田渡에서 「성하城下의 맹盟」의 예를 행한 뒤 도성으로 돌아왔으며, 청은 조선의 세자 등을 볼모로 삼고 제도諸道의 군사를 거두어 심양瀋陽으로 돌아갔다.[37]

---

36 『인조실록』 제15권, 인조 5년 3월 3일조.
37 『인조실록』 제34권, 인조 15년 1월 30일조.

1) 승역의 유형

(1) 산성축조

인조대의 승군 동원과 상황은 두 차례의 호란胡亂과 직결되어있다. 인조는 광해군 대부터 조성된 후금과의 긴장관계를 대비해 즉위 초부터 남한산성南漢山城을 비롯하여 전국의 주요산성을 수축하고 보수하였다.

> 상이 하교하였다. "南漢城이 내지에 위치하고 있으나 실로 天險의 요새지인데, 환란이 있기 전에 미리 대비하는 것은 우연한 뜻이 아니다. 다행히 일을 맡은 신하들이 힘껏 직무를 수행하고 승려들이 열심히 일해 준 덕분에 20리에 달하는 높은 성이 2년 만에 완공되었으니 이렇게 빨리 이룬 工役은 천고에 예를 찾기 어렵다.[38]

남한산성의 축조는 즉위 2년(1626) 7월에 시작하여 인조 4년(1626) 11월에 완성되었다. 처음에는 삼남三南의 관찰사觀察使가 3년의 기한으로 성과를 거두도록 하자는 의견이 나왔고, 하삼도下三道 및 경기京畿·강원江原 등의 도道에서 재용才勇이 출중하고 날쌔고 건장한 사람을 뽑아 조련하고 숙위宿衛토록하자는 의견이 나왔지만, 양향糧餉이 있다면 윤번 복무케 할 수 있지만, 경중京中에는 양병養兵할 상황이 아니라고 하였다.[39]

---

38 『인조실록』 제13권, 인조 4년 7월 22일조.
39 『비변사등록』 제3책, 인조 2년 4월 30일조.

軍役의 고통이 四民들에게는 제일 심하여, 마치 구덩이 속에 파묻혀 죽는 것처럼 생각해주기를 한하고 모면하려고 하므로 10호가 살고 있는 촌락에 군으로 정하여진 자는 겨우 1~2명에 지나지 않고 그 나머지는 모두 여러 가지 탈을 대어 빠졌으니, 士族·品官·儒生·忠義·工匠·商賈·內奴·寺奴요, 그밖에도 書吏·生徒·鷹師·諸員·樂生 등 이루다 기록할 수 없습니다. 더구나 良民이 役을 피해 승려가 되는 자가 10중 6~7이니, 병사의 수가 어찌 적지 않을 수 있으며 국력이 어찌 약하지 않을 수 있겠습니까.[40]

인조 2년의 『비변사등록』이나 즉위 14년 실록의 기록은 공통적으로 식량의 부족과 군역의 과중함, 그리고 역役을 피해 승려가 되는 자가 속출했다는 것이다. 광해군 대의 사회경제적 상황이 점차 악화되고 있음을 의미한 것이다. 이와 같은 상황에서 백성들의 동원은 사실상 불가능한 것이고 승려의 동원이 구체화되었다. 인조는 남한산성을 축성하기 위해 전토田土 2천여 결을 배속하였고, 승군을 창설하고 산성안의 개운사를 치영緇營으로 삼아 수어영守禦營에 예속시켰다. 또한 각성覺性을 팔도도총섭八道都摠攝으로 삼아 승도들을 통솔하여 산성축조를 감독하도록 하였다.[41]

인조 갑자년을 살펴보면, 성을 쌓을 때 승려 각성을 팔도도총섭으로 삼아 축성의 일을 전임케 해 팔도승군을 모집하였다. 또한 성안의 여러 사찰에 부역하는 팔도 승군의 식량 공급 등의 일을 분장하도록

40 『인조실록』 제33권, 인조 14년 8월 20일조.
41 이능화, 「碧巖覺性」, 『朝鮮佛敎通史』上(경성:신문관, 1918), p.488.

명하였다. 그러므로 각 사찰에서는 비로소 主管이 생겨 각 도의 義僧入番, 僧摠節制, 中軍, 主將등의 이름이 있었다. 성안의 9寺는 갑자년(1624)에 시작하여 望月寺가 가장 오래되었고, 玉井寺가 그 다음이다. … 모두 수성의 임무를 맡아 9寺는 각각 무기와 화약을 소장하였다.[42]

인용문은 남한산성을 축성할 때의 상황을 묘사한 것이다. 왕은 즉위 2년, 승군의 우두머리인 팔도도총섭을 임명하고, 승군을 모집하였으며, 僧營寺刹을 창건하고 승군제의 체계를 마련하였다고 한다. 같은 해 실록기사 역시 "道臣으로 하여금 사찰의 大小와 승려의 多寡에 따라 인원수를 정하게 한 뒤 差員에게 迎送하게 할 것"을[43] 왕에게 건의하고 있다. 즉 "총섭승이 아닌 국가가 직접 外方에 호령하게 한 것"이다. 수령을 통해 전국의 승군을 役事에 무상징발한 것이다. 『조선불교통사』와 『인조실록』의 기사를 종합해보면 인조 2년 남한산성 축성을 계기로 승군을 창설하였고, 승군의 동원과 운영을 위한 제도, 그리고 산성 내 사찰의 식량조달 등의 방안도 마련되었음을 알 수 있다. 이것은 숙종 40년부터 시행된 義僧入番制의 조짐이 이때부터 보이고 있다는 점이다. 그런데 역에 동원된 승군에게 米布를 지급했던 광해군대 와는 달리 인조 대에는 "도첩이 없는 자를 뽑아서 3개조로 나누어 부역하게 하고 부역을 마친 이후에는 도첩을 지급하여 돌아가게 하였다."[44] 또한 즉위 2년 평양성 축조 때는 충

42 이능화, 「南漢山寺守城緇營」, 『朝鮮佛教通史』下(경성:신문관, 1918), p.828.
43 『인조실록』 제7권, 인조 2년 10월 16일조
44 『비변사등록』 제5책, 인조 16년 2월 5일조

청도의 승군 200명이 자비량自備糧으로 동원된 것이다.[45]

> 비변사에서 아뢰기를 "승려 覺性이 조정의 명령에 따라 僧徒를 이끌고 남한산성에 들어와 머문 지도 이제 곧 석 달째가 됩니다. 그가 기왕 나라의 일로 왔으니 마땅히 관에서 料米를 주어야 할 것 같은데 조정에서 분부가 없어 그로 하여금 간신히 빌어먹게 하고 있으니 자못 안스러운 일입니다. 지금 東萊府使의 장계를 보면 이 승려들이 떠날 시기가 늦어질지 혹은 빨라질지를 확실히 알 수 없다고 하니 더군다나 糊口之策을 강구해 주지 않을 수 없습니다. 그를 따르는 승려 20명도 모두 데리고 갈 사람들이니 처지가 각기 흩어 보내기도 어렵게 생겼습니다. 선성의 耗穀에서 사람 수를 헤아려 요미를 주라고 분부함이 어떻겠습니까?" 하니, 알았다고 답하였다.[46]

인조대의 식량사정이 열악했음을 감안한다면 승군동원 시 식량을 스스로 마련해서 동원되거나 역사가 진행되는 과정에서도 승군들에게 지급할 식량이 없어서 "빌어먹게"했을 것이다. 이와 같이 산성축조를 중심으로 한 역役에 동원된 승려들에 대한 처우가 점차 열악해져 갔음을 엿볼 수 있다. 이밖에 남한산성의 축성과 관련하여 여러 신료들은 군향軍餉을 바치고 도첩받기를 원하는 자가 있으면 받아들이거나[47] 산성山城 역사役事에 부역하지 않은 승군에게 군량을 징수할 것을 청하기도 하였다.[48] 신료

45 『비변사등록』 제2책, 인조 2년 6월 27일조.
46 『비변사등록』 제7책, 인조 20년 9월 25일조.
47 『인조실록』 제7권, 인조 2년 11월 30일조.

들의 이와 같은 건의는 받아들여지지 않았지만, 인조 대의 어려운 사회 경제적 상황을 짐작할 수 있다. 그러나 남한산성은 병자호란 이후에도 축조나 보수의 일이 많아 승군이 빈번하게 동원된 것으로 보인다. 예컨대 산성 축조와 같은 중역重役은 승군僧軍을 제외하고는 쉽게 완성하지 못한다는 것이다. 때문에 하삼도와 강원도의 승군 중에 도첩이 없는 승려를 뽑아 3개조로 나누어 5일 간격으로 올려 보내게 하였다.[49] 인조 대는 남한산성과 평양성 외에도 경상도 문경의 어류산성御留山城[50] 대구의 공산산성公山山城과 성산星山 독음산성禿音山城,[51] 무주茂朱 적상산성赤裳山城이 승군들에 의해 축조되었다.

(2) 잡역

인조 대에 진행된 승역은 산성축조가 주류를 이루었고, 산릉역山陵役과 은銀채굴, 그리고 사고수직史庫守直 등에 걸쳐 이루어졌다. 산릉역山陵役과 사신을 접대하는 조사역詔使役·지역紙役 등에 대해서는 대동법 시행에도 불구하고 예외규정을 두어 이전의 요역徭役이 분정되기도 하였다.[52]

48 『인조실록』 제14권, 인조 4년 8월 19일조
49 『비변사등록』 제5책, 인조 16년 2월 5일조
50 『인조실록』 제36권, 인조 16년 3월 5일조
51 『인조실록』 제38권, 인조 17년 6월 19일조
52 윤용출, 앞의 책, p.142. <표 1>에서 재인용.

광해군 · 인조 산릉역의 승군 조발사례[52]

분정인원 산릉역	경기	강원	충청	전라	경상	황해	평안	함경	계
선조목릉수개역(광해군 1)	25								25
선조목릉천릉역(인조 8)	150	150	200	200	200	100			1,000
인목왕후산릉역(인조 10)	150	150	200	200	200	100			1,000
소현세자묘소역(인조 23)	120	210	260	380	370	160			1,500

광해군 · 인조 대 산릉역에 동원된 승군의 규모다. 인조 대의 현상은 수적측면에서 광해군 대와는 현격한 차이를 보이고 있으며, 대동법의 예외 규정대로 연호군烟戶軍 · 승군僧軍 · 모군募軍 등이 동원되었다. 그러나 모군募軍의 동원은 국가재정의 부족으로 고가雇價지출의 재정 부담이 상존하여 역승役僧을 동원해야 하는 상황이 연속되었다. 실제로 인조 8년(1630) 선조목릉천릉宣祖穆陵遷陵을 살폈던 김류金瑬는 "승려는 원래 농사를 짓지 않으니 농사철에 부린다 하더라도 피해가 없을 것이라"고 하여 승역을 강조하였다.[53] 결국 인조 대부터 이후 영조 대까지의 산릉역을 위한 징발역군으로서는 승군만이 남게 되었고, 1,000명~3,000명의 승려가 역사役事마다 동원되었다.

호조가 아뢰기를, "銀이란 물건은 땅에서 한없이 나오는 것이니 진

53 『인조실록』 제22권, 인조 8년 4월 11일조

실로 방법을 잘 마련하여 채취한다면 어찌 도움되는 것이 적겠습니까. 端川의 銀壙에서 은이 매우 많이 나오는데 걱정은 役軍이 없다는 것입니다. 지난번 南漢山城에 부역하는 僧軍을 함경 감사가 장계하여 감해 주기를 청했는데, 비국이 단지 吉州 이북의 승군만 감해 주고 南道의 것은 감해 주지 않았습니다. 남도와 북도의 승군을 모두 단천에 부역시켜 은과 납을 채취하게 할 경우, 이번에 오는 중국 사신 때에는 쓰지 못하더라도 꾸어 쓰고서 상환하는 자본으로 사용할 수는 있을 것입니다. 비변사로 하여금 의논하여 처리하게 하소서."[54]

인용문은 은銀을 채굴하기 위해 함경감사가 남한산성에 부역하는 승군을 동원하기를 청하는 내용이다. 단천 은광의 연鉛·은銀 비율이 약 80 : 1에 불과할 만큼 전국 연광의 은 함유량은 보잘 것 없었지만, 임란 이후 은이 국내외의 공·사거래에 일종의 화폐로서 통용되고 있었기 때문에 호조와 군문·영문은 경쟁적으로 연·은 광산 개발을 서두르고 있었다. 이때의 논의는 비변사의 청에 따라 산성축조에 역군役軍이 많지 않기 때문에 함경도의 단천·이성利城·북청北靑·홍원洪原의 승군을 동원하는 것으로 마무리되었다. 승군은 이밖에도 사고수직史庫守直에도 동원되었다.[55]

---

54 『인조실록』 제8권 인조 3년 2월 18일조.
55 『인조실록』 제19권, 인조 6년 7월 18일조.

2) 승역의 성격

전란과 자연재해로 인한 양역자원과 식량감소는 광해군 대 이후 점차 심화되어 갔다. 승군에 대한 인식이 호의적이었던 광해군 대와는 달리 승려의 도성출입을 금지했던 인조 대에는 승군동원이나 인식이 많이 변했다.

첫째, 승군제도가 창설되었다. 양역자원인 백성들이 피역避役현상이 점차 심화되고, 국가재정이 여의치 않았기 때문에 요역徭役에 백성과 승려를 동시에 동원했지만, 점차 승군만을 동원하는 사례가 많아졌다. 이에 따라 남한산성 축조를 시작으로 체계적인 승군제도를 마련하였다. 산성축조와 산릉역, 궁궐영건에 전국의 승려를 동원할 수 있는 인원을 정하였고, 동원된 승려를 체계적으로 관리감독하기 위한 지휘부를 마련하였고, 승군의 숙식을 위한 승영사찰을 창건하기도 하였다.

둘째, 동원된 승군에 대한 대가지급이다. 광해군 대는 전국 각지의 사찰에서 역승役僧을 소모召募하였으며, 소모召募승군에게는 역량役糧과 상포賞布를 지급했다. 그러나 인조 대부터는 '소모召募'가 아닌 징발이었으며, 승군 스스로가 식량을 챙겨서 동원되었던 것이다. 산성축조 과정에서도 국가재정의 부족으로 각성과 승군들이 한동안 빌어먹기도 하였다. 이와 같은 승군의 동원과 그 대가지급의 문제는 승군의 부담을 크게 경감시켰던 정조 9년까지 혹독하게 진행되었다.

全羅監司 元斗杓가 치계하기를, "赤裳山城은 산세가 높고 가파라서 사람들이 살기에 불편합니다. 만약 僧徒들을 모집하여 들여보내지 않으면 지킬 수 없습니다. 승려 覺性을 三南都摠攝이라고 칭하여 印

信을 지급해 주고서, 그로 하여금 門徒들을 거느리고 성 안에서 살게 하소서."하니, 답하기를, "본도 총섭이라고 칭하여 지키는 데 편리하게 하라."하였다.[56]

인용문은 각성覺性에게 '삼남도총섭三南都摠攝'의 인신印信을 지급하자는 건의에 본도本道 총섭總攝을 칭하자는 인조의 명이다. 아울러 왕은 "'의승義僧'에 대한 호칭은 후일後日의 폐단이 있을 것이니 무사할 때는 의승이라는 명호名號를 없애는 것이 옳다."고[57] 하였다. 인조의 승군에 대한 이와 같은 인식은 전란 당시 승군의 공헌과 기여를 축소시키는 것이었다. 승려의 도성출입을 금지시킨 불교에 대한 부정적 인식은 승려를 부족한 국가재정과 양역을 보충하는 수단으로만 인식한 것이다.

5 맺음말

두 차례의 전란은 조선의 사회경제상을 변화시켰다. 광해군과 인조 대의 시기는 임진왜란이 끝나고 후금의 위협과 침략이 있었던 시기였다. 이 시기 조선은 전란과 자연재해로 경작지와 인구가 감소하였다. 국가재정의 빈곤과 양역자원의 부족이 국가운영에 구조적인 문제를 야기시킨 것은 당연한 것이었다. 이와 같은 상황에서 국방강화와 대동법 실시와 같은 수취체제의 변화는 불교계와 승려들의 부담을 더욱 가중시키는 계

56 『인조실록』 제40권, 인조 18년 5월 21일조.
57 『인조실록』 제38권, 인조 17년 1월 10일조.

기가 되었다. 이 시기 승역이 지닌 불교사적 의미는 다음 몇 가지로 정리할 수 있다.

첫째, 승군제도의 창설과 승역의 체계화가 마련되었다. 국방강화와 궁궐영건의 상황에 따라 승군을 동원하던 광해군대와는 달리 인조대에는 남한산성의 축조를 계기로 승군제도가 마련되었다. 먼저 승군을 통솔할 팔도도총섭을 임명하였고, 총섭을 비롯한 승군의 지휘체계를 정하였다. 다음으로 조정에서 마련한 승군동원의 규모에 따라 승군을 모집하였고, 동원된 승군이 숙식을 해결할 수 있도록 승영사찰을 창건한 것이다. 이 제도는 숙종 40년(1714)에 시행된 의승입번제義僧入番制와 영조 32년(1756)의 의승방번전義僧防番錢의 기초가 되었다.

둘째, 승역은 전란 이후 암울한 사회경제 상황 극복의 기초가 되었다. 승역의 강화는 전란 이후의 조선의 사회경제 상황과 긴밀한 연관성을 지니고 있다. 양역자원의 확보는 전란 후의 재건과 국정운영에 중요한 요소였다. 그러나 재정부족과 백성들의 요역부담은 점차 가중되어 조선의 구조적인 문제가 되었다. 더욱이 대동법大同法의 시행은 백성들의 부담을 경감시키는 효과를 지니고 있었지만, 산릉역이나 사신접대, 그리고 종이생산과 납부와 같은 예외조항은 백성들이 역役을 피해 출가出家하는 배경이 되기도 하였다. 이와 같은 상황에서 정부는 승려들의 질 좋은 노동력과 동원의 용이성에 주목했고, 대가를 지급했던 광해군 대와는 달리 인조 대 이후부터는 무상징발이 이루어졌던 것이다. 또한 승역의 대상범위는 광범위한 것이어서 산성축조나 산릉역 · 종이생산과 납부뿐만 아니라 제언堤堰공사, 벌목과 운송, 시신매장과 구황救荒을 위한 도토리 수습까지 승려들이 부담하였다. 결국 광해군 · 인조 대와 그 이후 승역은 백성들이 부담해야 하는 영역까지 해당되는 것이었다.

조선후기 승역僧役에 대한 인식은 그동안 불교계에 대한 수탈과 착취로 규정되었으며, 조선의 불교가 발전하지 못한 결정적 원인으로 평가하였다. 그러나 전란 이후 조선의 사회경제적 상황을 기초로 일반사적 측면에서 살폈을 때 이와 같은 부정적 인식과 평가는 재검토의 여지를 안고 있다. 사회경제가 지닌 구조적인 한계로 인해 대동법이나 균역법이 시행된 상황에서도 백성들 역시 수탈과 착취의 대상이 되고 있었기 때문이다.

조선후기 楡岾寺의 법맥과 수행전통의 가치

1 머리말

고려高麗의 민지閔漬(1248~1326)는 인도에서 조성한 53불이 900년을 떠돌다가 유연국토有緣國土인 금강산에 머물렀고, 이것이 불교가 중국에 전래되기 62년 전 유점사楡岾寺의 창건연기創建緣起라고 했다.[1] 불교가 탄압받았던 조선시대조차도 문신이자 학자였던 윤휴尹鑴(1617~1680)는 "유점사의 전각이 화려하고 웅장하며, 기용器用이 왕공王公과 맞먹을 정도이고, 김벽金碧의 장식이나 심지어 놀이개 하나까지 모두 최고의 사치를 다하고 있다."고[2] 하였다.

1 閔漬, 「金剛山楡岾寺事蹟記」, 『楡岾寺本末寺誌』, 아세아문화사, 1977, 45~48쪽.
2 尹鑴, 「楓岳錄」, 『白湖全書』第34卷 雜著,

권근權近(1352~1409)은 금강산이 그 지형의 아름다움이 천하에서 제일이라고 했다.[3] 불교 혐오론자였던 유신儒臣들도 "옛날에는 불도佛道를 배우는 사람들이 이 산 속으로 들어가서 부지런히 뜻과 행실에 힘써 그 도道를 실증實證한 자가 자주 있었다고 하였다. 때문에 허목許穆(1595~1682)은 금강산의 가람伽藍과 난야蘭若가 108개소나 된다고 했다.[4] 그 가운데 유점사는 모든 산이 절을 중심으로 둘러쳐져 있고, 100여 개의 시냇물도 절을 중심으로 감돌아 흐르고 있다고 했다.

유점사는 지정학적 위치와 함께 불교 문화적 가치 때문에 불교가 탄압받고 소외받았던 조선시대조차도 왕실에서 지속적인 관심을 보여 왕실王室 사고私庫를 털었고, 관청에서는 중수를 거듭했으며, 승려들은 전국으로 권선문을 돌렸다. 더욱이 묘향산과 금강산을 거점으로 수행 중이던 청허 휴정과 그의 제자들이 임진왜란에 참여하여 용맹을 떨쳤고, 전란 이후로는 조선불교계가 그들에 의해 주도되었으며, 사상과 수행 역시 금강산을 거점으로 시작되고 확산되어 나갔다.

이 글은 조선후기 유점사에서 수행했던 청허 휴정과 그의 제자들의 법맥과 수행 전통을 검토하고자 한다. 그동안 조선후기 불교계의 법맥형성과 수행전통에 대해서는 그 연구가 대체적으로 이루어졌지만[5] 유점사와

3 江原道 淮陽都護府, 『新增東國輿地勝覽』제47권

4 許 穆, 「楓嶽」 山川, 『眉叟記言』第28卷 原集 下篇

5 정병삼, 「불교계의 동향」, 『한국사』35 조선후기의 문화, 탐구당, 2003.
김용태, 『조선후기 불교사연구-임제법통과 교학전통-』, 신구문화사, 2010
이종수, 『조선후기 불교의 수행체계 연구: 三門修學을 중심으로』, 동국대박사학위논문, 2010.
고영섭, 「금강산의 불교신앙과 수행전통 : 표훈사 · 유점사 · 신계사 · 건봉사를 중심으로」, 『보조사상』34 보조사상연구원, 2010.

같은 개별사찰을 대상으로 법맥의 사자상승師資相承이라든가 수행전통의 구체적 검토는 진행되지 못하고 있는 실정이다.[6] 그러므로 임진왜란을 전후한 시기에 유점사를 중심으로 한 청허계의 법맥과 수행전통의 검토는 조선후기 불교계의 동향과 사상, 그리고 수행전통을 구체적으로 파악하는데 많은 시사점을 줄 것으로 기대한다.

2 조선시대 유점사의 사세변화와 위상

불교는 여말선초를 거치면서 급격하게 쇠퇴하기 시작했다. 종파가 축소 통합되고, 승려와 사찰의 소속 토지가 몰수되기도 하였다. 승려의 사회적 지위는 하락하여 수탈과 착취의 대상이 되었다.

유점사는 창건이후 조선시대의 불교탄압과 소외의 기운 속에서도 그 가치를 재확인해가고 있었다. 먼저 태종은 1402년(태종 2) 4월에 사원전寺院田을 군자軍資에 소속시켰고, 1405(태종)5년에는 사원노비를 혁파시킨데 이어 1406년(태종 6) 3월에는 11종宗 242사寺만 남기고 혁파해버렸다. 그

6 유점사관련 연구 성과는 다음과 같다.

황수영, 「楡岾寺 五十三佛」, 『佛教學報』6, 동국대 불교문화연구소, 1969.
이대형, 「17세기 승려 기암 법견의 산문 연구」, 『열상고전연구』31, 열상고전연구회, 2010.
황인규, 「북한지역 사찰의 불교사적 의의」, 『大覺思想』17, 대각사상연구원, 2012.
홍성익, 「『楡岾寺本末寺誌』에 대한 연구 「淸平寺誌」를 중심으로」, 『인문과학연구』 24, 강원대학교, 2010.
정태혁, 「金剛山 名刹史蹟 紙上探査記:유점사를 찾아서」, 『北韓』122, 북한연구소, 1982.
정태혁, 「金剛山 名刹史蹟 紙上探査記:유점사의 53불」, 『北韓』123, 북한연구소, 1982.
김민구, 「閔漬와 楡岾寺 五十三佛의 成立」, 『佛教學報』55, 동국대불교문화연구원, 2010.

러나 태종은 특별히 회암사檜巖寺에는 도道에 뜻이 있는 승려들이 모이므로 예외로 하여 전지 100결과 노비 50구를 더 주게 하였는데, 표훈사表訓寺와 유점사楡岾寺 또한 회암사의 예에 따라 그 원래 속해 있던 전답과 노비를 종전의 수에서 줄이지 말고 정한 숫자 외의 사사寺社에도 시지柴地 1~2결씩을 나누어주게 하였다.[7] 더욱이 왕의 둘째아들이었던 효령대군孝寧大君(1396~1486)이 절에 다녀간 뒤로 왕에게 청하여 백금白金 200만 냥으로 3,000칸의 대가람을 중수하였으니 전각은 크고 넓었으며, 여러 누각은 장엄하고 아름다워 해동제일도량海東第一道場으로 거듭났다고 한다.[8] 이것은 금강산과 불교가 지중한 인연을 맺고 있었고, 비록 전설에 불과하지만, 중국의 불교전래보다 더 빠른 전래를 알려주는 유점사의 53불 설화라든가, 유점사 고승高僧의 수행과 사상이라고 하는 측면에서 회암사나 표훈사 못지않은 가치가 있었음을 의식한 것이다. 유점사의 이 가치는 불교탄압정책이 지속되어 11종이 7종으로 되었다가 선종과 교종 두 종파로 축소 통폐합되었던 세종대에도 선종禪宗 18사에 소속되어 원전元田 250결結에 95결結을 더해주고 거승居僧 역시 150명을 정해주었다.[9]

한편 유점사는 1452년(단종 원년)에 화재로 143칸이 모두 소실되어 당시 주지였던 사우斯祐가 국문鞫問을 당하기도 하였다.[10] 당시에도 유점사의 신의信義와 성료性了 등이 역시 효령대군에 간청하여 전각 수백 칸을 새로 지었으며[11] 왕 역시 주지를 다시 보내 중창케 하고 예조에서는 강원도로

7 『太宗實錄』 태종6년 3월 27일조.
8 懶隱 保郁, 「金剛山楡岾寺續事蹟記」, 『楡岾寺本末寺誌』, 아세아문화사, 1977, 50쪽.
9 『세종실록』 세종6년 4월 5일조.
10 『단종실록』 단종1년 6월 6일조.
11 懶隱 保郁, 앞의 글, 『楡岾寺本末寺誌』, 아세아문화사, 1977, 50쪽.

하여금 모금하여 개축케 하였다. 이 일은 왕과 예조가 중창에 관여하여 결국 국가에서 개축하는 일이 되었다 하여 사헌부에서 문제를 제기하기도 하였다.[12]

유점사가 사세寺勢를 크게 확장한 것은 세조대에 와서다. 1455년(세조 원년) 왕명王命으로 수 천 칸을 중수하였으며, 특별히 어실御室을 지어 원당願堂으로 정했다. 당시 중창불사에 동원된 부역승赴役僧 46,590명이 도첩을 받았다고 하니[13] 그 규모를 알 수 있다. 1467년(세조 13)에는 승려 학조學祖를 보내 중창불사를 마무리 짓게 하였다.

> 우리나라에 名山이 있어서 金剛山이라 하는데,......예전에 부처가 滅度한 뒤로 王舍城 사람이 금을 모아 佛像을 만들고, 文殊菩薩이 53軀를 金鍾에 간직하여 바다를 바라보고 맹세하기를, '마땅히 인연이 있는 국토에 가서 衆生을 濟度하면 내가 모름지기 그곳에 이르러서 길이 擁護하겠다.'고 하자, 이에 金鐘이 우리나라에 떠 와서 산 동쪽에 스스로 머물렀습니다. 新羅 왕이 인하여 절을 창건하고 불상을 안치하여 이름을 楡岾寺라고 하였는데, 산 안팎에 伽藍이 얼마인지는 알지 못하나 유점사가 가장 좋은 곳입니다. 산은 이미 大聖이 常住하는 곳이고 절은 또 금불상이 스스로 머무는 곳이니, 福田을 닦고 善根을 심는 자가 여기를 두고 어디로 가겠습니까? 돌아보건대 절을

12 『단종실록』 단종1년12월 13일과 12월 15일조. 왕은 유점사 중창에 대한 신료들의 계속된 문제제기에 대해 "유점사는 이때 반드시 개축해야 할 필요에서가 아니라 다만 선종의 자원에 따라 개축할 것을 허락한 것이고, 다 타서 없어진 것이 아니어서 예전대로 수리하겠다."는 의사를 밝히기도 하였다.(『단종실록』 단종1년12월 18일조)

13 『세조실록』 세조11년 1월 21일조

창건한 것이 이미 오래 되어 점점 퇴폐하기로, 有司에 重修하기를 명하여 가까이는 여러 신하와 백성을 위하고 멀리는 이웃 나라를 위하여 善因을 심어서 善果를 먹고, 같이 태평을 누리고자 합니다.[14]

인용문은 세조가 일본 국왕에게 쓴 편지 글의 일부분이다. 즉 유점사의 창건설화와 담무갈보살曇無竭菩薩이 1만 2천 권속과 수시로 머문다는 금강산에서 유점사가 가장 좋은 곳이며, 국태민안國泰民安과 선근공덕善根功德을 심기 위해 중창을 명했음을 밝히고 있다.

이와 같은 세조의 유점사에 대한 각별한 인식과 신앙심이 기초가 되어 성종成宗은 유점사의 세외잡역稅外雜役과 노비잡역奴婢雜役, 그리고 염분세鹽盆稅를 감하게 했으며[15] 연산군조차도 신료들이 백성들의 부담이 과중하다 하여 유점사에 소금을 구워 바치는 것을 중단하기를 청했지만, "유점사에 소금을 공급하라는 분부에 선왕의 수결이 있으니 이제 와서 폐기할 수 없다."고[16] 하였다.

유점사의 위상은 임진왜란을 전후하여 달라진다. 1595년(선조 28) 유점사가 소실되자 당시 승병장이었던 송운 유정이 인목왕후仁穆王后에게 내탕금內帑金을 얻어 중건하였는데, 1611년(광해군 4)에야 탑을 비롯하여 여러 전각이 완공되었다. 당시 송운 유정은 일본에 사신으로 갔다가 다시 유점사에 머물렀으며, 1617년 인목왕후가 서궁西宮에 유폐幽閉될 때에는 선조의 큰 딸 정명공주貞明公主를 위해 은자서관음보문품58폭1첩銀字書觀音普門

14 『세조실록』 세조12년 윤3월 28일조.
15 『성종실록』 성종1년 4월6일조.
16 『연산군일기』 연산군2년 1월 1일조.

品五十八幅一帖을 하사하여 유점사에 전해졌다.

유점사에 대한 왕실의 관심은 이후 광해군대에도 지속되었다.

> 만력 23년 을미년 여름에 다시 화재를 당하여 몇 년에 걸쳐 이룩한 殿塔이 하루아침에 焦土로 변했다. 判曹溪宗都大禪 惟政이 중건하려고 하면서 여러 佛宇와 僧寮는 각각 적임자에게 맡겨 부지런히 경영하도록 하고 탑의 보수는 오로지 도인 善淳에게 위촉하였다. 선순이 그 요청을 흔쾌히 받아들이고는 諸處에서 널리 모집해서 공인과 자금을 모두 얻었다. 그리하여 예전의 제도와 조금 다르게 鐫石의 층계를 더하여 여러 층의 석탑을 몇 년에 걸쳐 다시 조성한 결과 만력 39년 신해년 가을에 완공하였다.[17]

인용문은 기암 법견이 쓴 유점사의 중수탑重修塔 기문記文이다. 청석靑石으로 만든 13층탑이 1454년 불에 타 1461년(세조 7)에 완공했지만, 1595년(선조 27)에 다시 화재를 당해 1611년(광해군 3)에 완공하였다. 탑뿐만 아니라 유점사의 여러 불우佛宇와 승료僧寮가 선조 대에 시작되어 광해군 대에 완공되었음을 알 수 있다. 여기에는 광해군의 비 문성군부인유씨文城君夫人柳氏(1598~1623)의 관심과 조력助力이 적지 않게 작용하였다. 숙종 대에는 신료들이 유점사에서 선조·인조·현종과 왕비 등 열성列聖의 영정影幀을 봉안하고 춘추로 지내던 향사享祀를 혁파할 것을 상소했지만, 왕은 허락하지 않았다[18]고 한다.

17 奇巖 法堅,「金剛山楡岾寺重修塔記」,『奇巖集』卷3 文 :「金剛山楡岾寺改造舊塔記」,『楡岾寺本末寺誌』, 아세아문화사, 1977, 85~86쪽.

유점사는 1759년(영조 35) 또다시 화마火魔의 변을 당하자 왕실의 사고私庫역할을 했던 명례궁明禮宮과 인조의 잠저처潛邸處이자 효종이 탄생했던 어의궁於義宮에서 북한승대장北漢僧大將 보감寶鑑을 화주化主로 파견하여 여러 전각과 승료·누각의 중건공사가 10여 년간 지속되었다.[19] 유점사는 이후 고종 대에도 그동안 중수의 노력에도 불구하고 3,000여 칸의 전각이 불에 타버렸다.

> 領議政 洪淳穆이 아뢰기를...... "江原監司 南廷益의 謄報에, '高城에 있는 楡岾寺 3,000여 間이 몽땅 화재를 당하였으니 空名帖을 전례대로 만들어 주어 수리하는 데 비용에 보태 쓰도록 廟堂으로 하여금 稟處하게 해 주소서.' 하였습니다. 이는 바로 천년의 고찰로서 域內의 아름다운 명산인데 갑자기 화재를 입어 타버린 칸 수가 이렇게도 많습니다. 그런데 중건하지 않으면 안 되는 것이고 공사는 방대하고 재력은 딸리는 것만큼 응당 돌보아주는 恩典을 베풀어야 할 것입니다. 공명첩을 500장으로 한정하여 乾鳳寺의 예에 따라 만들어 줌으로써 개건하는데 드는 비용에 보태 쓰게 하는 동시에 本道에서도 따로 돌보아주어 많은 승려들이 흩어져가지 않게 하는 것이 어떻겠습니까."하니, 윤허하였다.[20]

고종 대는 53불佛의 개금改金도 이루어졌지만, 전각 3,000여 칸이 화마

18 『숙종실록』 숙종34년 9월 11일조.
19 懶隱 保郁, 「金剛山楡岾寺續事蹟記」, 『楡岾寺本末寺誌』, 아세아문화사, 1977, 51쪽.
20 『고종실록』 고종19년 9월 10일조.

를 당하기도 하였다. 당시 고종은 영의정의 간청으로 공명첩空名帖을 내어 중건에 보탬이 되게 하였다. 당시 부수찬副修撰 조상학趙尙學이 "나라의 창고는 바닥이 드러나고 나라의 일은 미처 경황이 없는 때"라고[21] 하며 유점사 중건을 반대하는 상소를 올렸지만, 공사는 진행되었다. 나라의 사정과 신료의 반대에도 불구하고 그 중건을 강행한 것은 유점사가 지니고 있는 명산고찰의 가치뿐만 아니라 역대 왕의 절에 대한 관심과 정성에 기초한 것이다.

이와 같이 유점사는 유구한 역사성과 함께 조선시대에는 태종·단종·세조·광해군·고종을 비롯한 역대 왕들이 관심과 지원을 아끼지 않았다. 특히 조선후기는 청허 휴정과 그의 제자들이 승병조직을 지휘하며 활동하고 수행의 거점으로도 삼고 있었다. 청허 휴정의 사리탑舍利塔이 유점사에 조성된 점으로 미루어 보아 다른 사찰과는 달리 불교사상과 수행, 신앙, 그리고 법맥의 계승에서 명실상부한 위상과 가치가 있었던 것으로 보인다.

3 조선후기 유점사의 법맥

1912년 『조선불교월보朝鮮佛敎月報』 제10호 관보초록官報抄錄에 수록된 「유점사본말사법楡岾寺本末寺法」은 유점사의 정체성을 담고 있다. 먼저 제1조는 유점사楡岾寺가 풍악楓嶽 최초의 정사精舍이며, '금강불괴金剛不壞의 영장靈場'

21 『고종실록』 고종19년 9월 29일조

이라고 하였다.

> 第三條 楡岾寺는 古來尊宿推戴의 一法으로써 傳燈相續의 典例인바 近古에 具制를 補하여 法脈相承의 法을 加味하고 邇來 二利를 並하여 綿綿相承할 法系譜脈은 左와 如함.
>
> 一 本寺 紹隆淸虛休靜禪師 二 法脈傳祖喚惺志安禪師
>
> 三 喚惺嫡嗣虎巖體淨禪師 四 虎巖嗣法楓嶽普印禪師
>
> 以下 歷代法脈傳祖의 法孫入室嗣法과 學德兼備한 者가 本寺主管에 補任되었으니 此를 傳燈相續의 通規로 함.[22]

당시 사법寺法에 의하면 유점사는 금강산에서 가장 먼저 창건된 사찰로 영원히 소멸하지 않을 신령스러운 도량이라는 것이다. 이어서 유점사에 면면히 이어져 오고 있는 법맥을 정리하였다. 조선불교의 중흥조 청허淸虛 휴정休靜을 시작으로 환성喚醒 지안志安 → 호암虎巖 체정體淨 그리고 풍악楓嶽보인普印으로 이어졌다는 것이다.

환성 지안(1664~1729)은 15세에 용문사龍門寺로 출가하여 17세 때에는 월담月潭 설제雪霽를 찾아 법맥法脈을 이어받은 뒤, 침식을 잊고 경전經典을 연구하였다. 27세 때는 화엄華嚴의 대종장大宗匠 모운雲 진언震言대사가 직지사直指寺에서 법회를 개설한다는 소문을 듣고 찾아갔다. 모운이 환성에게 강석講席을 물려주자 환성이 설법을 시작하였는데, 종으로 횡으로 주도면밀하면서도 한편으로는 마치 강물이 쏟아져 내리듯 거침이 없어 대중들

22 「楡岾寺本末寺法」, 『朝鮮佛敎月報』第10號, 朝鮮佛敎月報社, 1912, 58쪽.

은 막혔던 가슴이 뚫리듯 시원하게 의문점을 해결하였다고 한다. 이로부터 사방의 치도緇徒들이 환성의 회상으로 구름처럼 몰려들었다. 1725년에는 금산사에서 화엄대법회華嚴大法會를 여니 천오백명이나 되는 대중이 운집했다고 한다.[23] 그는 이때의 법회가 원인이 되어 지리산에서 잡혀 옥에 갇히기도 한다.

호암 체정(1687~1748)은 16세에 출가하여 환성의 법法을 전수받고 영남의 명찰인 통도사와 해인사에 오랫동안 머물면서 후학들을 지도하였는데, 항상 법法을 구하는 제자들이 수백 명씩 운집하였다. 두륜산 정진당精進堂에서는 화엄경華嚴經 강회講會를 크게 열기도 했다고 한다. 그의 문인 31명인데, 이름이 강산을 진동케 한 제자만도 10여 명이 된다고 한다.[24]

환성과 호암은 임제종臨濟宗의 선지禪旨를 철저히 주창한 선사였다. 환성은 조선 후기 화엄사상과 선을 함께 닦는 전통을 남긴 환성파喚醒派의 시조이자 대흥사 13대종사大宗師의 1인으로도 숭봉되었으며, 제자 호암은 13대종사大宗師 중 제10종사이다. 이들의 법맥은 휴정休靜－언기彥機－의심義諶－설제雪霽－지안志安－체정體淨－상언尙彥으로 이어졌다. 이 법맥은 대흥사와 함께 유점사에서 면면히 이어졌다.

한편 『유점사본말사지楡岾寺本末寺誌』는 유점사에 봉안된 영정影幀과 사중의 대표적 인물들의 비문碑文, 그리고 절의 동서 양편에는 36기의 부도浮屠 목록을 소개하고 있다.[25] 조선후기 유점사 승려들의 법맥과 사승관계를 정연하게 정리하고 있는 자료가 없는 실정에서 1912년의 「유점사본말사

23 梵海 覺岸, 「喚醒宗師傳」, 『東師列傳』卷3(『韓佛全』10, 동국대출판부, 1993) 1024c.
24 梵海 覺岸, 「虎巖宗師傳」, 『東師列傳』卷3(『韓佛全』10, 동국대출판부, 1993) 1026b~c.
25 安震湖, 「浮屠」, 『楡岾寺本末寺誌』, 아세아문화사, 1977, 37~40쪽.

법楡岾寺本末寺法」과 사지寺誌에 수록된 영정과 비문을 기초로 그 흔적을 찾을 수 있는 인물들을 중심으로 유점사의 법맥과 사승관계를 살피고자 한다.[26]

(影幀)

主壁 淸虛堂 休靜

東壁 栗峰 靑杲 月松 性日 化門 齋鼎 性坡 宗仁 鏡空 斗奉 幻應 善昕 鏡 山 處均 蘗庵 西灝 枕溪 敏悅 印潭 慈訓 潁華 世洪

西壁 松雲 惟政 龍岩 慧彦 春溪 信英 蓮月 熙燦 騎龍 永基 桐菴 永善 愚隱 達善 草庵 基珠 錦潭 澄俊 蓬庵 完直[27]

(碑銘)

有明朝鮮國江原道金剛山賜妙湛國一都大禪師松月堂大師碑銘

奇巖堂法堅大師碑銘

有明朝鮮國金剛山春波堂大師碑銘

有明朝鮮國八道禪敎兩宗糾正都摠攝楓嶽堂大禪師碑銘

淸虛六世龍玩大禪師之碑[28]

26 寺誌에 거론된 인물들은 采永의 『西域中華海東佛祖源流』에도 입전되지 않은 경우가 많다.

27 安震湖, 「影幀」, 『楡岾寺本末寺誌』, 아세아문화사, 1977, 40~44쪽.

28 安震湖, 「碑銘」, 『楡岾寺本末寺誌』, 아세아문화사, 1977, 91~95쪽.

먼저 영정은 그 주벽主壁에 청허 휴정의 영정을 봉안하였다. 그가 임진왜란 이후 그 수행과 사상뿐만 아니라 불교의 사회적 기여에 공헌한 이래 그와 그의 제자 30여 명이 조선의 하늘을 덮었다.[29] 유점사 역시 청허 휴정의 제자가운데 송운松雲 유정惟政과 편양鞭羊 언기彥機, 그리고 기암奇巖 법견法堅의 문손門孫들이 그 법맥을 계승하고 있었다.

동벽東壁은 율봉栗峰 청고青杲(1738~18230)를 시작으로 전체 11명의 영정이 자리 잡고 있었다. 율봉栗峰 청고青杲는 삼장三藏의 깊은 뜻 어느 하나에도 정통하지 않은 것이 없었던 인물이다. 특히 『화엄경華嚴經』의 심오한 이치에 가장 능숙하여 언교言教를 떠나지 않고도 교외별전教外別傳의 뜻을 깊이 깨달았다. 그는 호가 율봉, 법명이 청고다.[30] 19세에 무구無垢 대준大俊선사에게 출가하였고, 환암喚菴 탁계선사卓戒禪師에게 선법禪法을 전수받고 청봉青峯 거안대사巨岸大師에게 더 가르침을 받았다. 스승인 거안은 "나는 사구死句나 강의하고 있는데 그대는 활구活句를 던지니 청출어람青出於藍이라고 할 만하다."며 감탄하고는 마침내 심인心印을 전수해 주었다고 한다. 그는 금강산을 보살의 정토淨土로 인식하고 마하연으로 가서 큰 뜻을 펼치고자 하였다. 금강산 일대에 그의 도가 높다는 소문이 퍼져 대중들이 고기떼처럼 모여들었다고 한다. 그는 10여 년 동안 수많은 납자들에게 화엄경華嚴經을 강설講說했다.[31]

29 采永, 『西域中華海東佛祖源流』, 『한국불교전서』10. 동국대학교출판부, 1993) 104c~105a.

30 梵海 覺岸, 「龍巖禪伯傳」, 『東師列傳』 卷4(『韓佛全』10, 동국대학교출판부, 1993) 1034c ~1035a.

31 華嶽 知濯, 「金剛山楡岾寺說禪堂重修記」, 『三峯集』 文(『韓國佛教全書』 10, 동국대출판부, 1993, 467c.

근세에 이르러 율봉화상이 호남에서 이곳으로 왔는데 常數大衆이 수 백 명이었고, 華嚴의 一乘敎를 연설하였고, 二乘을 배우는 이들을 심하게 꾸짖어 大乘의 뜻을 여의지 않았다.[32]

그에게 가르침을 받았던 화악 지탁이 회고한 율봉의 행적이다. 즉 『화엄경』을 중심으로 한 대승경전에 대한 조예가 깊어 사방의 납자들이 몸을 잊고 법을 구했다고 한다.[33] 생전에 그를 만난 적이 있었던 추사는 다음과 같은 시적게示寂偈를 짓기도 하였다.

花落有實 月去無痕 꽃이 지면 열매가 있고 달이가면 흔적이 없네.
誰以花有 證此月無 이 꽃의 有를 들어 저 달의 無를 증명하리.
有無之際 實師之眞 유와 무 그 사이는 실로 스님의 진리라오
彼塵妄者 執跡以求 不淨에 허덕이는 자는 자취만 잡아 구하는걸.
我若有跡 豈留世間 내 만약 자취가 있다면 왜 세간에 남았겠나.
妙吉祥屹 法起峰青 妙吉祥은 솟아 있고 法起峰은 푸르네.[34]

그는 선사이면서 교학에도 능통했다. 그의 행적은 선교겸수禪敎兼修의 흔적이 역력하다. 청허가풍의 영향이다. 그는 편양 언기의 원손遠孫이다. 그의 법맥을 대강 정리한다면 편양鞭羊 언기彦機 → 환성喚醒 지안志安 → 호암虎巖 체정體淨 → 청봉青峰 거안巨岸 → 율봉栗峰 청고青杲로 이어진다.

---

32 華嶽 知濯, 「摩訶衍重建記」, 『三峯集』 門, 앞의 책, 1993, 470b.
33 李能和, 「栗峯禪師杖嚇羅漢」, 『朝鮮佛敎通史』下, 민속원, 1918, 911~913쪽.
34 金正喜, 「栗師示寂偈」, 『阮堂先生全集』 卷七 雜著

한편 서벽西壁에는 송운松雲 유정惟政을 시작으로 전체 10명의 영정을 모셨다. 그 가운데 용암龍巖 혜언慧彥(1783~?)의 흔적이 보인다. 스님의 법명은 혜언이고, 법호는 용암이다. 앞에서 소개한 율봉 청고의 사법제자嗣法弟子이고, 월송月松 성일性日과는 법형제다. 때문에 청봉靑峯 거안巨岸의 손자이며, 호암虎巖 체정體淨의 증손자가 되는 셈이다.[35] 그의 행장을 소개하고 있는 『동사열전』에 의하면 출가 후 교학에 조예가 깊었다고 한다. 그는 스승 율봉으로부터 '무뎌진 손도끼'를 전해 받은 이후로 대중이 요청하면 가르침을 펼쳤다. 그의 가르침은 팔도에 두루 미쳐 동쪽으로는 통도사·해인사, 서쪽으로는 구월산 묘향사, 남쪽으로는 조계산·지리산, 북쪽으로는 금강산·오대산, 중부의 삼각산·용문산까지 이르렀다. 노년에는 대흥사 만일암挽日庵 등 암자에서 주석했으며, 제자는 포운布雲 윤경閏褧·설월雪月 원민圓旻이다. 제자 포운은 화운華雲 관직寬直·보봉寶峰 이선利善·응허應虛 보신普信·우담雨潭 유언有彥 등을 제자로 두었다.

> 松月스님은 이름이 應祥이다. 그는 부드럽고 인자하며, 너그럽고 후한 장자이다. 그 스승을 섬기는 정성은 생사에 한결같으며, 덕은 先師와 맞먹고 그 이름은 세상이 다 알았다. 왜냐하면 스승의 도를 빛내어 드날리고 아름다운 이름을 후세에 전했기 때문이다.[36]

인용문은 편양 언기가 송월松月 응상應祥(1572~1645)의 성품을 소개한 글

35 梵海 覺岸, 「龍巖禪伯傳」, 『東師列傳』 卷4(『韓佛全』10) 동국대학교출판부, 1993, 1034c.
36 鞭羊 彦機, 「蓬萊山雲水庵鍾峰影堂記」, 『鞭羊堂集』 第2卷(한불전 8, 동국대출판부, 1993, 254c)

이다. 유점사 서쪽 언덕에 비문을 세운 송월은 송운 유정의 제자다. 그는 어려서 양친을 여의고 구월산에서 출가하였고, 여러 명을 스승으로 섬겼지만, 심인心印은 사명泗溟에게서 받았다고 한다. 사명대사는 스님의 법기法器를 알아보고서 금테 두른 가사袈裟 한 벌을 물려주고 역대 조사祖師들의 심인心印를 나타내는 원상圓相 하나와 관음보살觀音菩薩이 친히 범어梵語로 패엽貝葉에 쓴 글, 사명대사의 친필로 금함金函에 소장하고 있던 금강경金剛經과 염주 각 1개씩을 전해주며 적통 제자로 삼았다.[37] 비문에 의하면 그는 금강산에서 30여 년을 사는 동안 도가 높고 덕이 두터워 선종禪宗과 교종敎宗 양쪽을 갖추어 각지에 풍문이 널리 알려져 찾아오는 사람들이 아주 많았는데 빈손으로 와서 이치를 터득하여 돌아가지 않는 사람이 없었다고 한다. 1624년(인조 2)에는 왕이 승려들을 모아서 남한산성을 쌓게 할 때 특별히 명하여 그에게 공사를 감독하게 하고 전후양도팔도도총섭前後兩度八道都摠攝을 제수하였으나 이를 사양하여 받지 않았다. 이에 조정에서는 그의 덕을 높이 사서 묘담국일도대선사妙湛國一都大禪師라는 법호를 내리기도 하였다[38] 그의 사후 세워진 비문에는 이건以建·천오天悟를 비롯한 친제자親弟子 11명이 이름을 올렸고, 문중의 서열로 89명의 이름이 소개되고 있다. 요컨대 그의 법맥은 청허 휴정→송운 유정→송월 응상으로 이어졌다.

유점사의 법맥과 수행전통을 이해하는데 빼놓을 수 없는 인물이 기암奇巖 법견法堅(1552~1634)이다. 이민구李敏求가 찬술한 그의 비문에 의하면

37 鄭斗卿, 「有明朝鮮國江原道金剛山賜妙湛國一都大禪師松月堂應祥大師碑銘」, 『楡岾寺本末寺誌』, 아세아문화사, 1977, 88쪽.
38 정두경, 앞의 글, 89쪽.

법견은 내전內典에 두루 통달하고 子史와 여러 서적의 정수를 모두 두루 갖추었지만, "이것은 세간의 법을 위함이지 출세간의 법을 위함은 아니로다."하여 수행과 깨달음에 대한 허기를 면하지 못하고 있었던 듯하다. 마침 청허를 만나 깨우침을 구하고자 詩를 써서 바치니 이것이 인연이 되어 제자가 되었다. 법견은 사형師兄인 송운과도 공부하며 능력을 발휘하였는데, 공부하기를 "가죽을 주워 모으고 뼈를 본뜨며 모래를 걸러 구슬을 가려내는 것처럼"하였다.[39] 법견과 송운의 인연은 각별하였다.

> 멀리 雲海 사이로 佳人과 이별하면
> 오랫동안 뵐 길이 없으리니
> 이 몸이 천마리 精衛가 되어
> 동해를 메워 걸어서 갔다 오게 했으면[40]

법견이 일본에 사신으로 가는 송운을 전송하며 읊은 시다. 서로 이별하는 것이 못내 아쉬워 정위精衛라는 새가 되어 서산의 나무와 돌을 입에 물고 동해를 메우려고 했다는 전설을 차용하여 그 심정을 전한 것이다.

그는 임진왜란이 발발했을 때는 의승병을 모집하고 의승장으로 활약했으며, 1594년(선조 27)에는 장성의 입암산성笠巖山城을 축조할 때는 관리감독을 하기도 하였다.[41] 이것이 계기가 되어 공사가 끝났을 때는 산성수장山城首將이 되기도 했는데, 당시 지리산에 있을 때는 선禪을 가르치면서

39 李敏求, 「高城楡岾寺奇巖堂法堅大師碑文」, 『楡岾寺本末寺誌』, 아세아문화사, 1977, 90쪽.
40 法 堅, 「送松雲之日本國」, 『奇巖集』 卷1 詩(한불전8, 동국대출판부, 1993, 161c)
41 『宣祖實錄』, 선조 27년 2월 27일조.

학도學徒들을 제접했으며, 그 해박함이 어떤 외전外典에도 통달하지 않음이 없었다고 한다.

> 古德의 은미한 말은 의심으로 인해 알음알이를 내니 대사가 날카로운 칼을 잡아 모든 망상을 베어 잘라버리도다. 詩文으로 부연하니 道는 어리석은 속세에서 피어나며, 教는 業을 만드나니 좋은 일을 근본으로 하여야 하도다. 마치 저 長者가 가진 곡식과 구슬 옷감 등을 비렁뱅이 아이들에게 모두 보시하면서도 기뻐하며 희망을 가지고 지내지만 자기에게 손해가 없는 것과 같도다. 또 마치 저 큰 바다에 파도가 두렵더라도 작은 배와 뗏목으로 건너서 이 고통에서 벗어날 수 있는 것과 같도다. 마음 그대로가 부처님의 성품임을 알면 모든 분별이 마음속으로 들어가지 못하여 三惡道에 태어나지 않는다. 태어나지도 않고 죽지도 않음으로써 부처님의 원만한 깨달음[圓覺]을 얻어 부처님이 이 세상에 오신 一大事因緣을 깨우칠 것이다. 7척의 작은 몸은 아득히 아주 작지만 (마음은)부처를 배워 부처를 이루니 몸보다 크도다.[42]

『법화경法華經』이나 『경덕전등록景德傳燈錄』과 같은 내전內典뿐만 아니라 경사자집經史子集과 같은 외전外傳에도 두루 통달하여 당시 유교지식인과도 널리 교유하고 있었던 그다. 공부하면서 나타난 의심은 선기禪氣로 베어버리고, 시문으로 상처를 만져주기도 했다. 그러나 그가 궁극적으로 원한

42 李敏求, 「高城楡岾寺奇巖堂法堅大師碑文」, 『楡岾寺本末寺誌』, 아세아문화사, 1977, 90쪽.

것은 부처의 골수를 훔치는 것이었다. 즉 마음그대로가 부처님의 성품임을 알면 원각圓覺을 얻어 일대사인연을 깨우칠 수 있다고 했다. 그의 死後 死後 비문에는 가장 뛰어난 제자 도일道一·자중慈仲·자일慈逸을 비롯하여 14명의 문도들이 수록되어 있다.

> 이윽고 나에게 말하기를, "令公이 세상맛을 이미 잔뜩 맛보았으니, 우리 佛家의 일만을 이야기할 수는 없을 것이요. 하지만 儒家의 가르침 중에도 心性에 관한 學說이 있지 않소. 生死의 일이 참으로 중대하니, 아무쪼록 이 점에 대해서 일찍부터 관심을 가져 주었으면 하오." 하였는데, 그 말 속에 상당히 깨우쳐 주는 점이 있었다. 그가 장차 돌아가려고 할 즈음에 또 손수 絶句 한 수를 지어서 나에게 보여 주었는데, 그 시에 "사람에게 이 성품이 어찌 모자라겠는가, 우리 백성 원래가 良知良能 풍부한 것을. 하늘이 처음 내려 준 것을 돌이켜 살핀다면, 안척도 이 야승과 다를 것이 없으리다.[此性於人何乏少 吾民分上富良能 若教反省天初賦 顔跖無殊一野僧]" 하였다.[43]

택당澤堂 이식李植(1584~1647)은 어렸을 때 호남에서 법견을 만난 적이 있다. 그 후 택당이 유점사에서 법견을 다시 만났다. 법견은 당시 나이 80세로 "이 산에 머문 지가 30여 년, 이 산골짜기를 벗어나지 않은지가 또 20여 년"이라고 하니 50여 년을 금강산에서 벗어나지 않았던 것이다. 법견은 택당에게 심성心性의 본체를 터득한다면 9,000여 명의 도적 떼를

43 李 植, 『澤堂先生續集』 第4卷 詩

이끌고 천하를 횡행했던 안척도 승려인 자기와 다를 바 없다고 하면서 생사를 벗어날 공부를 당부하기도 하였다.

한편 춘파春坡 쌍언雙彦(1591~1658) 역시 송월 응상의 제자로 송운 유정 문파에 해당된다. 비문에 의하면 7세에 어버이를 잃고 묘향산에 들어가 청허 밑에서 출가하고 계를 받았다. 그의 나이 16세에 이미 내전內典뿐만 아니라 유가儒家의 육경六經에 관통하고 백가百家를 섭렵하지 않은 것이 없다고 하였다. 이후 제방을 편력하다가 1616년(광해군 8)에는 금강산으로 들어가서 응상應祥을 찾아 가르침을 받고 심인心印을 이어받았다.[44] 스승 응상은 그를 큰 법기法器로 여겼다. 그 뒤 금강산의 선암禪庵·영원암靈源庵·현불암現佛庵·현등암懸燈庵 등지에 머물면서 20여 년 동안 수선修禪하였으며, 밤에도 침구를 펴고 눕는 법이 없었다. 비문을 쓴 정두경은 "대사의 타고난 성품은 맑고 깨끗했으며, 기상은 높고 뛰어났다. 인가해 준 사람이 적어서 그 심인을 미처 전수하지 못한 것을 늘 한으로 여겼다."고 한다. 정두경이 지은 비명은 춘파의 법맥을 알 수 있는 대목이 있다.

> 옛날 太古선사가 있어 뛰어난 고승이었는데, 中國에 들어가 臨濟의 宗을 얻었다. 應祥大師에 이르기까지 이것이 이어져 전해왔으며, 응상대사의 문하에서 雙彦大師가 나왔다. 오직 쌍언대사가 그 嫡傳을 이었도다. 대사의 자취를 기록하여 유점사 북쪽에 두니 뒤에 어찌 살펴보지 않겠는가. 석비에 새겨져 있는 것을[45]

44 鄭斗卿, 「有明朝鮮國金剛山雲坡堂大師碑銘」, 『楡岾寺本末寺誌』, 아세아문화사, 1977, 91쪽.

45 정두경, 앞의 글.

즉 그가 임제의 법통을 계승하고 있는 청허 휴정과 그의 제자 송운 유정의 심인心印을 이은 송월 응상의 제자임을 밝히고 있다. 비문의 말미에는 나백懶白·법연法演을 비롯한 문중의 제자 14명이 수록되어 있다.

조선후기 유점사에 주석했던 인물 가운데 풍악당楓嶽堂 보인普印(1701~1769)은 편양 언기 문파의 법맥을 잇고 있었다. 그는 호가 풍악당이고, 법명이 보인이다. 본래 호가 없었지만, 머무는 곳을 따라 호를 지어주었다. 그는 북한산의 중흥사重興寺에서 출가하였다. 처음에는 환성喚醒 지안志安(1664~1729)을 따라 내외전內外典을 배웠고, 남녘의 여러 선지식을 찾아다녔는데 마침내 호암虎巖 체정體淨(1687~1748)에게 귀의하여 그의 의발衣鉢을 전해 받았다.[46] 그러므로 풍악 보인은 편양鞭羊 언기彥機→환성喚醒 지안志安→호암虎巖 체정體淨의 법을 이었으니 청허의 7세손이다.

> 이번에 楓嶽大師 普印의 詩文을 보다가, 미처 다 보기도 전에 탄식하기를 "내가 지난번에 특이한 승려를 만나서 방외의 교유를 해 보고자 했으면서도 印公을 놓쳤구나."하였다. 대체로 그는 內圓通에서 수행을 하였는데, 그 시기가 바로 내가 關東地方을 유람하던 때였다. 그의 문집을 보았더니 俊과 더불어 酬唱한 詩들이 있었다. 그렇다면 준은 확실히 그의 벗이었던 모양이다. 그런데 왜 普印이라는 특이한 승려가 있다고 나의 물음에 대답하지 않았던가. 준이 아마도 나를 속인 것이리라. 나는 여기에서 보인이 본디 고승이었으나 준이 과연 그를 위하여 말해 주지 않은 것임을 더욱 알게 되었다. 이를 통해 보건

46 李福源, 「有明朝鮮國八道禪敎兩宗糾正都摠攝楓嶽堂大禪師碑銘」, 『楡岾寺本末寺誌』, 아세아문화사, 1977, 93쪽.

대 준이 과연 시에도 능하고 佛經의 談論에도 能한 자일 것이니, 준 역시 고승이었을 것이다. 나는 함께 놀았던 준도 몰라보고 놓쳤는데, 하물며 직접 보지도 못한 印公에 있어서야 말할 것이 있겠는가.[47]

인용문은 박지원이 쓴 『풍악당집楓嶽堂集』의 서문序文으로 풍악의 학문적 수준을 알 수 있는 대목이다. 전후 사정은 이렇다. 연암이 금강산 백화암白華菴에서 준俊이라는 승려를 만나 방외方外의 교유를 나누고 싶었다. 이 산중에 함께 교유할 만한 특이한 승려가 있느냐는 연암의 질문에 준俊은 "모릅니다."라고만 하였다. 이후 연암은 풍악 보인의 시문詩文을 보다가 준俊과 보인이 방외의 교유를 할 만한 인물들이었음을 알게 된다. 그러나 하루는 "종일토록 남의 보배만을 헤아릴 뿐 내 주머니에는 반 푼도 없음"을 깨닫고 금강산 내원통암內圓通庵으로 들어가 문을 닫고 강설講說을 일체 하지 않았으며 오직 염불念佛과 참선參禪에만 몰두하였다. 그의 비문에는 문도門徒·손상좌孫上佐·증손상좌曾孫上佐·수계상좌受戒上佐 100여 명이 수록되어 있다.

한편 근대 유점사의 중창주 우은愚隱 달선達善(1831~1891)은 강원도 고성군에서 태어났다. 나이 13세에 유점사의 연암장로緣庵長老에게 출가하였다. 선법禪法을 연월蓮月에게 받았고 대운大雲의 법을 이었으니 우은은 환성喚醒의 8세 적손이 된다.[48] 나이 30세인 1860년에는 유점사의 승통僧統이 되었으며, 1867년 묘향산 보현사普賢寺의 수충사酬忠祠 수호총섭守護摠攝으로 임

47 朴趾源, 「楓嶽堂集序」, 『燕巖集』 卷7 鍾北小選.
48 藕 堂, 「金剛山楡岾寺重創大化主愚隱大師行蹟」, 『佛教振興會月報』6, 佛教振興會本部, 1915, 35~36쪽.

명되었다. 1882년 유점사가 화재로 3,300여 칸이 소실되자 힘을 기울여서 3년 만에 중건하였고, 이 절에 머무르면서 후학들을 지도하다가 나이 61세, 법랍 49세로 입적하였다. 때문에 우은 달선은 유점사의 중창주의 위상을 지니고 있다.

요컨대 「유점사본말사법楡岾寺本末寺法」과 『유점사지』에 수록된 영정과 비명 속의 인물들의 행적과 사승관계를 살펴 본 결과 유점사는 청허 휴정과 그의 대표적인 4대 문파 가운데 송운 유정과 편양 언기 · 기암 법견 문파가 주류를 이루었으며, 그들을 중심으로 법맥을 계승하고 있었다. 이들은 선수행禪修行에 주안점을 두었지만, 교학뿐만 아니라 유교경전과 같은 외전外典에도 조예가 깊었다. 이른바 선교겸수와 염불의 수행전통을 계승하고 있었다.

4 조선후기 유점사의 수행전통

조선후기 불교계의 수행과 사상적 경향이 경절문徑截門을 중심으로 한 선수행과 그 깨달음을 가장 우위에 두고, 『화엄경』을 비롯한 대승경전 연구와 강회講會, 그리고 염불念佛 역시 유행했다는 점은 널리 알려진 사실이다. 사암獅巖 채영采永의 『서역중화해동불조원류西域中華海東佛祖源流』는 청허 휴정과 그의 제자들의 법맥을 상세히 그리고 있다. 그의 제자들은 몇 개의 문파로 나뉘고 계보 또한 여러 갈래로 뻗어나갔다. 그 가운데 그 가운데 편양파, 사명파, 소요파, 정관파의 4대 문파의 계보가 중심을 이루었다. 이들은 청허 휴정의 사상과 수행전통을 계승했다.

禪과 教의 근원은 세존이시고, 선과 교의 갈래는 迦葉과 阿難이다. 말이 없음으로써 말 없는 데에 이르는 것이 禪이며, 말 있음으로써 말이 없는 데에 이르는 것이 教이다. 그래서 마음이 바로 禪法이며, 말씀이 바로 教法이다. 즉 법은 비록 한 맛이나 그 견해는 하늘과 땅 만큼의 동떨어진 차이가 있다.[49]

『선가귀감禪家龜鑑』의 선禪은 '부처의 마음이고, 교教는 부처의 말'이라는 대목의 주해註解부분이다. 청허는 "부처가 세 곳에서 마음을 전한 것이 선지禪旨이고, 일생동안 말한 것은 교教의 문門이었다."고 하였다. 그러나 선과 교는 동일한 의미를 지니고 있지만, 선이 말이 없어 말 없는 곳으로, 교가 말이 있어 말 없는 곳으로 이른다는 것은 하늘과 땅의 차이를 지니고 있는 것이다.

迦葉과 阿難 두 尊者로부터 六祖慧能大師에 이르기까지를 33祖師라고 한다. 이 教外別傳의 가르침은 푸른 하늘 밖으로 뛰어나서 五教의 학자들도 믿기 어려울 뿐만 아니라 당시 종파(선종)의 下根機도 茫然히 알지 못한다.[50]

선은 33조사에 이르기까지 불변한 것이며, 교외별전으로 푸른 하늘 밖으로 뛰어나다는 것이다. 교학의 경지에서는 아득해 할 뿐 도무지 모른다는 것이다.

49 淸虛 休靜, 『禪家龜鑑』(『한불전』7, 동국대학교출판부, 1994, 635b)
50 淸虛 休靜, 『禪教釋』(『한불전』7, 동국대학교출판부, 1994, 654c~655a)

그러므로 배우는 자는 먼저 부처님의 참다운 가르침으로 변하지 않는 것과 인연을 따르는 것의 두 가지(二義)가 내 마음의 성품과 형상이며, 단박에 깨닫는 것과 점차 닦아가는 두 가지 門이 곧 자기 수행의 처음과 끝임을 알아야 한다. 그 후에 교의 뜻을 내려놓고 오로지 스스로의 마음에 드러난 한 생각으로 禪旨를 참구하면 반드시 얻는 바가 있을 것이다. 이른바 번뇌의 몸을 벗어나게 하는 살 길이다.[51]

청허가 자신뿐만 아니라 그의 제자들에게 선과 교의 의미를 말하고 그 차이를 가르치고, 궁극적으로 당부한 부분이다. 즉 불변不變과 수연隨緣이 성품과 형상임을 알아야하고, 돈오頓悟와 점수漸修가 수행의 처음과 끝임을 주지시키고 있다. 그러므로 공부하는 이는 초심자의 입장에서는 교학을 들어가 공부하되 일정한 경지와 시기가 지나면 지해知解를 의지한 공부를 벗어나 선지禪旨를 참구하라고 하였다. 이른바 사교입선捨敎入禪의 본지本旨를 강조한 것이다.

念佛은 입으로 하는 것을 誦이라 하고, 마음으로 하는 것을 念이라 한다. 입으로만 부르고 마음으로 생각하지 않으면 도를 닦는데 아무 소용이 없다.[52]

청허의 염불관을 살필 수 있는 대목이다. 그는 나무아미타불은 윤회를

51 淸虛 休靜, 『禪家龜鑑』(『한불전』7, 동국대학교출판부, 1994, 636b)
52 淸虛 休靜, 『禪家龜鑑』(『한불전』7, 동국대학교출판부, 1994, 640b)

벗어나는 지름길로 인식하였다. 그러나 마음으로는 부처의 경계와 떨어지지 않고 잊지 않은 채 항상 생각에 담아두고, 입으로는 부처의 명호를 분명하게 불러서 어지럽지 않아야한다는 것이다. 요컨대 마음과 입이 서로 맞는 것을 염불念佛이라고 하였다. 더욱이 그는 오조五祖 홍인弘忍이 "자기의 참 마음을 지키는 것이 시방세계의 모든 부처를 생각하는 것보다 낫다."고 하였지만, "부처의 가르침에는 실로 극락세계가 있고, 아미타불의 사십팔원이 분명히 있다고 하였으니, 누구나 열 번만 염불하면 그 원력으로 연꽃의 태속에 왕생하여 바로 윤회를 벗어난다는 것을 삼세의 모든 부처가 다 같이 말했고, 시방세계의 모든 보살도 그곳에 왕생하기를 기원하였다."고 하였다. 그러므로 예나 지금이나 극락세계에 왕생한 사람들의 발자취가 분명하게 전해오고 있으니, 공부하는 모든 이들은 잘못 알지 않도록 삼가 힘쓰고 힘써야 한다고[53] 하였다

이와 같은 선교겸수禪敎兼修와 사교입선捨敎入禪, 그리고 염불관念佛觀과 수행修行에 대한 입장은 청허의 제자들에게도 보인다.

크도다. 『화엄경』의 頓教여. 실체는 본래 생긴 것이 아니기 때문에 처음도 없고 끝도 없다. 작용하는 것은 멸하는 것이 아니어서 이루어지는 일도 없고 무너지는 일도 없다. 때문에 이것은 모든 敎의 근본이 되는 것이요, 모든 法의 宗이 되는 것이다. 하늘도 이것으로 해서 맑고 땅도 이것으로 해서 날고 달린다. 심지어는 초목이나 곤충들도 이것으로 해서 움직이고 쉰다. 때문에 이것은 이른바 만물의 본체가

53 清虛 休靜, 『禪家龜鑑』(『한불전』 7, 동국대학교출판부, 1994, 640b)

되어 빠뜨림이 없고 일체의 성품이 되어 변함이 없다. 우리 부처님이 말씀하신 바도 대개 이것을 말한 것이요, 53善知識이 사람에게 보여 준 것도 대개 이것을 보인 것이다.[54]

송운 유정이 쓴 『화엄경』의 발문이다. 화엄의 법계연기가 지닌 본질은 처음도 없고 끝도 없으며, 이루어지는 일도 없고 무너지는 일도 없다는 것이다. 때문이 교敎의 근본이자 법法의 종宗이 된다고 하였다. 그러므로 이것을 넓혀 충실히 하면 사물마다 모두 비로毘盧의 참 몸이며, 이것을 미루어 행한다면 걸음마다 보현普賢의 묘한 행동이 될 것이라고 하였다. 요컨대 법계연기의 도리를 올바로 깨닫는다면 중생이 비로자나불이고, 올바르게 행하면 보현의 미묘한 행동이라는 것이다. 사사무애事事無碍의 법계관인 현상을 곧 실재로 보는 『화엄경』의 妙旨를 잘 밝히고 있다.[55] 선사로 불렸지만, 스승 청허의 영향을 받아 교학에도 조예를 보인 것이다.

西方에 나라가 있으니 그 이름을 極樂이라고 한다. 또 큰 성인이 있으니 그 이름을 無量光이라 한다. 그는 모래알 같은 보살과 티끌의 수만큼이나 聲聞이 둘러싸고 있으며, 48願과 8만 4천 가지의 몸에 따르는 相好와 좋은 광명을 발하고 있다. 중생이 한번에서 일곱 번만 생각한다면 모두 玉毫로 그들을 맞아 인도한다. 그러한즉 佛이라는 한 글자는 깨달음의 바다 속에 있는 한 개의 바늘이라고 한 것은 정

54 松雲 惟政, 「華嚴經跋」, 『四溟堂大師集』권6(『한불전』8, 동국대학교출판부, 1993, 62a~b)
55 이영자, 「조선중·후기의 선풍-서산오문을 중심으로」, 『한국선사상연구』, 동국대학교출판부, 1984, 356쪽 ; 정병조, 「사명대사 유정의 사상과 불교사적 위치」, 『사명당유정-그 인간과 사상과 활동-』, 지식산업사, 2000, 28쪽.

확한 말이 아니다. 또 이것은 부처만이 말한 것이 아니라 모든 성인들도 다 같이 왕생을 원한 것이니 어찌 우리를 속였겠는가.[56]

송운의 염불관이다. 중생이 일념一念으로 염불하면 48원의 자비로 무량광불이 중생을 구제한다는 것이다. 모든 성인들도 다 같이 왕생을 원한다 하여 절대 타력신앙을 표명한 바 있다.

한편 청허의 제자 편양 언기의 저작 「선교원류심검설禪敎源流尋劍說」은 선교禪敎에 대한 이론을 간략히 정리한 글로 조선후기 선교겸수뿐만 아니라 염불수행에 대한 입장도 밝히고 있다. 즉 순차적으로 선禪의 경절문徑截門, 교敎의 원돈문圓頓門, 정토淨土의 염불문念佛門의 3문을 제시하고 있어 조선후기 수행전통의 경향을 알 수 있다.

편양 양언기가 가장 강조하고 중시한 것은 경절문徑截門이었다. 경절문은 단계적인 절차를 거치지 않고, 본래면목本來面目을 터득하여 바로 부처의 경지에 오르게 하는 법문法門이다. 최초로 이 이론을 정립한 지눌은 일체의 언어와 문자, 이론과 사유를 초월해서 화두話頭를 잡아 활구活句로 증입證入할 것을 주장하였다. 때문에 언기는 경절문에 대해 다음과 같이 규정하고 있다.

모든 佛祖의 기묘한 言句와 良久와 棒과 喝과 백천의 公案과 갖가지 방편이 다 여기서 나왔다. 銀山鐵壁이라 발 붙일 곳이 없고, 石火電光이라 思議를 용납하지 않으니 이 敎外別傳의 禪旨는 이른바

56 松雲 惟政, 「圓俊長老法華後跋」, 『四溟堂大師集』권6(『한불전』8, 동국대학교출판부, 1993, 61c~62a)

徑截門이다.[57]

다음 언기는 교에 대해서도 규정했는데, 교는 화엄華嚴·아함阿含·방등方等·법화法華의 사교四敎라고 했으며, 각기 차별이 있다는 것이다.

四敎가 보이는 法體가 모두가 교묘하여 일만 법으로 한 마음을 밝힌 것이니 幻化에 卽하여 實相을 보인 것이다. 그 보인 바는 根境의 모든 법이요, 그 깨치는 것도 근경의 모든 법이다. 허공에는 본래 꽃이 없는데 꽃을 보는 이는 병이요, 법에는 차별이 없는데 차별을 보는 이는 妄이다. 한 생각이 생기지 않으면 火宅이 곧 寂光이요, 털끝만큼이라도 어긋나면 적광이 곧 화택이다.[58]

언기는 사교의 일만법이 결국 한 마음을 밝히기 위한 것으로 환화幻化로 실상實相을 말하고자 한 것이라고 하였다. 교敎를 보고 공부하지만, 교에 묻히면 꽃을 보고 차별을 둔다는 것이다. 때문에 그는 선문禪門에서는 최하의 근기를 위하여 교敎를 빌어 종宗을 밝히지만, 궁극의 경지는 적광寂光인 것이다.

마지막으로 언기는 이글에서 염불문念佛門의 공부는 항주좌와行住坐臥 전체가 일심一心으로 서방정토西方淨土를 향해 있는 것이라 하였는데, 이것은 마음을 떠나서는 부처도 지옥도 없기 때문이라고 보았다.

57 鞭羊 彦機, 「禪敎源流尋劒說」, 『鞭羊堂集』제2권(한불전8, 동국대출판부, 1993, 256c)
58 鞭羊 彦機, 「禪敎源流尋劒說」, 『鞭羊堂集』제2권(한불전8, 동국대출판부, 1993, 257a)

單刀 비껴 잡고 하늘가에 뛰어 올라
앞에 오는 부처와 조사를 모조리 베네.
칼날이 산을 향하면 벼랑이 무너질 듯
싸늘한 빛 닿으면 차갑게 얼음 맺힐 듯
소리 이전의 할은 천리에 들리고
一句 뒤의 無言은 萬 層에 사무치네.
아무리 헤아려도 주고받을 수 없는데
어떤 사람이 옛 煙燈을 전해 얻을까.[59]

스승 청허가 시를 써서 선禪을 물어온 것에 대한 기암奇巖 법견法堅의 답시答詩다. 하늘가에 뛰어 올라 부처와 조사를 모조리 베었다고 한다. 임제가풍臨濟家風을 엿볼 수 있고, '소리 이전의 할'이나 '일구一句 뒤의 무언無言'은 그가 스승의 수행 가풍과 사상을 계승하고 있음을 알 수 있다. 기암은 청허의 문하에 입문하기 전에는 "내전內典에 통달하고 곁으로 자사子史와 기타 서적의 정수를 모두 두루 갖추어 나에게 있는 것이 풍부하다고 생각하였다. 그러나 돌이켜 생각해보고는 이것은 세간世間의 법法을 위함이지 출세간出世間의 법을 위함은 아니라고[60] 여겼다. 실제로 기암은 『법화경法華經』·『벽암록碧巖錄』을 비롯한 다양한 내전內典에 통달했으며, 유교의 사서四書와 도교의 『장자莊子』를 섭렵하였다.[61] 이른바 교학을 탐구하였지

59 奇巖 法堅, 「答西山問禪宗韻」, 『奇巖集』권1 詩(한불전8, 동국대출판부, 1993, 163a)
60 李敏求, 「高城楡岾寺奇巖堂法堅大師碑文」, 『楡岾寺本末寺誌』, 아세아문화사, 1977, 90쪽.
61 이대형, 「17세기 승려 기암 법견의 산문연구」, 『열상고전연구』31집, 열상고전연구회, 2010, 325~328쪽.

만, 그 한계를 절감하고 청허를 만나면서 선禪수행에 집중한 것이다.

> 極樂堂 앞에 달님의 모습이 가득
> 玉毫의 金相이 허공을 비추네.
> 만약 一念으로 名號를 제대로 칭한다면
> 무량한 공덕을 頃刻간에 원만하게 이루리.[62]

염불에 대해 법견法堅은 긍정적이다. 예컨대 한 생각만으로 그 명호名號를 제대로 부른다면 무량한 공덕을 원만하게 이룰 수 있다는 것이다.

이와 같이 선교겸수와 염불에 대한 인식과 수행은 청허의 1세 제자뿐만 아니라 이후 그들로부터 가르침을 받았던 유점사의 제자들에게까지 계승되고 있었다. 편양 언기의 법맥을 계승한 환성지안이나 호암 체정 역시 『화엄경』을 중심으로 한 교학의 연구와 대중을 위한 강회로 당시 조선 불교계에 이름을 떨치고 있었다. 이들의 제자였던 율봉 청고나 용암 혜언 역시 『금강경』을 연구했고, 만년에 『원각경』에 자신의 열정을 쏟기도 하였다. 송운의 제자로 금강산에서 30년을 살다 생을 마친 송월 응상 역시 선교학을 갖추어 많은 사람들이 찾아와 빈손으로 가는 사람이 없었다고 한다. 그의 제자 춘파 쌍언 역시 내외전內外典뿐만 아니라 백가百家를 섭렵했다고 한다. 풍악 보인은 출가 후 환성 지안에게 내외전을 두루 배웠고, 호암 체정에게 의발衣鉢을 받았는데, 금강산 내원통암에서는 강설講說을 파하고 염불과 참선에 전념하다가 입적하였다.

62 奇巖 法堅, 「念佛觀」, 『奇巖集』권1 詩(한불전8, 동국대출판부, 1993, 161a)

요컨대 청허 휴정과 그 1세 제자들로부터 시작된 조선불교계의 재편은 선을 우위에 둔 선교겸수와 합일이 유행하였고, 선가에서 그동안 주목하지 않았던 염불수행도 일반화되었다. 이와 같은 현상은 수행뿐만 아니라 불교계의 이력과정으로 정착되기에 이른다.

5 맺음말

유점사는 중국보다 빠른 불교전래설과 함께 대성大聖이 상주常住하고 있다는 금강산의 불교전통으로 불교가 극심하게 탄압받고 있었던 조선시대에도 여전히 관심과 지원의 대상이 되었다. 사찰과 소속토지, 그리고 노비가 환수조치 되었던 태종·세종대에는 전지田地와 노비奴婢, 거승居僧을 증액시켜주었으며, 효령대군의 도움으로 3,000칸의 대가람을 중수하였다. 단종 대의 대규모 화재로 전각 143칸이 소실되었지만, 신불信佛의 군주 세조의 명으로 수 천 칸이 중수되었으며, 왕실원당으로 정해지기도 하였다.

조선전기 역대 왕의 유점사에 대한 관심과 지원은 조선후기에도 지속되었다. 특히 유점사는 왜란과 호란이후 표훈사表訓寺·신계사神溪寺·건봉사乾鳳寺와 함께 청허와 그 제자들의 대표적인 수행처로 자리 잡았다. 유점사의 법맥은 대체로 청허의 제자 가운데 유정·법견·언기의 문파가 대를 이어 계승하였다.

松雲 惟政→松月 應祥→春坡 雙彦

奇巖 法堅→信皓·道一·慶雲·信禪·懷賢·儀成

鞭羊 彦機→喚醒 志安→虎巖 體淨→靑峰 巨岸→栗峰 靑杲
→龍巖 慧彦→布雲 閏褧→楓岳 普仁→愚隱 達善

대체로 이들의 수행전통은 청허 휴정이 확립한 경절문徑截門을 중심으로 한 선수행을 가장 상위에 두었지만, 『화엄경』·『금강경』·『원각경』과 같은 교학 연구에도 소홀하지 않았다. 이른바 선교겸수禪敎兼修와 합일合一도 중시한 것이다. 그러나 사교입선捨敎入禪이 이들의 수행단계에서 나타나는 공통점이었다. 출가 이후 내전內典과 외전外典을 두루 섭렵하기 위해 침식寢食을 잊기도 했지만, 교학은 세간의 법이고 안심心을 위한 궁극적인 것이 아니라고 판단하여 선수행禪修行을 위해 스승을 찾았고, 심인心印을 받았다.

결국 조선후기 유점사의 법맥은 청허계의 사자상승이었고, 그 수행전통 역시 선교학의 겸수와 염불수행 경향이 유행하였지만, 임제선풍이 가장 우위를 차지하고 있었으며, 교학과 염불 역시 그에 기초한 것이었다.

조선후기 왕실의 불교신앙과 화계사의 불교사적 가치

1 머리말

화계사는 전통사찰傳統寺刹이다. 현재 문화체육관광부가 지정한 전통사찰의 기준가운데 하나는 "역사적으로 볼 때 시대적 특색을 뚜렷하게 지니고 있다고 인정되는 사찰"[1]이라고 한다. 화계사는 고려 초 창건된 사찰로 한국 역사에서 불교가 가장 탄압받았던 시대에 존립했고, 왕실의 불교신행이 이루어졌을 뿐만 아니라 그 지속적인 관심과 후원을 받아 외유내불外儒內佛의 시대적 특색을 강하게 지니고 있는 사찰이다. 더욱이 조선

1 「전통사찰보존 및 지원에 관한 법률 시행령」 제3조 1항.

후기 추사秋史 김정희金正喜(1786~1856)와 그의 제자들의 묵향墨香을 중심으로 한 진경문화眞景文化의 흔적이 지금까지도 뚜렷하게 남아있다. 현대에 이르러서는 한국의 선禪을 세계에 널리 선양하여 세계 4대 생불生佛로 알려진 숭산崇山 행원行願(1927~2004)의 덕화德化의 산실로 자리매김되고 있다.

한편 화계사는 오랜 역사와 문화적 가치를 지닌 표면적 의미와는 달리 그 역사적 사정을 알 수 있는 연혁이나 인물, 그리고 중심사상이나 신앙의 흔적을 파악할 수 있는 사료는 일천한 형편이다.[2] 불교가 탄압받고 수탈과 착취의 여정을 겪었던 까닭이다. 다행히 일제강점기에 찬술된 『삼각산화계사약지三角山華溪寺略誌』가 현존하여 단편적인 사실만이라도 알 수 있다.

이 글은 우선 현재 전하는 『화계사약지』의 서지학적 검토를 통해 그 가치를 검토하고자 한다. 아울러 조선시대 화계사의 동향을 시기적 추이를 통해 검토하면서 첫째, 왕실신앙과 지원, 둘째, 조선시대 불교계의 동향에 따른 변화, 셋째, 조선후기 진경문화와의 관련성을 정리하고자 한다.

---

2 현재 화계사의 사정을 알 수 있는 대체적인 자료는 다음과 같다.
서울특별시, 『화계사실측조사보고서』, 1988.
安震湖 編纂 李哲教 增補, 『서울 및 近郊 寺刹誌-奉恩本末寺誌, 제3편 : 三角山의 사찰』, 大韓佛教振興院, 1994.
최완수, 「화계사」, 『명찰순례』3, 대원사, 1994.
김남인, 『명필, 역사와 해학의 글씨를 만나다』, 서해문집, 2011년.

2 삼각산화계사약지

『삼각산화계사약지三角山華溪寺略誌』[3]는 일제강점기인 1938년 진호震湖 석연錫淵(1880~1965)이 찬술하였다. 『화계사약지』는 현재 국회도서관(제어번호 MONO1197030591)과 송광사에서 소장하고 있다. 이 가운데 송광사본은 32장 1책冊의 사진자료이며, 규모는 18.8×12.6cm이다. 책에 수록된 간기刊記는 '昭和十三年(1938) 三月七日發行 高陽郡崇仁面水踰里 三角山華溪寺宗務所'로 표기되어 있으며, 서문은 "丁丑九月日 金華山應禪庵大隱 金泰治 謹識"으로 보아 김태흡(1899~1989)이 썼다. 서문序文에 의하면 화계사는 시내와 계곡이 아름다워 서울의 명찰가운데 견줄 곳이 없을 정도여서 화미華美·계미溪美·사미寺美의 삼미三美가 구족한 곳이라고 극찬했다. 다만 절의 유래와 연혁이 갖추어지지 않아 안진호 스님으로 하여금 편찬케 했다는 것이다.

분량은 화계사와 관련된 사진자료 9장이 수록된 6쪽과 본문 32쪽을 구성하고 있다. 사진자료는 1938년 약지를 편찬할 당시 촬영한 것으로 추정되는데, 화계사 전경과 대웅전·대방大房, 화계사 공덕주功德主 비碑를 비롯하여 자수로 조성한 「관세음보살수상觀世音菩薩繡像」이 있다. 이 수상繡像은 1874년 뒷날 순종純宗임금으로 즉위한 원자의 만수무강을 기원하가 위해 궁녀들이 조성하여 화계사로 옮겨 온 것이다. 이밖에 화계사의 전신인 부허동浮虛洞 보덕암普德庵 터와 당시 주지 권종식權鐘植 선사禪師의 사진이 수록되어 당시 화계사의 사정이나마 알 수 있다.

3 이하 『華溪寺略誌』로 약칭함.

『화계사약지』의 구성은 1장 편년編年과 2장 분류分類로 구성되었다. 1장의 편년은 조선시대 신월선사가 서평군의 조력助力으로 보덕암을 화계동으로 이건한 1522년(중종 17)부터 주지 권종식 스님이 사세寺勢를 일신一新한 1937(소화 12)년까지 415년간의 연혁을 정리하였다.[4] 2장의 분류는 위치, 연혁, 토지와 산림, 건물을 포함한 재산목록, 그리고 불상佛像과 불화佛畵, 불구佛具 등을 포함한 귀중품을 수록하였다. 또한 조선후기 김정희를 중심으로 한 추사학파의 흔적인 편액과 주련 목록이 보이고 있으며, 이밖에 화계사 인근의 명소名所와 고적古蹟 역시 소개하고 있다. 아울러 부속암자인 삼성암지三聖庵誌도 상세하게 소개하고 있다.

4 安錫淵, 『華溪寺略誌』, 1~18쪽.

〈略誌所載引用史料〉

撰者	題目	年代
道月	三角山華溪寺重修緣起文	1589
臺生	三角山華溪寺重建記	1866
治兆	京畿道漢北三角山華溪寺大雄寶殿重建記文	1870
東燮	華溪寺觀音殿重創丹雘記	1876
	華溪寺冥府殿佛糧序	1897
	華溪寺觀音殿佛糧文	1883
無住	華溪寺山神閣創建記	1885
法溟	京畿道三角山華溪寺成道稧序	1905
奉佺	三角山華溪寺萬日念佛會創設記	1880
	大雄殿改金佛事大衆同參記	1892

이상은 안진호 스님이 『화계사약지』를 편찬하는 과정에서 기초자료로 활약한 문헌기록이다. 당시까지만 해도 사중寺中에서 소장하고 있던 이들 자료는 화계사의 역사를 복원하는데 결정적인 역할을 했다. 화계사가 유구한 세월동안 굳건하게 수행과 신행의 산실역할을 했음에도 불구하고 정사正史를 기록하고 있는 관찬사서官撰史書에서 그 흔적을 찾기가 쉽지 않았던 때였으니 이들 자료의 가치는 더욱 소중할 수밖에 없었을 것이다.

스님은 이들 자료를 통해 화계사의 창건이 고려 초기 탄문대사에 의해서 이루어졌고, 조선시대에는 서평군과 덕흥군에 의해서 그 사세寺勢가 확대된 것을 정리할 수 있었다. 다만 안타까운 것은 중건에 기여했던 스님들의 행장이 변변히 남아있지 못하고, 제시된 사료들에 나타나 있는 연대라든가, 중창시기와 조력자의 생몰연대 등 자료에 대한 객관적인 검토는 전연 이루어지지 않아 그 사료적 가치는 매우 의심스럽다. 반면 『화계사약지』의 편찬시기와 가까운 동시대의 기록은 이능화의 『조선불교통사』를 통해서 논증이 가능하다.

한편 제2편 분류는 토지나 산림, 그리고 건물 등을 수록하고 있는데, 세월이 흘러 존폐가 진행되었다. 예컨대 화계사의 건물은 1938년 당시 대웅전을 비롯하여 열반당涅槃堂에 이르기까지 전체 8개의 크고 작은 전각殿閣이 보이고 있지만, 1988년 조사당시에는 대웅전과 명부전, 그리고 대방만이 남아있는 실정이었다.[5] 시간이 지날수록 건물을 기준으로 한 사세는 축소되고 있었던 것이다. 불상과 불화는 대부분 홍선대원군의 집권 이후의 시기에 조성된 것으로 전체 22점이 소개되어 있다.

분류편에서 가장 주목되는 부분은 당시 화계사에 소장되어 있었던 편액篇額과 주련柱聯이다. 추사 김정희를 비롯한 흥선대원군, 신관호, 정학교 등 당시 추사학파로 일컫는 당대의 서예가들의 작품들이어서 추사학파의 작품이 지닌 성격이나 서체의 경향, 더 나아가 조선후기 문예사조가 지닌 특징을 검토하는데 시사하는 바가 크다.

이밖에 『화계사약지』는 부속암자인 삼성암지三聖庵誌와 고양군高陽郡 고사지古寺址도 수록하고 있어 고양군을 중심으로 한 경기도 일대의 사찰을 근간으로 한 불교문화의 사정 역시 가늠해 볼 수 있다. 결국 『화계사약지』는 조선후기 불교가 탄압받고 소외받았던 상황 속에서 사찰이 존립할 수 있었던 배경이라든가, 왕실의 불교신앙과 그 신행의 배경, 그리고 근대 불교계의 동향을 살필 수 있는 가치를 지니고 있다는 점에서 주목할

5 姜善仲, 「화계사의 연혁」, 『화계사실측조사보고서』, 서울특별시, 1988.

만하다.

3 화계사의 창건과 중건

화계사의 역사적 흔적은 고려시대부터 보인다.

> 한양의 동쪽 10리 지점에 浮虛洞이 있고, 그곳에 절이 있었는데 이름을 普德庵이라고 하였다. 전해 오기를 고려 초 坦文大師가 개창하였다고는 하지만, 그 후 창건이나 중건연대를 아는 사람은 없었다.[6]

인용문은 1619년(광해군 11) 도월道月이 찬한 「화계사중수연기문華溪寺重修緣起文」의 일부분이다. 고려초기 화엄종장華嚴宗匠으로 일컫는 탄문대사坦文大師가 창건한 보덕암이 화계사의 연원이라는 것이다. 그러나 『고려사』를 비롯한 지리지와 각종 사료에는 부허동이 나타나지 않으며, 보덕암 역시 현재 화계사와 관련해서는 찾아 볼 수 없었다.

개창조 탄문대사(923~973)는 법호가 탄문, 시호는 법인法印, 자字는 대오大悟로 속성은 고씨高氏이며, 경기도 광주廣州 출신이다. 5세 때 출가하여 15세 때는 북한산北漢山 장의산사莊義山寺에서 구족계具足戒를 받았다. 일찍부터 『화엄경華嚴經』의 대기大器로 혜종·정종·광종 대에 걸쳐 『화엄경』에 정

---

6 釋道月, 「三角山華溪寺重修緣起文」, 『三角山華溪寺略誌』, 삼각산화계사종무소, 1938, 2쪽.

통하여 "덕德은 화엄종의 종장宗匠들 중에 수장首長"[7]으로 일컬어졌다. 대사는 그 학덕으로 968년(광종 19)에는 왕사王師, 974년(광종 25)에는 국사國師가 되었고 이듬해 보원사에서 입적하였다. 그는 고려시대 균여均如(923~973)대사와 함께 당시 화엄종의 남·북악파의 통합을 시도한 인물로 10세기 중반 왕사王師와 국사國師를 차례로 역임하면서 당시 불교계의 원로로서 불교교단을 영도했던 것으로 보인다. 대사는 균여와 함께 후삼국이래의 남과 북으로 분열되었던 화엄종단을 통합하는데 성공하기도 하였다.[8]

화계사의 전신인 보덕암이 탄문에 의해 창건되었다고 하는 것은 그가 경기도 광주에서 태어났으며, 인근 북한산 장의사莊義寺에서 출가한 점, 그리고 현재 남양주 봉선사奉先寺를 창건했다는 기록으로 미루어 짐작할 수 있다. 예컨대 1927년 편찬된 『봉선본말사지奉先本末寺誌』의 「봉선사지奉先寺誌」는 봉선사가 969년(광종 20) 법인국사法印國師 탄문坦文에 의해 창건되었으며, 창건 당시의 이름은 운악사雲岳寺라고 하였다.[9] 아울러 안진호 역시 『화계사약지』에서 "내가 12년 전 대본산 양주군 『봉선사지』를 수집할 때 그 절의 개산조가 또한 고려 법인국사임을 알게 되었으니, 두 절이 동시에 창건되었음을 알 수 있다."[10] 『화계사약지』 앞부분 '고부허동보덕암기지古浮虛洞普德庵基址'라는 제목의 사진 역시 보덕암이 화계사의 전신이었음을 알려주고 있다. 그러나 보덕암과 탄문의 관계를 상세히 살필 수 있

7 崔柄憲, 「高麗時代 華嚴宗團의 展開過程과 그 歷史的 性格」, 『한국사론』20, 국사편찬위원회, 1990, 190쪽.
8 金廷彦, 「普願寺法印國師寶乘塔碑」, 『校勘譯註 歷代高僧碑文(高麗篇)2, 가산문고, 1995.
9 安震湖編, 『봉선본말사지』, 대본산봉선사, 1927.
10 安錫淵, 「1장 편년」, 『三角山華溪寺略誌』, 삼각산화계사종무소, 1938, 1쪽.

는 자료는 현재까지 보이지 않으며, 창건 이후 고려시대 보덕암에 관한 사정 역시 『화계사약지』에서는 찾아 볼 수 없다. 특히 조선 건국부터 중종 대 중창이 이루어지기 전까지 화계사의 사정을 알 수 있는 기록과 흔적은 찾아 볼 수 없다. 고려 말 조선 전기 주자성리학을 국가이념으로 수용하면서 불교를 이단으로 규정하고 탄압한 것이 큰 이유라고 생각된다. 예컨대 주자성리학은 화이론華夷論으로 대변되는 정통론正統論적 사고에 기반하고 정도正道와 이단異端은 타협할 수 없는 것으로 인식하고 있었다. 이러한 이유 때문에 불교는 오랑캐의 종교였고, 비판과 함께 조선 땅에서는 존립할 수 있는 이유가 없었던 것이다. 급기야 1405년(태종 5)에는 국가가 지정한 사원을 제외하고 나머지 사찰에 속해있는 전답과 노비를 환수하여 국가에 귀속시켰다. 『태종실록』 기사에는 당시 사원전 3,4만결과 노비 8만 명이 몰수되고, 11종, 242사의 사찰만 공인된 것으로 나온다.[11] 아울러 2년 후에는 조계종曹溪宗·천태종天台宗·화엄종華嚴宗·자은종慈恩宗·중신종中神宗·총남종摠南宗·시흥종始興宗의 7종宗으로 종단 수가 줄어들었다. 세종 대에는 1424년(세종 6) 일곱 개 종단 중 조계·천태·총남종을 선종으로 합치고, 화엄·자은·중신·시흥종을 교종으로 묶었다. 즉 선과 교의 양종으로 종단을 통합하였는데, 각 18사씩 모두 36사의 사찰만을 공식적으로 인정하였다. 아울러 고려시대부터 불교를 관리하고 종단 업무를 총괄하던 국가 기관인 승록사僧錄司를 폐지하였고, 선종도회소禪宗都會所로 흥천사興天寺, 교종도회소로 흥덕사興德寺가 지정되었다. 공식사원전 또한 태종대 1만 1,000여 결이었던 것이 선종 4,200여 결, 교종 3,700여

11 『태종실록』 권11, 태종6년 3월 정사 및 6년 4월 신유조.

결로 줄어들었고 승려 수도 선종 1,950명, 교종 1,800명으로 한정되었다. 이와 같은 불교탄압정책은 승과僧科정원을 감소시켰고, 또 시험과목도 선과 교로 압축되었다. 도성내의 사찰 역시 철폐되었고, 승도의 도성 출입을 제한하기도 하였다.

화계사가 중창되었던 중종 대에는 실추된 왕권을 바로 세우고 민심을 다잡을 필요가 있어 제한된 범위 안에서 불교우호정책이 시행되기도 하였다. 왕실과 관련된 수륙사水陸寺와 능침사陵寢寺의 몰수전답 반액을 돌려주었고, 서울의 비구니 사찰이었던 정업원淨業院을 다시 세우게 하였다. 그러나 조광조의 도학정치에 기반한 개혁방안이 진행되는 과정에서 불교는 존폐의 위기를 맞이하고 있었다. 이와 같은 상황에서 조선시대의 화계사는 왕실의 관심과 지원을 받으면서 점진적인 중창을 진행하게 된 것이다.

> 嘉靖 元年(1522) 壬午 봄, 西平君 李公이 보덕암에 왕래하면서 암자의 信月禪師와 교유한지가 오래되었다. 이공이 말하기를 "이 절 남쪽에 華溪洞이 있고, 그 마을에 절이 창건되었던 터가 있으니, 이 절을 그 곳으로 옮기는 것이 어떻습니까." 라고 하자 신월선사가 대답하기를 "저 역시 그 생각을 한지가 오래되었습니다."라고 하였다. 이에 두 사람이 서로 이전할 것을 협의하고 이름을 華溪寺라 하였다. 법당은 세 곳이고, 요사는 50칸이었다.[12]

12 釋道月, 「三角山華溪寺重修緣起文」, 『三角山華溪寺略誌』, 삼각산화계사종무소, 1938, 2쪽.

1522년(중종 17) 부허동 보덕암은 서평군과 신월의 노력으로 남쪽 화계동으로 이전하면서 '화계사'라는 이름으로 개명하였다. '화계'라는 이름은 "온통 흰 돌과 푸른 시내 또 꽃향기가 산에 가득하여 그 경치를 따라 이름 붙여진 것"[13]이라고 한다. 그런데 신월과 화계사 이전 불사를 추진했던 '서평군西平君 이공李公'은 『중종실록』에는 보이지 않는다. 오직 1506년(중종 1) 외삼촌 박원종朴元宗(1467~1510)을 따라 중종반정에 참여하여 정국공신靖國功臣의 반열에 오른 한숙창韓叔昌(1478~1537)이 서평군西平君으로 수록되었을 뿐이다. 대개 왕실의 종친과 2품 공신에게 주었던 '君'의 작호라면 실록에 보이는 것이 상례이지만, '이공李公'으로 표기된 것으로 보아 기록의 오류로 판단된다. 여하튼 화계사는 이때부터 세 곳의 법당과 50칸의 요사채를 지닌 사찰의 규모로 확장하게 된다.

> 갑자기 작년(1618) 9월 15일 밤, 失火로 인해 佛宇와 僧舍가 모두 불에 탔다. 오호라. 부허동에서 옮겨 지은 지가 백년도 되지 않았는데 영원히 빈 터가 될 뻔했다. 다행히 德興大院君 李公이 재물을 덜어 내 재료를 보시하고 장인을 불러 나무를 다듬어 5개월 만에 落成하니 불우와 승사가 예전과 같았다. 이 어찌 훼손되는 운수가 있고, 이루어지는 것이 때가 있는가. 그러므로 이루어지고 훼손되는 것이 모두 때가 있다고 한 것이다. 나는 후손들이 그러한 유래를 알지 못할까 하여 이에 적는다.[14]

---

13 幻空堂 治兆, 「京畿道漢北三角山華溪寺大雄寶殿重建記文」, 『三角山華溪寺略誌』, 삼각산화계사종무소, 1938, 4쪽. 華溪之意 此地間 都是 白石淸溪華香滿由 當景得名也

14 釋道月, 앞의 글, 2쪽.

인용문은 1619년(광해군 11) 중창주 도월이 찬한 「삼각산화계사중수연기문三角山華溪寺重修緣起文」의 내용이다. 실화失火로 전소된 절을 덕흥대원군의 보시를 받아 5개월 만에 중창했다고 한다. 1866년(고종 3)의 「삼각산화계사중건기三角山華溪寺重建記」에 의하면 "덕흥대원군 이공이 도월스님과 함께 법당과 요사채를 크게 새롭게 일으켰다."[15]고 하였으니 1522년 신월과 서평군 이공의 중창 당시 규모나 그 이상이었을 것이다. 덕흥대원군 이초李岧(1530~1559)는 중종의 서자로, 9세에 덕흥군으로 책봉되었고, 나이 30세에 죽었으며, 1570년(선조 3)에는 덕흥대원군으로 책봉되었다. 슬하에 아들 셋을 두었는데 셋째 하성군河城君이 조선 14대 왕인 선조宣祖이다. 그의 신도비神道碑에 의하면 양주 남면 수락산 동남향의 언덕에 장례를 마쳤다고 한다.[16] 때문에 그의 사후死後 선조는 아버지 덕흥대원군을 위해 양주 흥국사興國寺에 원당願堂을 설립하여 위패를 봉안하기도 하였다.[17]

그런데 『화계사약지』 제1편 편년 2쪽은 "광해주십년光海主十年 무오구월戊午九月에 실화失火되야 불우승료佛宇僧寮가 일시소진一時燒盡커늘 사승도월寺僧道月이 선묘조어부宣廟朝御父이신 덕흥대군정시德興大君淨施를 득得하야 당사當寺를 재창再創할새 익년기미삼월翌年己未三月에 낙성落成하다"라고 하였다. 예컨대 선조의 아버지 덕흥대군으로부터 정재淨財를 얻어 1618년(광해군 10) 공사를 시작하여 1619년(광해군 11) 3월에 낙성하였다고 하였다. 그러나 1559년(명종 14) 향년 30세의 일기로 이미 별세한 덕흥대원군이 1618년

---

15 臺生, 「三角山華溪寺重建記」, 『華溪寺略誌』, 2쪽.

16 洪暹, 德興大院君李岧神道碑

17 「興國寺沿革」, 『奉先寺本末寺誌』, 57쪽.
홍국사는 덕흥대원군의 陵寢寺刹로 지정되면서 興德寺로 불렸다. 아울러 홍덕사는 1626년(인조 4)에 흥국사로 개칭되는데 일명 '德寺'로 알려졌다.(『숙종실록』 13권, 숙종 8년 2월 25일(계묘))

화계사 중창의 재정지원을 한 셈이다. 이에 대해 최완수는 "… 광해군 10년(1618) 무오(戊午) 9월 15일 밤에 실화(失火)로 불이 나서 전 사찰이 모두 불타고 말았다. 그런데 다행히 덕흥대원군가德興大院君家의 시주를 얻어낼 수 있어서…"라고 하여 인용한 「삼각산화계사중수연기문三角山華溪寺重修緣起文」의 '덕흥대군德興大君'[18]을 '덕흥대원군가德興大院君家'로 해석하고 있다.[19] 이어서 그는 덕흥대원군가에서 화계사 중창을 지원한 이유를 1615년(광해군 7)부터 3년 동안 4명의 집안의 어른을 차례로 여의게 된 가화家禍 때문이라고 하였다.[20]

이와 같이 덕흥대원군의 화계사 중창을 둘러싸고 기록과 후대의 해석이 엇갈린다.

> 德興君의 집은 다 지은 지 이미 오래인데 役事를 늦추어 아직도 바깥 난간과 담장을 쌓지 않았으니 매우 그릅니다. 本府가 관원을 보내 摘奸하자, 원래 배정한 군사는 140명인데 현재 있는 사람은 단지 32명이었습니다. 監役官은 推考하여 죄를 다스리고 독촉하여 役事를 끝내게 하소서.[21]

인용문은 1544년(중종 39) 덕흥대원군의 나이 15세 때의 일이다. 사헌

18 1866년(고종 3) 臺生이 撰한 「三角山華溪寺重建記」에 의하면 "過歲九十八年 卽明萬曆四十七年己未秋 以當火變 佛龕寮舍 盡入回祿 幾至空墟矣 德興大君李公與沙門道月 以爲重建 佛殿僧堂 煥然一新 卽我朝光海君 卽位十一年也"라고 하여 역시 '德興大君李公'으로 표기하였다.(『화계사약지』, 1장 편년, 2쪽.)

19 최완수, 「화계사」, 『명찰순례』3, 1994, 323쪽.

20 최완수, 앞의 책, 324쪽.

21 『중종실록』102권, 중종39년 4월 3일(기사),

부가 해마다 흉년이 드는데도 영선營繕하는 역사役事가 늘어나는 폐단을 왕에게 아뢴 대목이다. 1559년 별세한 덕흥대원군이 1619년 화계사 중창의 중심인물이라는 기록이 오류를 지니고 있다면, 이 시기에 실질적으로 화계사 중창불사를 완성했을 것으로 추측할 수 있다. 덕흥대원군의 저택은 사헌부의 지적대로 이미 다 지었고, 규모 또한 50칸이나 되었기 때문이다.[22] 당시는 왕의 자제나 경대부卿大夫들의 저택이 법제를 크게 벗어나 문제가 되었는데, 중종 대는 불교탄압의 시기여서 화계사의 중창은 덕원군의 저택공사의 명분을 빌어 진행했을 가능성이 있다.

이상 창건이후부터 조선전기까지의 화계사의 창건과 그 내역은 『화계사약지』 외에 구체적인 사정을 파악할 수 있는 자료는 전무한 실정이다. 더욱이 보덕암에서 이건할 당시 시주 서평군西平君이라든가 1522년 중창 당시 덕흥대원군의 기여는 그의 생몰년과 중창시기가 정확히 일치하지 않아 재검토가 요청된다.

4 조선후기 왕실과 화계사

화계사의 중창을 통한 사세확장과 왕실의 신앙은 흥선대원군 때에 와서야 본격적으로 진행된다.

(덕흥대원군 중창)으로부터 247년이 지나 즉 淸 同治 丙寅年(1866)

22 『중종실록』87권, 중종33년 7월 29일(경자)

봄이 되어 그동안 세월이 흐르고 비바람을 많이 겪어 장차 무너질 지경에 이르렀는데 龍船・梵雲 두 禪師가 雲峴大院君 앞에서 울며 하소연하여 지금과 같이 중건하게 되었다. 佛殿과 僧房이 더욱 새로워졌으니, 지금의 고종 즉위 3년(1866)되는 때이다.[23]

화계사는 신월과 서평군에 의해 1차 중건이 이루어진다. 이후 도월과 덕흥대군에 의해 2차 중건이 이루어지고, 247년이 지난 1866년(고종 3)부터 3차 중건불사가 또다시 진행되기 시작한다. 인용문에 의하면 용선龍船도해渡海・범운梵雲 취견就堅이 절의 쇠락을 안타까워하여 흥선대원군興宣大院君 이하응李昰應(1820~1898)에게 요청하여 법당과 요사채를 일신시켰다고 한다. 화계사는 흥국사와 함께 흥선대원군의 부인 여흥 민씨의 외가의 원찰願刹이었고, 화계사의 만인대사가 대원군의 아버지 남연군의 묘를 이장하면 제왕이 될 귀한 왕손을 얻을 수 있을 것이라고 한 일화도 전해지고 있어 흥선대원군과 무관하지 않다. 이 시기부터 화계사는 왕실의 원당사찰로 그 기능을 담당해 나간다.

당시 화계사를 포함한 경기도는 도성과 가깝다는 이유로 즉 발원자發願者나 원주願主와의 생활근거지가 가까워서 원당의 설립이 많았다.[24]

23 臺生, 「三角山華溪寺重建記」(1866), 『華溪寺略誌』, 삼각산화계사종무소, 1938, 2쪽.
24 박병선, 『朝鮮後期 願堂硏究』, 영남대박사학위논문, 2002, 182쪽에서 재인용

『朝鮮佛敎通史』所收 殘存 願刹[24]

郡·縣	願刹
水 原	龍珠寺
長 湍	心腹寺·華藏寺
驪 州	神勒寺
楊 州	奉永寺·奉印寺·興國寺·內院庵·普光寺·檜巖寺·奉先寺
廣 州	奉國寺·淸溪寺·奉恩寺
金 浦	奉陵寺·望海庵
江 華	積石寺·傳燈寺
都 城	蓮花寺
高 陽	興國寺·津寬寺·明寂庵·華溪寺·慶國寺·奉元寺
交 河	黔丹寺
豊 德	·
安 城	七長寺·靑龍寺
果 川	華藏寺

표는 1918년 이능화가 간행한 『조선불교통사』에 수록된 경기도의 13개 군현의 29개 원찰의 현황이다. 이 가운데 여주의 장흥사長興寺나 양주의 백련사白蓮寺 등 4곳의 원찰은 철폐되기도 했지만, 화계사는 조선후기에 원찰기능을 본격적으로 담당하기 시작하여 조선말기와 일제강점기까지도 그 위치를 확고히 하고 있었다.

대원군의 관심과 지원이 있었던 1866년 당시 당시 건립된 전각이 큰 방채인 대방大房과 대웅전이라고 한다. 대방[25]은 대웅전 아래 공자형工字形 건물로 뒤의 마루에서 대웅전을 향해 배례拜禮할 수 있는 공간으로 서울과 경기 일원의 왕실 원찰의 공통 조영방식이다. 19세기에 들어 와 나타나기 시작한 대방은 내외법에 따라 궁녀宮女와 내간內間의 법당 참배가 불허된 상태에서 참배해야하기 때문이었다.[26]

> 창건한 때는 嘉靖 元年(1522) 壬午年 3월이니 이후로 수백여 년 지나 사찰이 쇠락하여 보전하기 어려웠다. 그 후에 地運이 거듭 열려 僧寮와 禪堂이 새롭게 개축되었지만, 오직 大雄寶殿은 荒涼한 상태이고, 石臺는 부서져내려 스님들과 길손들이 한탄하지 않는 이가 없었다. 절의 大德 龍船·草菴 두 스님이 함께 발원하여 마음과 힘을 합해서 승려들을 모으고 재물을 모아 장인들을 불러오니, 石手 30인과 木工 100여 명이었다. 한쪽에서는 나무를 다듬고, 한쪽에서는 돌을 쌓아서 마침내 몇 달 지나지 않아 완성하였으니, 웅장하고 장엄하며 경치가 빼어나 여러 사찰 중에 으뜸이었다. 동쪽으로는 天寶山을 바라보면서 雲海가 산봉우리를 날아가며, 서쪽으로는 金華山을 등지고서 깎아지른 절벽이 우뚝 하늘높이 솟아있다. 또 동작지역은 맑은 호수를 띠고 두 섬의 흰 모래는 일망무제로 펼쳐져 있으며, 굳센 봉우리들은 천 떨기의 부용이 허공에 꽂혀져 있는 듯하니 이것이 이 대웅보전의 빼어난 절경이며, 법당 안에는 금빛 삼존불이 엄숙한 자태로 앉아 계신다.[27]

25 화계사 대방은 면적이 261㎡(78.95평)이고, ㄱ자가 겹쳐있는 형상으로 앞부분은 정면 6칸, 측면 4칸이며 꺾여 돌출된 부분은 정면과 측면이 각 2칸씩이고 뒤쪽은 정면 3칸, 측면 3칸으로 되어있다.(손신영, 「興天寺와 華溪寺의 건축장인과 후원자」, 『講座美術史』26-1, 한국미술사연구소, 2006, 434쪽.)여러 기능이 한 건물에 집중된 건축물의 특성상 현재상 큰방과 종무소, 불교대학 강의 등 매우 유용하게 쓰여지고 있다.

26 최완수, 앞의 책, 330쪽.

27 幻空 治兆, 「京畿道漢北三角山華溪寺大雄寶殿重建記文」(1870), 『華溪寺略誌』, 삼각산화

인용문은 1870년(고종 7) 환공幻空 치조治兆가 찬한 대웅보전 중건기문이다. 그동안 대웅전으로 사용했던 전각이 쇠락하고, 석대가 부서져 내려 한탄하지 않은 이가 없다고 했다. 절의 용선과 초암 두 스님이 석수 30인과 목수 100여 명을 동원하여 몇 달 만에 완성하였다고 한다. 당시 경사經史에 박통博通했고, 화악 지탁에게 선을 배웠던 영허映虛 선영善影(1792~1880)은 "화계사가 유서 깊은 정사精舍이지만, 세월이 흘러 비바람으로 쇠락한지가 10여 년이 지났다. 절의 몇몇 스님들이 전각殿閣과 요사寮舍를 새로 짓고자 하지만, 사정이 여의치 않다."[28]며 권선문勸善文을 찬하기도 하였다. 당시 조성했던 삼존불은 『화계사약지』가 찬술된 1930년대까지도 존재했던 것으로 추정된다. 즉 대웅전에 아미타불 · 관세음보살 · 대세지보살의 아미타삼존이 봉안되어 있는 것을 확인할 수 있었다.[29]

> 갑신년(1874) 겨울에 관음자수탱화가 궁궐로부터 옮겨와 옛 법당에 봉안되었는데, 한 칸의 옛 법당은 비좁아 다음해 병자년(1875) 봄에 草庵禪師가 化主가 되어 고쳐 지어 더욱 넓혔고, 尙宮 信女들이 공덕주가 되어 후대에 길이 전해지기를 도모하였다. 운반하고 실어오면 다듬고 계산하여 도끼가 앞 다투어 나아갔다. 낙성한지 몇 일되지 않아 단청까지 하게 되었으니 구름과 비바람이 色을 더욱 선명히 하고 안개와 노을은 더욱 빛나게 하였으니…[30]

계사종무소, 1938, 4쪽.

28 映虛 善影, 「三角山華溪寺重修勸善文」, 『櫟山集』 卷下,(『한국불교전서』제10책, 동국대학교출판부, 1989, 962쪽a)

29 제4절 귀중품, 『화계사약지』, 삼각산화계사종무소, 1938, 20쪽.

30 錦藍 東燮, 「華溪寺觀音殿重創丹雘記」(1876), 『화계사약지』, 삼각산화계사종무소, 1938, 6쪽.

화계사가 흥선대원군의 후원이후 왕실과 빈번한 인연을 맺게 된 것은 1875년(고종 12)부터이다. 1874년(고종 11) 2월 8일 고종과 왕비 여흥 민씨의 둘째 아들이 태어나 元子의 수명장수를 기원하기 위해 자수刺繡로 관세음보살도를 조성하여 1875년 겨울 화계사로 옮겨오면서부터이다. 이때 왕실은 원자가 태어난 것을 축하하는 의미에서 종묘사직宗廟社稷에 고유告由하고, 죄수와 유배 간 신료를 풀어주기도 하였다.[31] 태어난 원자는 이름은 척拓, 자는 군방君邦, 호는 정헌正軒으로 1874년 2월 창덕궁의 관물헌觀物軒에서 태어났다. 탄생 다음 해 2월에 왕세자로 책봉되었고, 1882년에 민씨(뒷날의 순명효황후純明孝皇后)를 세자빈으로 맞았다. 1897년에는 대한제국의 수립에 따라 황태자로 책봉되었으며, 1904년 새로이 윤씨를 황태자비로 맞이하였다. 왕은 1907년 7월에 일제의 강요와 일부 친일정객의 매국 행위로 왕위를 물러나게 된 고종의 양위를 받아 대한제국의 황제로 즉위하였으니 순종純宗이다. 왕은 연호를 융희隆熙로 고치기도 하였다.

幻翁和尙은 비록 京山에 살지만 財色을 멀리하여 戒行이 청정하였다. 宮中의 여러 檀越女들이 자수로 불상을 조성하여 화계사에 봉안하고 화상을 모셔 설법을 청하였다. 師가 말하길, "經에 이르길 부처님 몸에 피를 내면 五逆罪의 하나가 된다. 너희들 모두는 바늘로 부처님 몸을 찔렀으니 阿鼻地獄을 면하기 어려울 것이다. 여러 단월녀들이 이 말을 듣고 두려워 땀을 흘리니 師가 한참 있다가 말하기를 비록 이와 같다 하더라도 誠心으로 불상을 조성한 공덕 역시 없지 않

31 『고종실록』11권, 고종11년 2월 8일(신사)조

으니 각자 안심하고 信受奉行하라."고 하니 단월들이 기뻐하였다.[32]

인용문은 당시 왕실에서 화계사로 옮겨 온 자수불화를 봉안하면서 있었던 일화를 진하화상震河和尙이 이능화에게 들려 준 대목이다. 이 자수불화가 이운移運되면서 화계사는 상궁 청신녀가 공덕주가 되어 관음전이 중창되고 단청까지 마치게 된다. 이후 1877년(고종 14)에는 황해도黃海道 백천군白川郡 강서사江西寺의 시왕상十王像이 화계사로 옮겨와 봉안되고 다음해인 1879년에 시왕전十王殿이 중수重修된다. 『화계사약지』에 수록된 전설에 의하면 강서사의 시왕상은 고려말 나옹화상이 조성한 것으로 영험하다는 소문이 자자하여 궁궐과 교섭하여 왕의 전교傳敎로 옮겨졌다.[33]고 하였으니 왕실의 신앙과 왕실과 화계사의 인연이 매우 깊었음을 알 수 있다. 화계사명부전과 관련하여 조대비의 참여가 처음으로 보인다. 예컨대 시왕상이 이봉移奉 후 4년 뒤인 1880년(고종 17) 봄에 정승지의 답畓을 매수하여 절에 납부하였다[34]고 한다. 이와 함께 연화질, 시주명단에는 상궁 무인생 김씨 천진화외 36인의 흔적도 보인다. 이로써 왕실여인들의 신행이 본격화되고 있음을 짐작할 수 있다.

조대비(1808~1890)는 당시 화계사 최대 공덕주 가운데 한사람으로 제23대 왕 순조의 세자였던 익종翼宗의 비妃이자 헌종의 어머니이다. 풍양조씨豊壤趙氏로 아버지는 풍은부원군豊恩府院君 만영萬永이다. 조대비는 12세 때 익종비로 책봉되어 세자빈이 되었고, 효부라는 칭찬을 들었다. 1827년(순

32 李能和, 「囊橐主義奉佛賣佛」, 『朝鮮佛敎通史』 卷下, 신문관, 1918, 931~932쪽.
33 『화계사약지』, 삼각산화계사종무소, 1938, 7쪽.
34 『화계사약지』, 삼각산화계사종무소, 1938, 8쪽.

조 27) 헌종을 낳았고, 1834년 헌종이 왕위에 오르고 죽은 남편이 익종으로 추봉되자 왕대비가 되었다. 1857년(철종 8)에는 순조의 비妃인 순원왕후純元王后가 죽자 대왕대비가 되었다. 철종이 재위 13년 만에 후사後嗣도 없이 승하하자 최고 어른인 대왕대비로서 왕실의 권한을 한손에 쥐게 되었다. 그 전부터 흥선군 이하응李昰應 및 조카인 조성하趙成夏와 손을 잡고 있었으므로 즉각 흥선군의 둘째아들로 왕위를 계승하게 하였다. 또한 안동김씨 세력을 더욱 약화시키기 위해 고종을 아들로 삼아 철종이 아니라 익종의 뒤를 잇게 하였다. 그리하여 내전에 고종의 옥좌를 마련하고 자신은 그 뒤에서 수렴청정을 하기도 하였다. 조대비는 친정 세력들을 대거 기용하였지만, 그들이 잇따른 정변에 희생되어 조씨 가문이 쇠락해지고, 더욱이 국가가 여러 재난에 시달리게 되자 눈물을 흘리며 죽지 않는 것을 한탄하였다고 한다. 이와 같은 암울한 시대상황과 정변 등으로 인해 조대비는 불가佛家에 더욱 귀의한 것으로 생각된다.

정축년(1877년) 황해도백천군 강서사에서 地藏菩薩과 十王尊像을 移運해오고, 다음해인 무인년(1878년) 중수하여 단청을 새로 하고 또 전각을 세워 봉안하였으니 엄숙하게 살아있는 閻羅界였다. 이곳에 예경하는 자는 이익이 無量하고, 보시하는 자는 복덕이 헤아리기 어렵도다. 세 곳의 법당이 우뚝 늘어서 있는 모습이 영취산의 도량과 같고, 기원정사와 같았지만, 다만 아직 공양을 올리지 못한 것이 한스럽도다. 경진년(1880년) 봄에 대왕대비전하이신 무진생 조씨가 三無私의 이치를 생각하여 성스러운 덕을 갖추었고, 四不厭의 위의를 갖추어 보배로운 몸이 편안해지자 재물을 출연하여 토지를 사들여 해마다 공양의 바탕이 되게 하였으니 낮에는 향기로운 구름이 올라가

서리고, 밤에는 등불이 찬란하게 비추게 되었다.[35]

인용문은 1877년 강서사에서 시왕상을 이운移運해 온 것을 계기로 조대비가 재물을 출연하여 정승지의 답畓을 마련하고 화계사에 희사하여 명부전에 공양을 올릴 수 있었음을 말해주는 대목이다. 이어서 1883년(고종 20)에는 절의 금산화상錦山和尙이 왕궁에서 이운한 자수관음보살도를 봉안한 관음전의 불량계佛糧契를 설립하였는데, 시주질施主秩에는 '대왕대비전하무진생조씨大王大妃殿下戊辰生趙氏', '왕대비전하신묘생홍씨王大妃殿下辛卯生洪氏', '경빈저하임진생김씨慶嬪邸下壬辰生金氏'의 상궁 15인이 시주자 명단에 수록되었다.[36] 이 가운데 왕대비전하신묘생홍씨王大妃殿下辛卯生洪氏는 헌종(1827~1849)의 계비繼妃로 효현왕후孝顯王后 김씨金氏가 죽고 난 후 계비가 되었다. 1844년(헌종 10) 왕비가 되었고, 1849년 철종이 즉위하자 대비大妃가 되었으며, 1857년(철종 8) 순조의 비인 순원왕후純元王后가 죽자 왕대비王大妃가 되었다. 당시 조선은 1896~1897년을 전후해서 중국체제에서 이탈을 의미하는 황제체제를 도입하면서 효정왕후孝定王后를 왕태후로 책봉하고 왕태후와 관련된 사무를 관장하기도 하였다. 또한 경빈저하임진생금씨慶嬪邸下壬辰生金氏는 1847년(헌종 13) 책봉된 김씨는 헌종의 후궁이다.

35 「華溪寺冥府殿佛糧序」, 『화계사약지』, 삼각산화계사종무소, 1938, 9쪽.
36 「華溪寺觀音殿佛糧文」, 『화계사약지』, 삼각산화계사종무소, 1938, 9~10쪽.

조선후기 화계사의 사세확장과 왕실의 공덕주

功德主	內容
홍선대원군	佛傳・僧房(1866)
조대비	冥府殿佛糧田(1880), 觀音殿 佛糧(1883)
홍대비	觀音殿 佛糧(1883)
경빈 김씨	觀音殿 佛糧(1883)
상궁	觀音殿 重創(1876), 十王殿 重修(1878)

표는 1800년대 후반 화계사의 사세확장에 주도적으로 참여했던 홍선대원군과 조대비를 비롯한 왕실인물들과 주요전각의 상황이다. 이밖에 『화계사약지』에 수록된 불보살상과 적지 않은 불화・불구佛具[37] 역시 왕실을 비롯한 신도들의 조력으로 조성되었을 것이다.

이들이 살았던 19세기는 조선이 내외적으로 혼란과 격동의 시기를 맞이하고 있었다. 그들 스스로가 세도정치의 정점에 서 있었는데, 안동 김씨, 풍양 조씨, 반남 박씨, 대구 서씨, 연안 이씨, 풍산 홍씨 등 특정 소수 가문이 정치의 핵심에서 정권장악과 유지의 중요한 기반을 국왕 또는 왕실의 권위에 두고 있었다. 안동 김씨와 풍양 조씨로 대표되는 두 세도가들은 견제와 균형이 지속되었다. 갈등의 과정에서는 당연히 희생이 뒤따랐다. 아울러 백성들에 대한 수탈과 착취가 계속되었고, 17세기부터 조선에 대한 지속적인 관심을 가지고 있던 서양의 중상주의적 선박들이 조선 연해에 출현했고, 병인양요(1866)와 신미양요(1871)를 거쳐 강화도조약이 체결되는 등 혼란의 연속이었다. 이와 같은 상황에서 조대비와 홍씨를 중심으로 한 왕실여인들은 친인척의 희생과 국내의 어수선한 상황 속

37 『화계사약지』, 삼각산화계사종무소, 1938, 20~23쪽.

에서 의지처를 사찰로 삼았던 것이다. 비빈, 상궁들의 신앙심과 사찰의 재정적 지원은 당시 경제적으로 열악한 상황에 처해있었던 사원경제를 활성화시키는 계기가 되기도 하였다.[38]

이후 화계사는 1905년에는 "부모와 스승을 위하며, 이고득락離苦得樂을 위하여" 성도계成道稧를 결성하기도 했고[39] 1910년에는 만일염불회萬日念佛會를 창설하기도[40] 했다.

5 조선후기 문화적 경향과 화계사

현재 전하고 있는 『화계사약지』는 편액扁額과 주련柱聯의 목록과 내용이 수록되어있다.[41] 화계사의 각종 편액을 썼던 인물들은 조선후기 문예의 일가를 이루었고, 한 시대를 풍미했던 추사 김정희와 그의 제자들이었다.

1938년 당시 화계사 소장 편액 목록

필자	명칭
金秋史	儼然天竺古蘭若, 象王廻顧, 寶華樓
興宣大院君	華溪寺, 法海道化, 鶴棲樓, 祝聖壽萬歲, 冥府殿
丁鶴喬	大雄殿

38 이것은 조선후기 사찰들이 잡역으로 수탈과 착취, 그리고 면세를 위해 願刹로 지정받기를 원한 것에서도 알 수 있다.

39 法溟, 「京畿三角山華溪寺成道稧序」, 『華溪寺略誌』, 삼각산화계사종무소, 1938,, 11~12쪽.

40 法雨, 「三角山華溪寺萬日念佛會創設記」, 『華溪寺略誌』, 삼각산화계사종무소, 1938, 12~13쪽

41 『화계사약지』, 삼각산화계사종무소, 1938, 24~25쪽,

申觀浩	華溪寺
朴春江	華藏樓, 三角山第一蘭若
錦山 善益	羅漢殿, 聖母閣
李南軾	觀音殿

조선후기는 임진왜란과 병자호란을 겪으면서 정치·사회·경제뿐만 아니라 문화면에서도 큰 변화와 진전을 보였다. 자아의식과 민족적 자각의 고취는 예술분야에서도 예외는 아니었다. 예컨대 서예는 다양한 서체書體가 연구되는 과정에서 금석학金石學에 바탕을 둔 서도書道가 널리 행해졌다. 특히 김정희金正喜(1786~1856)는 전예금석篆隸金石에 바탕한 청의 서예를 수용·종합하여 추사체秋史體라는 새로운 경지를 개척하였다. 그는 일찍이 부친 김노경金魯敬(1766~1840)의 청국사행淸國使行에 자제군관으로 동행하여 그 곳의 새로운 문물을 접하였다. 연경燕京에 머무는 동안 대학자인 옹방강과 장년학자 완원과 사제의 인연을 맺고 많은 문사文士·서화가書畵家들과 교유하여 학문적 시야를 넓혔다.

김정희는 역대의 필적이 오랜 세월 동안 거듭하여 그 원형을 잃었지만, 진한시대秦漢時代 이래의 비문서체가 원형을 유지하고 있다고 판단하여 한나라 때의 예서를 널리 학습하여 독특한 필획과 짜임을 가미한 특유의 예서풍을 보여 추사체의 백미를 이루었다. 또한 당시 서예의 학문적 수준을 끌어올리는데 중요한 영향을 미치기도 하였다. 추사학파로 불리는 그의 제자들은 눌인訥人 조광진曺匡振(1772~1840)을 비롯하여 자하紫霞 신위申緯(1769~1845)·소치小癡 허유許維(1809~1892)·위당威堂 신헌申櫶(1810~1892) 등 당대의 문필가이자 서예가들이었다. 화계사의 주요 현판을 썼던 석파石坡 이하응李昰應(1820~1898)·몽인夢人 정학교丁學敎(1832~1914) 등도 추사의 영향을 강하게 받은 제자들이었다.

화계사에 남아있는 김정희의 필적은 '엄연천축고난야儼然天竺古蘭若', '상왕회고象王廻顧', '보화루寶華樓'인데, '보화루寶華樓'는 『화계사약지』에 김추사의 작품으로 보고 있지만 오류다. 후대의 평가에 의하면 제자 신헌(관호)의 예서체 글씨이다.[42] 신헌은 김정희의 문하에서 다양한 실사구시實事求是적 학문을 수학하였다. 때문에 무관이면서도 독특한 학문적 소양을 쌓아 유장儒將이라 불리기도 하였다. 또 개화파 인물들인 강위姜瑋·박규수朴珪壽 등과 폭넓게 교유하여 현실에 밝은 식견을 가질 수가 있었다. 그는 훗날 운양호雲揚號 사건 이듬해인 1876년에는 판중추부사로 병중이었음에도 불구하고 전권대관全權大官에 임명되어 강화도에서 일본의 전권변리대신全權辨理大臣 구로다(黑田淸隆)와 협상을 벌여 강화도 조약을 체결, 조선의 개항에 중요한 임무를 수행하기도 하였다. 그는 김정희로부터 김석학金石學·시도詩道·서예 등을 배웠는데, 특히 예서에 뛰어나 스승조차도 "우당의 예서는 나를 뛰어넘었을 뿐만 아니라 조선에서 이보다 더 잘 쓰는 사람은 없다."고 극찬했을 정도다.

이하응은 추사 문하에서 신헌과 동문수학하여 스승으로부터 난법蘭法을 인가받을 정도로 묵란墨蘭에도 뛰어나 김정희로부터 '동방제일東方第一'의 평을 들었다.

42 최완수, 「화계사」, 『명찰순례』3, 대원사, 1993, 342쪽.
대한불교진흥원, 「화계사」, 『한국사찰의 편액과 주련』상, 대한불교진흥원출판부, 78쪽.
김남인, 「삼각산화계사」, 『명필, 역사와 해학의 글씨를 만나다』, 서해문집, 2011, 16~19쪽.

보여주신 蘭幅에 대해서는 이 老父(김정희)도 의당 손을 오므려야 하겠습니다. 압록강 동쪽에는 이만한 작품이 없습니다. 이는 내가 좋아하는 이의 面前에서 아첨하는 말이 아닙니다. 옛날 李長衡에게 이 법이 있었는데, 지금 다시 그것을 보게되니 어쩌면 그리고 이상하단 말입니까. 閤下께서도 스스로 이법이 여기에서 나온 것임을 몰랐으니, 이것이 바로 저절로 법도에 합치되는 묘입니다.[43]

인용문은 김정희가 이하응의 난초그림을 보고 평가한 글이다. 이하응은 추사에게 난을 배우기 위해 인연을 맺었다. 그러나 이하응은 영조의 현손인 남연군의 아들이었고, 영조의 어머니 정순왕후는 완당의 11촌 대고모였기 때문에 내외 종친간의 먼 친척이기도 했다. 집권 전의 이하응은 암울한 그의 신세를 난을 그리면서 시름을 잊고자 하였을 것이다. 김정희는 그의 그림에 대해 압록강 동쪽에는 이만한 그림이 없다고 극찬한 것이다. 추사학파의 글씨가 화계사에 모여 있는 연유가 이와 같은 추사와 이하응의 개인적인 인연에서 비롯되었음을 추론하는 것도 어려운 일이 아닐 것이다.

한편 조선후기 화계사 중창을 시작한 인물로 고종의 즉위와 관련하여 화계사와 깊은 인연을 맺은 설화를 남기고 있다. 아들 고종이 12세로 즉위한 후에는 흥선대원군으로 봉해졌으며 대비로부터 섭정의 대권을 위임받아 국정의 전권을 쥐게 되었다. 당시 당쟁을 뒷받침하고 양반 토호들의 발호를 두둔하는 기관으로 변질된 서원書院을 대폭 정리했으며, 탐

43 김정희, 「석파에게」, 『阮堂全集』 권2(유홍준, 『완당평전』2, 학고재, 2002, 667쪽에서 재인용)

관오리의 처벌, 무토궁방세無土宮房稅의 폐지, 양반·토호의 면세전의 철저한 조사와 징세, 무명잡세無名雜稅의 폐지, 진상제도進上制度의 폐지, 은광산의 개발 허용 등 경제·재정개혁을 단행하기도 하였다. 현재 화계사에 남아있는 그의 글씨는 '화계사華溪寺', '법해도화法海道化', '학서루鶴棲樓', '축성수만세祝聖壽萬歲', '명부전冥府殿' 등이다. '명부전'은 추사체의 특장을 과시하고 있다고 평가받을 만큼 부드럽고 강하고, 굵고 가는 서체의 변화와 회화적 구성을 이루고 있다고 한다.[44] '화계사華溪寺' 역시 예서체 글씨로 1866년 그가 중창불사를 지원하며 쓴 현판으로 보인다.[45] 역시 그가 쓴 글씨 '학서루鶴棲樓'는 이하응의 글씨 중에서도 예서와 해서의 합체合體로 그의 글씨 가운데 백미로 꼽힌다고 한다. 예컨대 화계사를 답사했던 최완수에 의하면 "필획이 천근같고 결구가 완벽하리만큼 아름답고 조화로우니 신운神韻이 비동飛動할 때 문득 얻어낸 신품神品인 듯하다."고 극찬했다.[46]

정학교는 1870년 중수된 대웅전의 현판을 썼다. '대웅전大雄殿'은 해서체로 결구結構가 장실壯實하고 운필이 유아裕雅하다. 글씨는 전篆·례隷·항行·초草에 모두 능하였는데, 특히 예서와 행서에 두각을 나타냈다. 그림은 괴석도怪石圖에 특히 뛰어났다. 그의 괴석도들은 담백하면서도 예리한 필치로 바위의 특성이 간결하게 포착, 표현되어 있다고 한다.

'관음전觀音殿'을 쓴 이남식李南軾(1803~1878)은 조선 말기의 서화가로 1824년(순조 24) 무과에 등제하여 선전관에 제수되고 한성판윤과 지의금知

---

44 김남인, 앞의 책, 22쪽. 최완수, 앞의 책, 336쪽.
45 정병삼 외, 『추사와 그의 시대』, 돌베개, 2002, 191쪽.
46 최완수, 앞의 글, 345쪽.

義禁에 이르렀다. 무관집안 출신으로 많은 서적을 수집하여 장서가 수 만 권이었고, 옛 사람의 그림과 글씨도 많이 수장하였다. 글씨에서 행서는 명나라 말기의 동기창董其昌을 배워 일가를 이루었으나, 전서와 예서는 이에 미치지 못하였다고 한다. 특히 금석문金石文을 구하는 자가 많았다고 한다.

이와 같이 화계사는 조선후기 진경문화를 대표하는 추사와 그의 제자들로 구성된 일군의 서예학파가 남긴 흔적들이 지금까지도 역력히 남아 있다. 흥선대원군 이하응에 의해 화계사의 중창이 시작되었고, 그와 서예로써 인연을 맺고 있었던 진경시대 추사학파秋史學派의 묵향이 중국과는 다른 조선 문화의 독자성을 유지하고 있는 것이다.

6 맺음말

이상으로 화계사의 시대에 따른 변화양상을 조선시대 불교계의 동향과 후기와 말기에 이르는 격동기의 상황 속에서 살펴보았다. 불교탄압이 한창 진행되고 있었던 조선시대의 화계사는 서평군과 덕흥군, 그리고 조선후기 흥선대원군과 왕실비빈들의 발원과 재정적 지원에 의해 점차 그 寺勢를 확장해 갔다. 본격적인 중창이 이루어졌던 세도정치 시기에는 김정희와 흥선대원군의 사제관계에서 비롯된 추사학파의 교류와 그들의 묵향을 엿볼 수 있는 진경문화의 흔적들이 현재까지도 전해지고 있어 주목할 만하다. 화계사는 세자의 강건함을 비롯한 왕실의 번영을 기원했던 조선후기 왕실의 원찰기능을 점차 강화시켜갔고, 그에 따른 전각을 비롯한 수행과 대중신앙을 수행할 수 있는 재정적 기반이 안정되어 갔다.

한편 화계사 관련 기록은 사찰이 차지하고 있는 역사적, 문화적 가치가 지대함에도 불구하고 그 관련 자료와 흔적이 일천하여 안타깝다. 화계사의 전후사정을 파악할 수 있는 『화계사약지華溪寺略誌』가 편린을 모아 화계사의 역사와 문화를 복원할 수 있는 유일한 자료다. 다만 1938년 찬술된 略誌의 내용은 적지 않은 기록상의 모순을 지니고 있는 것도 사실이다. 첫째, 고려전기 개창주 탄문과 화계사 관련기록이 약지略誌 외에는 찾아 볼 수 없다는 것, 둘째, 1522년 화계사를 옮겨 중창시키는데 기여했던 결정적 조력자 서평군西平君의 실체가 명확하지 않다는 점, 셋째, 1559년 중창에 기여했던 덕흥대원군이 30세로 별세했음에도 불구하고 이후 시기에도 직접 중창작업에 조력했다는 사실, 셋째, 현판 '보화루寶華樓'가 흥선대원군 이하응의 작품이 아닌 위당 신헌의 작품이라는 것 등이다. 이러한 오류는 화계사의 변화뿐만 아니라 그 역사적 문화적 가치를 감소키고, 후대의 평가를 절하시키는 요인에 해당된다. 관련 자료의 부재로 인한 불완전한 가치 규명은 화계사뿐만 아니라 한국의 역사와 문화가 지닌 고유성을 규명하는데 일정한 한계를 지니고 지닐 수밖에 없다.

결국 화계사의 불교문화사적 가치를 객관적으로 규명하고 현대적 계승을 위해서는 관련 자료의 광범위한 수집과 함께 현대불교문화와의 접목을 통한 계승과 발전이 이루어져야 한다.

참고문헌

자료

『高麗史』

『태종실록』·『세종실록』·『성종실록』·『단종실록』·『세조실록』·『선조실록』·『선조수정실록』·『연산군일기』·『중종실록』·『광해군일기』·『예종실록』·『현종실록』·『숙종실록』·『정조실록』·『고종실록』

『梵宇攷』, 國立圖書館所藏本, 한古朝21-190

『비변사등록』

『新增東國輿地勝覽』

『日得錄』 4 문학4(『弘齋全書』 제164권, 민족문화추진회, 2000.

「禪雲寺事蹟」, 『불교학보』 3·4합집, 동국대 불교문화연구소, 1966.

奇巖 法堅, 『奇巖集』(『韓佛全』 8, 동국대출판부, 1993)

金正喜, 「栗師示寂偈」, 『阮堂先生全集』 卷七 雜著

德源君, 「德源君別願堂禪雲山禪雲寺重創山勢事跡形止案」

득통 기화, 「유석질의론」(『한국불교전서』 7, 동국대출판부)

________, 「현정론」(『한국불교전서』 7, 동국대출판부)

朴趾源, 「楓嶽堂集序」, 『燕巖集』 卷7 鍾北小選.

백곡 처능, 「諫廢釋敎疏」, 『大覺登階集』 卷2(『韓國佛敎全書』 8, 동국대학교출판부, 1986)

梵海 覺岸, 『東師列傳』(『韓佛全』 10, 동국대출판부, 1993)

獅巖 采永, 『西域中華海東佛祖源流』, 『한국불교전서』 10. 동국대학교출판부, 1993)

松雲 惟政, 『四溟堂大師集』(『韓佛全』 8, 동국대학교출판부, 1993)

安錫淵, 『三角山華溪寺略誌』, 삼각산화계사종무소, 1938,

安震湖 編纂 李哲敎 增補, 『서울 및 近郊 寺刹誌-奉恩本末寺誌, 제3편 : 三角山의 사찰』, 大韓佛敎振興院, 1994.

안진호, 『楡岾寺本末寺誌』, 아세아문화사, 1977.

尹 鑴, 「楓岳錄」, 『白湖全書』 第34卷 雜著

李 植, 『澤堂先生續集』 第4卷 詩 (『한국문집총간』 88, 238c)

李能和, 『朝鮮佛敎通史』, 민속원, 1918.

李智冠 篇, 『校勘譯註 歷代高僧碑文(高麗篇) 2, 가산문고, 1995.

丁若鏞, 「爲騎魚僧慈弘贈言」, 『여유당전서』 제1집 시문집 권17, 『한국문집총간』 281권(서울 : 민족문화추진회, 2002)

正祖, 「梵宇攷題」, 『홍재전서』 제56권, 잡저3(서울 : 민족문화추진회, 1999)
____, 「賜海西關西暗行兼平山暗覈御使李崑秀封書」, 『홍재전서』 제40권 봉서2(서울 : 민족문화추진회, 1998)
____, 「安邊雪峯山釋王寺碑幷偈」, 『홍재전서』 제15권, 비(서울 : 민족문화추진회, 1999)
조선총독부, 「楡岾寺本末寺法」, 『朝鮮佛教月報』第10號, 朝鮮佛教月報社, 1912
淸虛 休靜, 『禪家龜鑑』(『韓佛全』 7, 동국대학교출판부, 1994)
최영희, 「『여지도서』 해설」, 『여지도서』(과천 : 국사편찬위원회, 1979)
鞭羊 彦機, 『鞭羊堂集』(『韓佛全』 8, 동국대출판부, 1993)
許 穆, 「楓嶽」 山川, 『眉叟記言』 第28卷 原集 下篇
洪暹, 德興大院君李岧神道碑
華嶽 知濯, 『三峯集』(『韓佛全』 10, 동국대출판부, 1993)
황수영, 「楡岾寺 五十三佛」, 『佛教學報』 6, 동국대 불교문화연구소, 1969.
『松雲大師奮忠紓難錄』
『玉山書院呈書謄錄』

논문

고영섭, 「금강산의 불교신앙과 수행전통 : 표훈사 · 유점사 · 신계사 · 건봉사를 중심으로」, 『보조사상』 34, 보조사상연구원, 2010.
김문경, 「조선후기 백양사의 僧役에 대한 고찰」, 『선문화연구』 2, 한국불교선리연구원, 2007.
김민구, 「閔漬와 楡岾寺 五十三佛의 成立」, 『佛教學報』 55, 동국대불교문화연구원, 2010.
김상일, 「율곡 이이의 선체험과 그 시세계」, 『한국문학연구』 24집, 동국대한국문학 연구소, 2001.
김상현, 「신익성이 만난 고승 성정(性淨)스님」, 『불교와문화』 74호, 대한불교진흥원, 2006. 10.
김순석, 「조선후기 불교사연구의 현황과 과제」, 『조선후기사 연구의 현황과 과제』, 창작과비평사, 2000.
김승희, 「禪雲寺 · 來蘇寺 · 開巖寺 대웅보전의 불교회화」, 『미술사학지』 3, 한국고고미술연구소, 2000.
김영선, 『의상과 율곡의 종교적 사유구조에 관한 연구』, 연세대교육대학원 석사학위 논문, 1985.
김용조, 「백곡 처능의 『간폐석교소』에 관한 연구」, 『한국불교학』 4, 한국불교학회, 1979.
김준혁, 「정조의 불교인식변화」, 『중앙사론』 16집, 중앙대 중앙사학회, 2002.

_____, 「조선후기 정조의 불교인식과 정책」, 『중앙사론』 12・13합집, 중앙대 중앙사학회, 1999.
남희수, 『백곡 처능의 활동과 호불상소』, 동국대 석사학위논문, 2005.
민병찬, 「禪雲寺의 地藏菩薩像」, 『미술사학지』 3, 한국고고미술연구소, 2000.
박병선, 『조선후기 원당연구』, 영남대 박사학위논문, 2001.
배종호, 「栗谷의 理通氣局說－華嚴思想의 理事와 比較」, 『東方學志』 27집, 연세대 국학연구원, 1981.
徐首生, 「退栗의 佛敎觀」, 『한국의 철학』 제15호, 경북대학교 퇴계연구소, 1987.
소재구, 「禪雲寺 釋氏源流木板」, 『미술사학지』 3, 한국고고미술연구소, 2000.
송석구, 「불교와 이율곡의 철학」, 『한국의 유불사상』, 思社硏, 1985.
송정현, 『한국사』 29 조선중기의 외침과 그 대응, 국사편찬위원회, 2003.
宋昌漢, 「李栗谷의 禪觀에 대하여－風嶽贈小菴老僧幷書를 中心으로」, 『慶北史學』 제3집, 경북대학교 문리과대학 사학과, 1981.
_____, 「李栗谷의 斥佛論에 대하여－佛者夷狄之一法을 中心으로」, 『慶北史學』 제5집, 경북대학교 인문대학사학과, 1982.
오지섭, 「16세기 조선성리학파의 불교인식」, 『종교연구』 36호, 한국종교학회, 2004.
_____, 「퇴계와 율곡의 불교인식」, 『선과문화』 2, 한국선문화학회, 2005.
유영숙, 「선조대의 불교정책」, 『황실학논총』 제3호, 한국황실학회, 1998.
이기선, 「高敞 禪雲寺에서 새로 발견된 造像 資料」, 『昔步鄭明鎬敎授 停年退任紀念 論叢』, 혜안, 2000.
이대형, 「17세기 승려 기암 법견의 산문 연구」, 『열상고전연구』 31, 열상고전연구회, 2010.
이병희, 「조선시기 사원경제 연구의 동향과 과제」, 『배종무총장퇴임기념사학논총』, 1994.
_____, 「조선시기 사찰의 수적 추이」, 『역사교육』 61, 역사교육연구회, 1997.
李聖田, 「栗谷의 佛敎觀」, 釋山韓鍾萬博士華甲紀念 『韓國思想史』, 釋山韓鍾萬博士華甲紀念論文集刊行委員會, 1991.
이영자, 「조선중・후기의 선풍－서산오문을 중심으로」, 『한국선사상연구』, 동국대학교출 판부, 1984.
이장열, 『정조의 불교관 변화와 불교정책에 관한 일연구』, 고려대 석사학위논문, 1995.
이종수, 『조선후기 불교의 수행체계 연구 : 三門修學을 중심으로』, 동국대박사학위논문, 2010.
이태진, 「자연재해・전란의 피해와 농업의 복구」, 『한국사』 30, 국사편찬위원회, 1998.
이희재, 「율곡의 불교관」, 『율곡사상연구』, 제11집, 율곡학회.
전영근, 「조선시대 승관제와 승인인사관련 문서」, 『고문서연구』 제30호, 고문서학회, 2007.
정구복, 「조선시대 학술과 사상의 제문제」, 『조선시대사연구』, 한국정신문화연구원, 1999.
정병삼, 「불교계의 동향」, 『한국사』 35 조선후기의 문화, 탐구당, 2003.

______, 명찰순례35 「선운사」, 『월간조선』 12권 4호(133호), 조선일보사, 1991.
정병조, 「사명대사 유정의 사상과 불교사적 위치」, 『사명당유정－그 인간과 사상과 활동』, 지식산업사, 2000.
정옥자, 「율곡 이이의 시대와 생애, 그리고 실천」, 『조선후기 역사의 이해』, 일지사, 1993.
정항교, 「율곡의 한시에 나타난 유불관」, 『율곡학보』 4, 율곡학회, 1997.
조 광, 「조선후기 사상계의 전환기적 특성－정학 · 실학 · 사학의 대립구도」, 『한국사전환기의 문제들』, 지식산업사, 1993.
조용중, 「禪雲寺 · 來蘇寺 · 開巖寺의 歷史」, 『미술사학지』 3, 한국고고미술연구소, 2000.
조태성, 「<禪雲寺風景歌>에 대하여」, 『한국언어문학』 58, 한국언어문학회, 2006.
차문섭, 「임란이후의 양역과 균역법의 성립」, 『사학연구』 11, 한국사학회, 1961.
차차석, 「백곡 처능의 『간폐석교소』와 탈유교주의」, 제2회 광해군추선기념 학술세미나 『광해군과 조선시대중후기 불교계』 발표요지문, 2009.
崔承洵, 「栗谷의 佛敎觀에 대한 硏究」, 『江原大學論文集』 제11집, 강원대학, 1977.
한형조, 「1554년 금강산, 청년율곡과 어느 노승과의 대화」, 『불교평론』 Vol.17, no3(24), 현대불교신문사, 2005.
홍성익, 「『楡岾寺本末寺誌』에 대한 연구 「淸平寺誌」를 중심으로」, 『인문과학연구』 24, 강원대학교, 2010.
황인규, 「북한지역 사찰의 불교사적 의의」, 『大覺思想』 17, 대각사상연구원, 2012.

단행본

고영섭 · 강현 · 유마리, 『선운사』, 대원사, 2003.
金益洙, 『栗谷先生의 敎育哲學』, 수덕문화사, 1997.
김기녕, 『현정론 · 간폐석교소』, 한국불교연구원, 2003, 137쪽.
김남인, 『명필, 역사와 해학의 글씨를 만나다』, 서해문집, 2011.
김덕수 편, 『임진왜란과 불교의승군』, 육군본부 군종감실, 1992.
김용태, 『조선후기 불교사연구－임제법통과 교학전통』, 신구문화사, 2010
대한불교진흥원, 「화계사」, 『한국사찰의 편액과 주련』상, 대한불교진흥원출판부, 2000.
法 賢, 『禪雲寺誌』, 선운사, 2003.
서울특별시, 『화계사실측조사보고서』, 1988.
윤용출, 『조선후기 요역제와 고용노동』, 서울대학교출판부, 1998.
유홍준, 『완당평전』 2, 학고재, 2002.
李丙燾, 『栗谷의 生涯와 思想』, 瑞文堂, 1973.
정병삼 외, 『추사와 그의 시대』, 돌베개, 2002.

최완수, 「화계사」, 『명찰순례』 3, 대원사, 1994.
______, 『명찰순례』 2, 대원사, 1995.
한국학중앙연구원편, 국역 『율곡전서』, 1~8, 율곡학회, 2007.
한우근, 『유교정치와 불교』, 일조각, 1993.

찾아보기

가

나

다

아

자

차

타

파

하

저자 **오 경 후(吳京厚)**

동국대학교 대학원에서 조선시대 불교사를 전공하였으며,
「조선후기 승전(僧傳)과 사지(寺誌)편찬 연구」로 박사학위를 받았다.
한국불교선리연구원을 거쳐 현재 동국대학교 불교학술원에서 근무하고 있다.

문현인문학총서 **1**

조선후기 불교동향사 연구

2015년 10월 25일 초판인쇄
2015년 10월 30일 초판발행

지은이 오 경 후
펴낸이 한 신 규
편 집 김 영 이
펴낸곳 문현출판
주 소 05827 서울특별시 송파구 동남로 11길 19(가락동)
전 화 Tel.02-433-0211 Fax.02-443-0212
E-mail mun2009@naver.com
등 록 2009년 2월 24일(제2009-000014호)

ISBN 978-89-94131-76-4 93220 **정가** 28,000원